पढ़ो तो ऐसे पढ़ो

पढ़ो तो ऐसे पढ़ो

A book on art of study

डॉ. विजय अग्रवाल

BENTEN

बेन्तेन बुक्स

Published in India by

Benten Books

MIG A-121, 1st floor, P and T Rd,
Near Sharda Vidya Mandir Foundation School, Kotra Sultanabad,
Bhopal, Madhya Pradesh 462003
Phone- 0755-4245626
E-mail : bentenbooks@gmail.com
Website : www.bentenbooks.com

First Revised edition: 2009
This imprint: 2022

ISBN : 978-81-907025-5-3

Book design by: Manoj Shakya

Printed & bound in India by: Manipal Technologies Limited.
& Published by Mr. Sannidhya Narayan for Benten Books.

Price : Rs. 195/-

कहाँ क्या है

भूमिका

सच्ची खुशी के लिये हर एक व्यक्ति को स्वयं की क्षमताओं का ज्ञान होना ज़रूरी है। मनुष्य का मस्तिष्क असीमित संभावनाओं से भरा है। ये संभावनाएँ तभी वास्तविकता में खोजी जा सकती हैं, जब हम पारम्परिक सोच से ऊपर उठकर मस्तिष्क की सोयी हुई क्षमता को पा लें। यह पुस्तक हमें एक नई दिशा देती है कि कैसे पढ़ा जाए। यह विभिन्न तकनीकों के द्वारा पाठक के मस्तिष्क को उत्तेजित कर देती है और बुद्धि की कार्यप्रणाली को समझने में मदद करती है। इस पुस्तक में सही कहा गया है – ''कोई भी इसे कर सकता है।'' यह अद्भुत पुस्तक उन छात्रों के लिये है, जो अपनी सीमाओं को लाँघकर आगे निकल जाना चाहते हैं।

– ऐश शुक्ला

म्यूज़िशियन एण्ड टेक्नीकल इवेन्जलिस्ट

बी.ई., डेल्ही कॉलेज ऑफ इंजीनियरिंग

बी.एस. कम्प्यूटर साइंस, कोलोरैडो स्टेट यूनिवर्सिटी, अमेरिका

बी.एस. साइकोलॉजी, कोलोरैडो स्टेट यूनिवर्सिटी, अमेरिका

ऐसोसिएट डिग्री, म्यूज़िक, सिटी कॉलेज ऑफ सैन फ्रांसिस्को, अमेरिका

यह पुस्तक क्यों?

'अधिक-से-अधिक अंक लाना' आज के विद्यार्थी का पहला और अंतिम उद्देश्य बन गया है। इस उद्देश्य में उनकी मदद के लिए एक-से-एक अच्छे और बड़े संस्थान हैं और जहाँ नहीं हैं, वहाँ होते जा रहे हैं।

इस पुस्तक को लिखने की मेरी चिन्ता ऊपर के इसी पैरे से जुड़ी हुई है।

आज की गलाकाट प्रतियोगिता को देखते हुए मेरी पहली चिन्ता यह है कि 'विद्यार्थियों के लिए' तो बहुत कुछ किया जा रहा है, लेकिन 'विद्यार्थियों पर' किए जाने वाले प्रयासों की संख्या नहीं के बराबर है।

यह पुस्तक 'विद्यार्थियों पर' किए गए अध्ययन का परिणाम है। इससे उन्हें 'अधिक-से-अधिक' अंक लाने में बहुत मदद मिल सकेगी। साथ ही यह भी कि वे अपने इस उद्देश्य को अपेक्षाकृत आसानी से, अपने विद्यार्थी जीवन का भरपूर आनन्द उठाते हुए पा सकेंगे।

मेरी दूसरी चिन्ता यह है कि वहाँ का क्या होगा, जहाँ ऐसे संस्थान नहीं हैं। मुझे लगा कि यदि वहाँ संस्थान नहीं पहुँचाए जा सकते, तो कम-से-कम एक ऐसी पुस्तक तो पहुँचाई ही जा सकती है, जो संस्थान की कमी की कुछ सीमा तक भरपाई कर सके।

बस, इन्हीं दो मुख्य चिंताओं से मुक्ति पाने के उद्देश्य से मैंने अपने लगभग छह वर्षों के निरन्तर अध्ययन, प्रयोगों, बातचीत तथा अपने विद्यार्थी एवं अध्यापक के रूप में अब तक के गहरे अनुभवों के आधार पर यह

पुस्तक तैयार की है। मेरी कोशिश रही है कि इससे विद्यार्थियों को अध्ययन से संबंधित उनकी सभी समस्याओं का समाधान मिल जाए। यदि आपका कोई प्रश्न अनुत्तरित रह जाये, तो मुझे लिखने में तनिक भी संकोच न करें।

इस पुस्तक को लिखने के लिए दो लोग मेरे प्रेरणा के स्रोत रहे हैं। पहले, सिद्ध भाऊजी; जो बच्चों की शिक्षा के लिए समर्पित व्यक्तित्व हैं। दूसरा, मेरा बेटा जिसे पढ़ाने और उसके प्रश्नों के उत्तर देने के दौर में मैंने बहुत कुछ सीखा और मुझे लगा कि अब इस पर कुछ लिखना चाहिए।

प्रिय मित्रों, अब यह पुस्तक मेरी नहीं, आपकी है। आप बताएँ कि आपको यह कैसी लगी।

मेरी शुभकामनाएँ आपके साथ हैं।

आपका

डॉ. विजय अग्रवाल

ई-मेल : vkagrawal57@gmail.com
वेबसाइट : www.vijayagrawal.com

☑ मैं हमेशा सीखना चाहता हूँ। हाँ, मैं यह नहीं चाहता कि मुझे हमेशा पढ़ाया जाये।

- विन्स्टन चर्चिल

☑ अध्ययन का उद्देश्य रिक्त मस्तिष्क की जगह खुले मस्तिष्क का निर्माण करना है।

- मैल्कम फाब्स

☑ ज्ञान पाने के लिए पढ़ना चाहिए और बुद्धिमत्ता के लिए अवलोकन करना चाहिए।

- मर्लिन वॉस सेवेन्ट

☑ पाठशाला और महाविद्यालयों में जो कुछ पढ़ाया जाता है, वह ज्ञान नहीं है, बल्कि ज्ञान का माध्यम है।

- रैल्फ वाल्डो इमर्सन

अध्याय 1

अध्ययन क्या है?

"आपके दिमाग (मस्तिष्क) में यह बात बिल्कुल स्पष्ट होनी चाहिए कि आप अमुक पुस्तक पढ़ क्यों रहे हैं।"

सचमुच, उन युवा विद्यार्थियों को यह विश्वास दिला पाना आसान काम नहीं था कि अध्ययन की भी कोई कला होती है, लेकिन एक महीने के लगातार सम्पर्क के बाद उनके पास मेरी बात को झुठलाने का कोई उपाय नहीं रह गया था। उन्हें यह मानना ही पड़ा कि अब किसी भी विषय को पढ़ने, देखने, समझने, अपने दिमाग में बनाये रखने तथा उसे दूसरों को बताने का उनका पूरा ढंग ही बदल चुका है। वह पब्लिक स्कूल इस बात का प्रमाण था कि सी.बी.एस.ई. की परीक्षा में उनके यहाँ का परीक्षा परिणाम 100 प्रतिशत रहा और वह भी प्रथम श्रेणी की बहुलता के साथ।

आप यह पुस्तक पढ़ रहे हैं। इसका मतलब ही है कि आपके पास अध्ययन करने का अपना अनुभव रहा है। मुझे नहीं मालूम कि आपको कभी यह बताया गया है या नहीं कि अध्ययन करना अपने-आप में एक कला है। यह सिर्फ कला ही नहीं, बल्कि एक विज्ञान भी है। जहाँ तक मेरा अपना अनुभव है, इस बारे में मैंने जितने लोगों से बातें की हैं, लगभग सभी ने मुझे निराश ही किया है। मुझे उनका यही उत्तर मिला कि 'हम पढ़ते रहे हैं।

बस इतना ही। अब इसमें जानने जैसी बात क्या है', लेकिन मैं बचपन से ही इसके प्रति बेहद उत्सुक रहा हूँ। मेरे ऐसे साथी मुझे हमेशा बहुत सम्मोहित करते रहे हैं, जो पढ़ते मुझसे कम थे, लेकिन नम्बर मुझसे ज्यादा लाते थे। हालाँकि पढ़ता मैं भी तो बहुत ज्यादा नहीं था, लेकिन उनके अनुपात में नम्बर अधिकांशत: कम ही आए। मेरे लिए शुरू से ही यह समस्या ब्रह्माण्ड के रहस्य को जानने की समस्या से कम नहीं रही, लेकिन जब किसी समस्या के प्रति जिज्ञासा बहुत अधिक बढ़ जाती है, तो आप ही उसका समाधान निकालने वाले बन जाते हैं। मेरे साथ भी कुछ ऐसा ही हुआ। समाधान निकालने के लिए मैंने अपने अनुभव के साथ-साथ सैकड़ों सफल और असफल लोगों के भी जीवन्त अनुभवों को आत्मसात किया। उनसे कुछ निष्कर्ष निकाले। उन निष्कर्षों को प्रयोग की कसौटियों पर कसा और फिर जो इन कसौटियों पर खरे उतरे, उन्हें मान लिया। मैं यहाँ अपने कुछ ऐसे ही अनुभवसिद्ध तथ्यों को आप सबके साथ बाँटने जा रहा हूँ। मेरा पूरा विश्वास है कि ये बातें आपके लिए बेहद लाभकारी सिद्ध होंगी, बशर्ते कि आप इन्हें अपने अध्ययन की पद्धति में, जितना भी सम्भव हो सके, उतार सकें।

अध्ययन कला है और विज्ञान भी

आमतौर पर हम सभी कला और विज्ञान को अलग-अलग मानते हैं, लेकिन यदि गहराई में जाकर देखा जाए, तो ये दोनों आपको एक ही सिक्के के दो पहलू मालूम पड़ेंगे। कला का अर्थ है - किसी भी काम को अच्छे तरीके से करने की जानकारी। हम सभी गाते और गुनगुनाते हैं, लेकिन जब हम गाने की कला को जान लेते हैं, तो गायक बन जाते हैं। हम सभी कुछ न कुछ खेलते ही हैं, लेकिन जब हम इसे ही अच्छे तरीके से खेलने लगते हैं, तो खिलाड़ी बन जाते हैं। हम सभी पढ़ते हैं। तो क्या हम यह नहीं कह सकते कि जब हम अच्छे तरीके से पढ़ते हैं, तो अच्छे अध्येता बन जाते हैं?

विज्ञान क्या है? ***ज्ञान का व्यवस्थित रूप ही विज्ञान है। वैदिक***

ग्रन्थों में विज्ञान को व्यावहारिक ज्ञान (एप्लाइड नॉलेज) कहा गया है। जब हम ज्ञान को प्रयोग में लाने लगते हैं, तो वही विज्ञान बन जाता है। विज्ञान का अर्थ केवल रसायन शास्त्र, भौतिक शास्त्र या जीव विज्ञान ही नहीं है। विज्ञान बहुत व्यापक है। जहाँ भी एक निश्चित व्यवस्था होगी, वहाँ विज्ञान होगा। हम जो जीवन जी रहे हैं, वह एक निश्चित व्यवस्था के तहत ही जी रहे हैं। साँस का आना-जाना, भूख लगना तथा सोना आदि सब कुछ एक व्यवस्थित तरीके से होता जा रहा है। जैसे ही यह व्यवस्था भंग होगी, वैसे ही हमारा जीवन टूट जाएगा।

प्रकृति में और हमारे जीवन में भी, जितनी भी घटनाएँ हो रही हैं, वे सभी एक निश्चित वैज्ञानिक नियम के तहत हो रही हैं। तो फिर भला हम अपने अध्ययन करने को किस प्रकार विज्ञान से परे कह सकते हैं? मैं समझता हूँ कि अध्ययन करना तो शायद विज्ञानों का भी विज्ञान है। यह एक अद्‌भुत विज्ञान है। अद्‌भुत इस मायने में कि पहले तो हम पुस्तक पढ़ते हैं। फिर पढ़े हुए भाव और विचारों के बिम्ब अपने मस्तिष्क पर बनाते हैं। हमारा मस्तिष्क उनमें काँट-छाँट करके (सम्पादन करके) उन्हें सँजोता है। यहाँ तक कि हमारा मस्तिष्क उनमें अपनी तरफ से नई बातें डालकर उनका रूप बदल देता है। फिर कुछ निश्चित समय तक इन्हें अपने मस्तिष्क में बनाये रखता है। कुछ समय बाद उनमें से कुछ को हमेशा के लिए नष्ट भी कर देता है और जब कभी इनकी जरूरत पड़ती है, तो वह हमें निकालकर दे भी देता है।

यहाँ आप इसकी तुलना कम्प्यूटर की प्रक्रिया से करें। आप जो कुछ टाइप करते हैं, वह 'मेमोरी' में चला जाता है। उसकी आप 'एडिटिंग' करते हैं। फिर आप उसे 'सेव' कर लेते हैं। जब उसकी जरूरत पड़ती है, तब आप उस 'फाइल' को ढूँढ़कर 'स्क्रीन' पर ले आते हैं। मेरा आपसे प्रश्न केवल यह है कि यदि कम्प्यूटर विज्ञान है, तो फिर क्या हमारा मस्तिष्क विज्ञान नहीं हो सकता? ***मस्तिष्क तो एक विलक्षण कम्प्यूटर है। यह कम्प्यूटरों का भी कम्प्यूटर है। इसलिए मैंने अध्ययन को 'विज्ञानों का विज्ञान' कहा है।***

लेकिन अध्ययन केवल विज्ञान ही नहीं है, क्योंकि अध्ययन करने का

ढंग प्रत्येक व्यक्ति के अनुसार बदलता रहता है, जबकि विज्ञान में ऐसा नहीं होता। विज्ञान के निष्कर्ष हमेशा एक ही तरह के होते हैं; फिर चाहे उसे कोई भी निकाले, लेकिन अध्ययन के साथ ऐसा नहीं होता। स्वामी विवेकानंद के लिए किसी पुस्तक को एक बार पढ़ लेना ही पर्याप्त था, जबकि आम विद्यार्थी उसे पचास बार पढ़कर भी उतना याद नहीं रख पाता। यदि अध्ययन एक शुद्ध विज्ञान होता, तब तो सभी के साथ एक ही घटना घटती। चूँकि ऐसा नहीं हो रहा है, इसीलिए हमें यह मानना पड़ता है कि यह एक कला भी है। **जब किसी काम को करने का नियम तो एक होता है, लेकिन उसके करने के ढंग कई-कई हो जाते हैं, तो वह प्रक्रिया कला बन जाती है।** जैसे चित्र बनाने के नियम हैं। भाषा का भी एक निश्चित व्याकरण है, लेकिन जितने लोग चित्र बनाएँगे, सबके अपने-अपने ढंग होंगे; और जितने भी लोग कविताएँ लिखेंगे, सबकी अपनी-अपनी कविताएँ होंगी ।

तो इसका सीधा-सा मतलब हुआ कि -

- यह जानना कि 'कैसे होता है' विज्ञान है, तथा
- यह जानना कि 'कैसे किया जाता है,' कला है।

ठीक यही बात अध्ययन के साथ भी है। अध्ययन की अपनी एक निश्चित वैज्ञानिक पद्धति होती है, लेकिन जब इस पद्धति का उपयोग किया जाता है, तब हर विद्यार्थी के साथ अलग-अलग तरह की घटनाएँ घटती हैं। इसका कारण बहुत साफ है। पढ़ने की पद्धति तो एक है, लेकिन पढ़ने वाले तो एक-से नहीं हैं। प्रकृति ने हर व्यक्ति को हर दृष्टि से अलग-अलग बनाया है। प्रत्येक की रुचि अलग है। हर-एक की मानसिक और शारीरिक क्षमताएँ अलग-अलग हैं। प्रत्येक के जीन्स अलग हैं और हर एक की परिस्थितियाँ और वातावरण अलग हैं। इसलिए यह भी स्वाभाविक ही है कि अध्ययन का नियम एक होने के बावजूद उसके परिणाम अलग-अलग प्राप्त हों।

लेकिन इतना जरूर है कि जो भी पढ़ने की इस कला को समझ लेगा, वह निश्चित रूप से अपने परिणाम को बेहतर बना लेगा। यह तो हो सकता है कि तुलनात्मक दृष्टि से वह दूसरे से अधिक बेहतर न हो,

लेकिन यह नहीं हो सकता कि वह तुलनात्मक दृष्टि से स्वयं से भी बेहतर नहीं होगा। यह सम्भव ही नहीं है। बदलाव होगा और पक्के तौर पर होगा। यह प्रकृति का एक शाश्वत नियम है कि जब कोई भी काम व्यवस्थित तरीके से किया जाता है, तो उसके परिणाम पहले से बेहतर ही होंगे। जंगल में पेड़ उगते हैं। बिना देखभाल के वे काफी बड़े भी हो जाते हैं, लेकिन इसका मतलब यह नहीं है कि उन्हें देखभाल की जरूरत ही नहीं होती। यदि उन्हीं पेड़ों को व्यवस्थित तरीके से लगाया जाए और उनकी देखभाल की जाए, तो वे ही पेड़ पहले की अपेक्षा तेज़ गति से बढ़ेंगे और अधिक व्यास वाले तथा अधिक लम्बे भी होंगे। हमें इस तथ्य को स्वीकार करना ही चाहिए।

अध्ययन क्या है ?

मैं यहाँ कुछ ऐसी बातों की चर्चा कर रहा हूँ, जिन्हें पढ़कर अभी आपको यह लग सकता है कि इन बातों का भला अध्ययन की कला से क्या लेना-देना है, लेकिन मुझे आपसे धैर्य की अपेक्षा है। सच पूछिए तो अध्ययन की कला अपने-आपमें इतनी अधिक व्यापक और गहरी है कि जब तक उसकी सारी बातों को बताया न जाए, तब तक आप इस कला को पूरी तरह सीख नहीं पाएँगे। इसलिए मैं आपसे थोड़ी छूट ले रहा हूँ।

अध्ययन का सीधा-साधा अर्थ तो यही है -पढ़ना। व्यापक अर्थों में अध्ययन करने का संबंध केवल किताब पढ़ने से नहीं होता। आप एक व्यक्ति के व्यवहार का अध्ययन कर सकते हैं। आप एक तितली की गतिविधियों का अध्ययन कर सकते हैं। आप पर्यावरण का अध्ययन कर सकते हैं। भले ही हम इसे पर्यवेक्षण कहें, लेकिन यह मूलत: अध्ययन करना ही है। यह बात जरूर है कि हम जिस बात की चर्चा करने जा रहे हैं, उसका संबंध पुस्तक के ही अध्ययन करने से है, लेकिन अपनी व्यापकता में अध्ययन का अर्थ हो जाता है - किसी भी बात के बारे में जानना। यही अध्ययन है। यह बात अलग है कि हम उसे देखकर जान रहे हैं या पुस्तक के माध्यम से जान रहे हैं या सुनकर जान रहे हैं।

इस दृष्टि से अगर आप सोचें, तो पाएँगे कि आप हर समय अध्ययन कर रहे हैं; चाहे यह अध्ययन कान से हो रहा हो (सुनकर) या फिर आँखों के जरिए हो रहा हो (देखकर)। इस प्रकार हमारे अध्ययन करने में जो तरीके हमारी मदद करते हैं; वे हैं –

(1) देखना, (2) सुनना,
(3) पढ़ना, (4) सीखना,
(5) सोचना, (6) समझना,
(7) लिखना, और (8) बोलना आदि।

यानी कि ***हमारा कोई भी वह काम; जिसमें हमारा मस्तिष्क शामिल है, एक प्रकार से हमारे अध्ययन की गतिविधि बन जाती है।***

मैं समझता हूँ कि प्रत्येक व्यक्ति को और विशेषकर विद्यार्थियों को अध्ययन को इसी व्यापक अर्थ में लेना चाहिए कि वह हर पल कुछ न कुछ सीख रहा है। मैं ऐसा क्यों कह रहा हूँ, इसे आप आगे चलकर और अच्छी तरह समझ सकेंगे। यहाँ इतना ही बताना पर्याप्त होगा कि पढ़ने के दौरान जब हमारा मस्तिष्क किसी बात को ग्रहण करता है, तो उसके ग्रहण करने की क्षमता इस बात पर निर्भर करती है कि आपने अपने मस्तिष्क को किस तरह का बना रखा है। यदि आपके पास अनुभवों का दायरा बहुत है, तब आप पाएँगे कि आपके मस्तिष्क के ग्रहण करने की क्षमता भी बढ़ गई है। निश्चित रूप से यह अनुभव जीवन का अनुभव होता है, पुस्तकीय अनुभव नहीं और जीवन के अनुभव देखने-सुनने, सोचने-समझने और बात-व्यवहार करने से आते हैं। अधिकांश लोग इन बातों की उपेक्षा कर देते हैं। उनके लिए केवल पुस्तक पढ़ना ही सच्चा अध्ययन करना है। ऐसे पढ़ाकू किस्म के विद्यार्थी अपनी स्कूली पढ़ाई में भले ही सफल हो जाते हैं, लेकिन जब उन्हें जीवन के मैदान में आना पड़ता है, तब वे अपने को पूरी तरह 'अनफिट' पाते हैं। ऐसे लोगों का असफल होना पक्का है। वे सोचते हैं कि 'मैं पढ़ने में इतना तेज था, लेकिन जिन्दगी के इस मैदान में इतना फिसड्डी सिद्ध क्यों

हो रहा हूँ।' उनके इस फिसड्डीपने का बहुत सीधा-सा उत्तर यही है कि उन्होंने अपने अध्ययन को केवल पुस्तक तक सीमित कर दिया। मुझसे दो साल वरिष्ठ विज्ञान की एक विद्यार्थी थीं, जो अपनी किसी भी परीक्षा में कभी भी द्वितीय स्थान पर नहीं आईं। लगता था कि प्रथम स्थान उनके लिए आरक्षित है, लेकिन वे अब एक हायर सेकेण्ड्री स्कूल में पढ़ा रही हैं। क्यों? शायद उत्तर आपको मालूम हो गया होगा। इसीलिए मेरा आपसे पहला अनुरोध यही है कि आप अध्ययन को विस्तृत अर्थ में लें।

अध्ययन क्यों?

हम अध्ययन का मुख्य उद्देश्य कुछ 'सीखना' को ही समझते हैं। जबकि यह यहीं तक सीमित नहीं है। अध्ययन करने के पीछे कई कारण हो सकते हैं। यहाँ तक कि जब एक ही पुस्तक को अलग-अलग व्यक्ति पढ़ते हैं, तब उनके पढ़ने के उद्देश्य अलग-अलग होते हैं। वस्तुतः हम किसी पुस्तक को कैसे पढ़ें या किसी का अध्ययन कैसे करें, यह बहुत कुछ इस बात पर निर्भर करता है कि उस पुस्तक को पढ़ने या उसके अध्ययन करने के पीछे हमारा उद्देश्य क्या है। उदाहरण के लिए आप हिन्दी साहित्य के विद्यार्थी हैं और प्रेमचन्द का उपन्यास 'गोदान' पढ़ रहे हैं। इस उपन्यास की प्रशंसा सुनकर आपके पड़ोसी ने भी उस उपन्यास को पढ़ा, जो हिन्दी साहित्य का विद्यार्थी नहीं है। आपने इसे इसलिए पढ़ा, क्योंकि यह आपके विश्वविद्यालय के पाठ्यक्रम में शामिल है। निश्चित रूप से आप इस उपन्यास को उपन्यास की तरह नहीं, बल्कि एक किताब की तरह पढ़ेंगे। आप उसे समीक्षात्मक ढंग से समझेंगे और महत्त्वपूर्ण बातों को याद करेंगे, जबकि आपके पड़ोसी को इस तरह पढ़ने की ज़रूरत नहीं है। उन्होंने उपन्यास को केवल आनन्द के लिए पढ़ा है। स्वाभाविक है कि उनके पढ़ने का तौर-तरीका आपसे बिल्कुल अलग होगा। आपने अक्सर

देखा होगा कि रेलवे प्लेटफार्म पर बिकने वाली किताबें इस तरह की होती हैं, जिन्हें आप सफर में आराम से पढ़ सकें। ये किताबें आपके लिए अलग से 'स्टडी रूम' की माँग नहीं करतीं।

एक सामान्य दर्शक कोई फिल्म देखता है और जब उसी फिल्म को एक फिल्म-समीक्षक देखता है, तो दोनों के देखने में जमीन-आसमान का अन्तर होता है। चूँकि आम दर्शक का उद्देश्य मनोरंजन करना है, इसलिए उसके ध्यान का केन्द्र बिन्दु फिल्म की कहानी, गीत, संगीत और नृत्य आदि होंगे। जबकि समीक्षक के केन्द्र में इसके साथ ही फोटोग्राफी, सम्पादन आदि भी न जाने अन्य कितनी छोटी-छोटी बातें शामिल होंगी। आम दर्शक फिल्म को देखता है। जबकि एक समीक्षक फिल्म को देखता नहीं, बल्कि पढ़ता है। आपके और मेरे लिए सूर्यास्त का दृश्य एक मनमोहक दृश्य होगा, जबकि यही दृश्य एक फोटोग्राफर के लिए रचनात्मकता का अद्‌भुत क्षण बनकर उसे तनाव से भर देगा।

मैं समझता हूँ कि इन उदाहरणों से यह बात स्पष्ट हो गई होगी कि एक ही विषय अलग-अलग व्यक्तियों के लिए अध्ययन के अलग-अलग रूप प्रस्तुत करता है और हमें इस बारे में पूरी तरह सतर्क रहना ही चाहिए।

सामान्य तौर पर किसी भी अध्ययन के निम्न उद्देश्य हो सकते हैं -

1. शुद्ध मनोरंजन (टाइम पास करना),
2. परीक्षा में उत्तीर्ण होने के लिए, तथा
3. समझ विकसित करने के लिए।

मैं यहाँ आपको इस बात के प्रति विशेष रूप से सतर्क करना चाहूँगा कि हालाँकि मैंने परीक्षा उत्तीर्ण करने के लिए तथा समझ विकसित करने के लिए, दोनों को अलग-अलग रखा है, लेकिन बहुत से मायनों में ये एक भी हो जाते हैं। यदि आप किसी विषय के बारे में अपनी समझ बढ़ा लेते हैं, तो परीक्षा में अच्छे अंक लाना अधिक सुनिश्चित हो जाता है। फिर भी कुछ विषय ऐसे होते हैं, जिन्हें शुद्धतः परीक्षा की दृष्टि से ही पढ़ा जाता है। उनमें

अपनी समझ विकसित करने की सम्भावना भी काफी कम रहती है। इसीलिए मैंने इन्हें अलग-अलग रखा है।

समझ विकसित करने के लिए पढ़ने वाले पाठक वे होते हैं, जिन्हें किसी तरह की कोई परीक्षा नहीं देनी होती। फिर भी वे पढ़ते हैं, ताकि अपने समय का समुचित उपयोग कर सकें, अपने ज्ञान में निरन्तर वृद्धि कर सकें, अपने मस्तिष्क को तरोताजा बनाए रख सकें, अपने दिमाग को कसरत करा सकें तथा उससे जीवन के बारे में अपनी समझ बना सकें। इसमें आम पाठक के साथ-साथ पूरा बुद्धिजीवी वर्ग आ जाता है, लेकिन अध्ययन की कला के अन्तर्गत मैं जिस तकनीक की चर्चा करने जा रहा हूँ, उसका संबंध विशेष रूप से विद्यार्थियों से है, लेकिन इसका अर्थ यह नहीं है कि यह तकनीक अन्य पाठकों के लिए अर्थहीन है।

तो इस प्रकार 'पढ़ो तो ऐसे पढ़ो' का प्रथम मंत्र यह है कि -

आपके मस्तिष्क में यह बात बिल्कुल स्पष्ट होनी चाहिए कि आप अमुक पुस्तक पढ़ क्यों रहे हैं?

☑ कार्य में आनंद आने से कार्य में परिपूर्णता आती है।

-अरस्तू

☑ यह इस दुनिया का दुर्भाग्य है कि कोई यह नहीं जानता कि वह क्या नहीं जानता और जो जितना कम जानता है वह अपने बारे में उतना ही अधिक निश्चिंत रहता है कि वह सब कुछ जानता है।

- जॉयस फैरी

☑ संघर्ष, लक्ष्य और उत्साह ही किसी को चैम्पियन बनाते हैं।

- नार्मन विन्सेन्ट पील

अध्याय 2

अध्ययन का मनोविज्ञान

"सकारात्मक मनोभाव अध्ययन के लिए खाद का काम करते हैं।"

चूँकि अध्ययन का सम्बन्ध सीधे-सीधे मस्तिष्क से होता है, इसलिए यह स्वाभाविक ही है कि इसका अपना एक विशेष मनोविज्ञान भी होगा। यहाँ मनोविज्ञान कहने का अर्थ मन के वातावरण से है। बीज कितना भी अच्छा क्यों न हो, लेकिन यदि उसे अच्छी उपजाऊ जमीन में नहीं बोया गया, तो वह अच्छी फसल नहीं दे सकता। यहाँ तक कि यदि बीज बहुत अच्छा है जमीन भी बहुत उपजाऊ है, लेकिन यदि उसे सही समय पर नहीं बोया गया और बाद में उसे सही वातावरण नहीं मिला, तो वह बीज एक अच्छे पेड़ में परिवर्तित नहीं हो सकता। यह बहुत जरूरी होता है कि हम किसी भी कार्य के होने के उस वातावरण से बहुत अच्छी तरह परिचित हों, जिस वातावरण में वह काम अच्छे से अच्छा हो सकता है। हमें अपनी सोच, अपने काम को केवल इस छोटे-से दायरे तक ही सीमित नहीं रखना चाहिए कि काम हो जाये, बल्कि उसे कम से कम इतना विस्तार तो देना ही चाहिए कि वह काम अच्छे से अच्छे तरीके से हो और इसके लिए वातावरण बहुत महत्त्वपूर्ण भूमिका निभाता है।

तो आइये, हम कुछ उन महत्त्वपूर्ण बातों को जानें, जो अध्ययन के लिए एक आदर्श वातावरण रचते हैं –

(क) भोर को भूलें नहीं

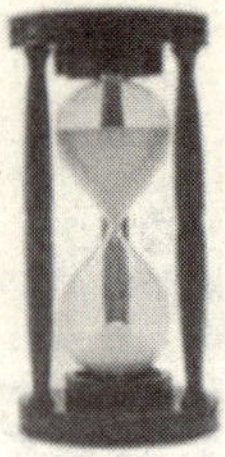

सामान्यतया किसी भी समय पढ़ाई की जा सकती है और की ही जाती है। पढ़ाई होती भी है। सफलताएँ भी मिलती हैं, लेकिन मुझे यहाँ प्रख्यात शायर जावेद अख़्तर साहब की ये पंक्तियाँ याद आ रही हैं –

“जो ख्वाब में था पा लिया,
पर खो गई वो चीज़ क्या थी ?”

जापान की कार्य संस्कृति का एक बहुत प्यारा शब्द है– ‘कायजेन’। इसका अर्थ होता है–निरन्तर विकास। अभी तक आप किसी भी समय पढ़ रहे थे और इससे आपको सफलता भी मिली है। यह वह सफलता है, जो आपके सामने मौजूद है, लेकिन क्या आपने कभी यह सोचा कि ‘खो गई वो चीज़ क्या थी।’ हो सकता है कि आप इससे भी बेहतर सफलता पा सकते थे, बशर्ते कि आपने समय का ध्यान रखा होता।

यह प्रकृति का ही नियम है कि हमारी जीवनचर्या और यहाँ तक कि हमारे शरीर और मस्तिष्क का पूरा रसायनशास्त्र सूर्य, चन्द्रमा तथा अन्य नक्षत्रों से प्रभावित होता है। उसी के अनुकूल हमारी ग्रंथियों से रस निकलते हैं, जो हमारे रक्त में मिलकर हमारी तंत्रिकाओं को जबर्दस्त रूप से प्रभावित करते हैं। ***हमें कितनी भी नींद क्यों न आ रही हो, लेकिन जितनी गहरी नींद में हम रात में सो सकते हैं, उतना दिन में नहीं।*** ऐसा क्यों ? कारण बिल्कुल साफ है। कारण यह है कि प्रकृति ने रात की रचना ही कुछ इस तरह से की है कि व्यक्ति के थके हुए शरीर और मस्तिष्क को पर्याप्त विश्राम मिल सके। अब यदि हम इसके विपरीत कुछ करते हैं, तो वह हो तो जाता है, नींद आ तो जाती है, लेकिन वैसी नहीं आ पाती, जैसी कि आनी चाहिए थी। अध्ययन के बारे में भी ठीक यही बात लागू होती है।

अध्ययन करने का जो आदर्शतम् समय है, वह है – भोर का समय। ऐसा क्यों है, इसके बहुत ही स्पष्ट भौतिक और मानसिक कारण हैं। पहला तो यही कि भोर में जब आप उठते हैं, उससे ठीक पहले आपके शरीर और मस्तिष्क को पर्याप्त विश्राम मिल चुका होता है। वह तरोताजा है और उसमें नई चुनौतियों को स्वीकार करने की अभी सबसे अधिक ताकत है। धीरे-धीरे जैसे ही वह जीवन के जद्दोजहद से जूझेगा, वैसे-वैसे उसका जुझारूपन कम होता जाएगा। मैं समझता हूँ कि हमारे ***शरीर और मस्तिष्क की भोर में मौजूद क्षमता का अधिकतम् उपयोग विद्यार्थियों को कर लेना चाहिए।***

दूसरा यह कि भोर में चारों ओर का वातावरण बिल्कुल शान्त है। घर में भी शान्ति है और बाहर भी। यदि आपको अशान्ति को ही शान्ति समझने की गलत आदत नहीं पड़ गई है, तब आप पाएँगे कि शान्त वातावरण में हमारा मस्तिष्क पढ़ी, देखी या सुनी हुई बातों की जितनी अच्छी छवियाँ अपने पटल पर अंकित कर पाता है, उतना अशान्त माहौल में नहीं। क्या आपने कभी सोचा है कि क्यों सिनेमा हॉल में फिल्म शुरू करने से पहले बिल्कुल अंधेरा कर दिया जाता है और दरवाजों के पर्दों पर टँगे पर्दे, वे भी काले रंग के, क्यों गिरा दिये जाते हैं ? यह एक मनोवैज्ञानिक तैयारी है। सिनेमा हॉल का वातावरण जितना अधिक शान्त और रात्रि के वातावरण का निर्माण करने वाला होगा, आपके मस्तिष्क के पर्दे पर अंकित हुई तस्वीरें उतनी ही अधिक चटक रंगों के साथ चस्पा हो सकेंगी।

ठीक यही बात भोर में पढ़ाई करने पर लागू होती है। जब हम पढ़ते हैं, तब ऐसा नहीं है कि आँखें केवल किताबों को ही देख रही हैं। वे अपने आसपास को भी देखती हैं, लेकिन चूँकि बाहर अंधेरा है, इसीलिए उसके बाहर भटकने की आशंका कम हो जाती है। जब हम पढ़ते हैं, तब ऐसा नहीं है कि केवल हमारी आँखें और मस्तिष्क ही सक्रिय हैं। इस समय हमारी अन्य इन्द्रियाँ भी अपना-अपना काम कर रही होती हैं। कान सुन रहे होते हैं और नाक सूँघ रही होती है। हमारी ये सभी इन्द्रियाँ सक्रिय होकर अपनी-अपनी सूचनाएँ हमारे मस्तिष्क को देती रहती हैं और मस्तिष्क उनमें अपनी तरह से काँट-छाँट करता रहता है। अब यह तो सीधी-सी बात है कि यदि

मस्तिष्क के पास सूचनाएँ कम पहुँचेंगी, तो वह काँट-छाँट करने में भी कम उलझेगा। सुबह के समय के अध्ययन में लाभ यह होता है कि हमारी अन्य इन्द्रियों को सक्रिय होने के लिए कुछ विशेष मसाला नहीं मिलता। इस समय आँख ही वह इन्द्रिय होती है, जो पूरी तरह सक्रिय है। इसीलिए मस्तिष्क को जो सूचनाएँ आँखों के माध्यम से मिलती हैं, उन्हें वह बहुत अच्छी तरह ग्रहण कर लेता है।

इसे ही आप दूसरे शब्दों में 'एकाग्रता' कह सकते हैं। एकाग्रता का अर्थ ही है कि अग्र पर इन्द्रियों का एक हो जाना। अग्र अर्थात् आगे; जैसे कि सुई की नोंक। जब हमारी सारी इन्द्रियाँ इसी नोंक पर केन्द्रित हो जाती हैं, तो हमारी क्षमता कई गुना अधिक बढ़ जाती है। द्रोणाचार्य द्वारा अपने शिष्यों की ली गई परीक्षा वाली कहानी से आप अच्छी तरह परिचित हैं।

द्रोणाचार्य ने अपने शिष्यों के लक्ष्य-भेद की परीक्षा लेने के लिए एक चिड़िया पेड़ के ऊपर रख दी थी। सभी शिष्यों से चिड़िया की आँख की पुतली को भेदने के लिए कहा गया, लेकिन गुरु द्रोणाचार्य ने तीर चलाने से पहले प्रत्येक शिष्य से यह प्रश्न किया कि 'तुम्हें पेड़ पर क्या दिखाई दे रहा है?' इन शिष्यों में केवल अर्जुन ही ऐसा शिष्य था, जिसे केवल चिड़िया की आँख की पुतली दिखाई दे रही थी। अन्यथा सभी शिष्यों को पूरी चिड़िया, पेड़, पेड़ों की शाखाएँ और पत्ते आदि सब कुछ दिखाई दे रहे थे। गुरु द्रोणाचार्य ने इसे एकाग्रता के विरुद्ध माना। फलस्वरूप इस परीक्षा में अर्जुन सफल हुए।

एकाग्रता की इस शक्ति को आप विज्ञान के इस प्रयोग से भी समझ सकते हैं। फर्श पर कागज़ के टुकड़े पड़े हुए हैं। उन पर सूर्य की किरणें पड़ रही हैं। कागज़ों को कोई फर्क नहीं पड़ता, लेकिन यदि आप उस कागज़ के टुकड़े के ऊपर प्रिज्म रख दें, तो पाएँगे कि कुछ ही क्षणों में वह कागज़ जलने लगा है। असल में हुआ यह है कि उस प्रिज्म ने सूर्य की बिखरी हुई किरणों को एक निश्चित बिन्दु पर केन्द्रित कर दिया। अब ये ही केन्द्रित

किरणें कागज पर पड़ रही हैं और इतनी शक्तिशाली हो गई हैं कि उसे जला दे रही हैं।

एकाग्रता में अद्भुत शक्ति होती है और भोर का समय हमें बाहरी रूप से एक ऐसा वातावरण प्रदान करता है, जिसमें एकाग्रता की सबसे अधिक सम्भावनाएँ रहती हैं।

जैसे-जैसे दिन आगे बढ़ता जाता है, वैसे-वैसे जीवन की गतिविधियाँ जोर पकड़ती जाती हैं। ये गतिविधियाँ एकाग्रता को बिखेरने का कारण बन जाती हैं।

आप कह सकते हैं कि जिस प्रकार भोर का समय शान्त होता है, ठीक उसी प्रकार रात के 10-11 बजे के बाद का समय भी शान्त होता है। तो क्यों नहीं रात के 10-11 बजे से लेकर 2-3 बजे तक पढ़ा जाए? जहाँ तक बाहरी वातावरण का सवाल है, वहाँ तक तो आपकी बात काफी कुछ सही है, लेकिन हमें इस बात को भी स्वीकार करना पड़ेगा कि सुबह से कार्यरत हमारे शरीर और उलझे हुए हमारे मस्तिष्क में अब तक इतनी ताजगी नहीं रह जाती कि वह उतनी अधिक सतर्कता से काम कर सके। इसीलिए यहाँ रात में पढ़ने का तर्क काफी कुछ कमजोर पड़ जाता है। फिर यह भी है कि यह प्रकृति के साथ सामंजस्यपूर्ण जीवन जीने के नियम के विरुद्ध भी है। सूर्य की गर्मी यदि हमारे अन्दर ऊर्जा प्रदान करती है, तो उसका अभाव हमारे अन्दर की ऊर्जा को धीरे-धीरे कमजोर भी करता है। इसलिए रात में हम भोर जितने ऊर्जावान नहीं रह पाते।

एक बात और है। सुबह तीन बजे के आसपास (जिसे भारतीय शास्त्रों में 'ब्रह्म मुहूर्त' कहा गया है) हमारे मस्तिष्क से एक विशेष प्रकार का रसायन निकलता है। वैज्ञानिक मानते हैं कि इन रसायनों के प्रभाव से हमारी मानसिक और आध्यात्मिक क्षमता बढ़ जाती है। इसलिए इस समय हम जो कुछ भी करते हैं, उसे हमारा मस्तिष्क बहुत अधिक मात्रा में ग्रहण करता है।

फिर यह कहना भी गलत नहीं होगा कि पढ़ने का संबंध केवल दिमाग से ही तो नहीं है। इसका इतना ही संबंध हमारे शरीर की स्वस्थता से

भी है। एक स्वस्थ शरीर में ही एक स्वस्थ मस्तिष्क निवास करता है। यह बात मेडिकल साइंस सिद्ध कर चुका है कि सुबह का उठना स्वास्थ्य के लिए बहुत ही अधिक फायदेमन्द है। यदि सूर्य की प्रथम किरणें शरीर को मिलती हैं, तो वे शरीर के लिए अमृत के समान होती हैं। इस प्रकार सुबह उठने के कारण न केवल आप अपनी पढ़ाई ही अच्छे तरीके से कर सकते हैं, बल्कि स्वास्थ्य की दृष्टि से भी आपको लाभ मिलता है।

अब मैं बात करना चाहता हूँ-समय के लाभ की दृष्टि से। मैंने एक प्रयोग के आधार पर यह पाया है कि यदि आप सुबह दो घण्टे की पढ़ाई कर लेते हैं, तो आपकी इस समय जो यह पढ़ाई होती है, उसे ही अन्य किसी समय में करने के लिए आपको कम से कम तीन घण्टे लगाने होंगे। इस प्रकार गणित के फार्मूले के अनुसार ***भोर के दो घण्टे शेष किसी भी समय के तीन घण्टे के बराबर बैठते हैं।*** तो क्या इसका अर्थ यह नहीं हुआ कि ऐसा करके आप अपने प्रत्येक दिन को पच्चीस घण्टे वाला दिन बना रहे हैं ?

हाँ, यह बात जरूर है कि ऐसा नहीं होना चाहिए कि सुबह उठ तो गये हैं, लेकिन पढ़ते समय ऊँघ रहे हैं। यहाँ आपको जबर्दस्ती नहीं उठना है, बल्कि नींद पूरी करके उठना है। अलसाए हुए नहीं उठना है, बल्कि तरोताजा होकर उठना है। हो सकता है कि शुरुआत में आपको अपने साथ जबर्दस्ती करनी पड़े, क्योंकि आपकी आदत देर से उठने की हो गई है। ऐसी स्थिति में पढ़ाई बहुत अच्छी नहीं हो पाएगी। फिर आपको लगेगा कि यदि पढ़ाई ही अच्छे से नहीं हो पा रही है, तो फिर भोर में उठने से फायदा ही क्या है और आप इस तर्क का सहारा लेकर अपने पुराने ही तरीके पर चलने लगेंगे, लेकिन मेरी सलाह है कि यदि सचमुच में ऐसा है, तो शुरू में आप पढ़ने के लिए मत उठिए। केवल उठने के लिए उठिए। धीरे-धीरे जब भोर में उठने की आदत पड़ जाएगी, तब फिर पढ़ने की आदत अपने-आप बन जाएगी।

लेकिन याद रखिए कि सुबह उठना तभी सम्भव है, जब आप रात में जल्दी सोएँ। एक विद्यार्थी के लिए सामान्यतः 6-7 घंटे की नींद होनी ही

चाहिए। इसमें दिन की भी नींद शामिल है। यदि आपकी दिन में सोने की आदत है, तो अधजगे में पढ़ाई करने से तो बेहतर यही है कि पढ़ाई ही न की जाए। इससे कम से कम एक काम तो पूरा होगा, भले ही वह काम नींद पूरी करने का ही काम क्यों न हो।

(ख) ऐसा हो मन आपका

यदि हम इस बात को मान लेते हैं कि अध्ययन की कला मनोविज्ञान से ज़ुड़ी है, तब स्वाभाविक रूप से इस बारे में कोई संदेह नहीं रह जाता कि अध्ययन का सीधा और बहुत गहरा संबंध हमारे अपने मनोभावों से होता है। हालाँकि वैसे तो जीवन का कोई भी क्षेत्र और हमारे जीवन का कोई भी पल ऐसा नहीं होता, जो हमारे अनुभवों से जुड़ा हुआ न हो, किन्तु जहाँ तक अध्ययन का प्रश्न है, वह निश्चित रूप से सबसे अधिक गहरे जुड़ा रहता है। इसका कारण यह है कि जहाँ जीवन की दूसरी गतिविधियों के लिये इस बात की जरूरत नहीं होती कि हम उसे याद रखें, वहीं अध्ययन के लिए इस बात की जरूरत होती है कि उसे अधिक से अधिक याद रखा जाए तथा अधिक से अधिक समय तक याद रखा जाए। यदि हमें फसल की चिन्ता न हो तो बीज कहीं भी, किसी भी तरह और कभी भी डाले जा सकते हैं। इससे कोई फर्क नहीं पड़ेगा, लेकिन यदि हमें इस बात की चिन्ता है कि फसल अच्छी से अच्छी होनी चाहिए, तो स्वाभाविक है कि हमें उसके लिए पहले जमीन को अच्छी तरह तैयार करना होगा। ठीक इसी प्रकार यदि हम यह मानकर चलते हैं कि हम जो कुछ भी पढ़ रहे हैं, हमें उसे याद रखना है, तो स्वाभाविक है कि उसके लिए एक निश्चित मनोभाव सहायक सिद्ध होता है। मनोभाव ही वह ज़मीन है, जहाँ ज्ञान की फसल ऊगेगी।

मनोभाव के बहुत से रूप हैं। सुख-दुःख, हर्ष-विषाद, लज्जा-ग्लानि, करुणा-श्रद्धा आदि सभी मनोभावों के प्रकार हैं। हमारा मस्तिष्क हर समय इनमें से किसी न किसी एक मनोभाव द्वारा प्रमुख रूप से संचालित

होता रहता है। शेष भाव या तो दबे रहते हैं या यदि होते भी हैं, तो काफी कम अनुपात में।

जहाँ तक अध्ययन का प्रश्न है, मोटे तौर पर यह बात कही जा सकती है कि ***सकारात्मक मनोभाव अध्ययन के लिए खाद का काम करते हैं।*** व्यापक रूप में हम अपने जीवन के मनोभावों को दो भागों में बाँट सकते हैं – सकारात्मक और नकारात्मक। जिन भावों से हमारा मन प्रसन्न होता है, हमारे शरीर में जोश आता है, हमारा हृदय उत्साह से भर जाता है और हममें जीने की जिजीविषा पैदा होती है, उन्हें हम सकारात्मक भाव कह सकते हैं। प्रेम, करुणा, शान्त तथा वीर आदि भाव इसी के अन्तर्गत आते हैं। सच पूछिए तो जब हम इन सकारात्मक भावों के साथ जीते हैं, तो एक प्रकार से प्रभु के निकट रहते हैं और बैकुण्ठ में हमारा वास होता है।

नकारात्मक भाव ठीक इसके विपरीत हैं। ये वे भाव हैं, जो मन में दुःख और खीझ पैदा करते हैं, अशान्ति और जुगुप्सा पैदा करते हैं। जो भाव हमारी शारीरिक और मानसिक क्षमता के विपरीत काम करते हैं, नकारात्मक भाव कहलाते हैं। वीभत्स, क्रोध, घृणा, ईर्ष्या तथा प्रतिशोध आदि की भावना ऐसे ही भाव हैं। जब हम इसके वशीभूत होते हैं, तो एक प्रकार से आदिम पशु के नजदीक होते हैं और हमारा वास नर्क में होता है।

आपने यह खुद ही अनुभव किया होगा कि ***सकारात्मक भावों के साथ रहने पर आप जो काम करते हैं, वे बहुत सहजता के साथ हो जाते हैं।*** चूँकि इस समय मन प्रसन्न रहता है, यानी कि खिला रहता है, इसीलिए कार्य के प्रति एकाग्रता भी रहती है। यहाँ तक कि ऐसे समय में हमारे शरीर और मस्तिष्क ; दोनों की क्षमताएँ अपेक्षाकृत काफी अधिक हो जाती हैं। प्रसन्न मन एक गतिमान मन होता है। वह गतिशील रहता है– लगातार प्रवाहित और चलता हुआ। गतिमान मन शक्तिमान होता है और इसीलिए इस मन के साथ किये गये काम न केवल सध ही जाते हैं, बल्कि जल्दी सधते हैं और अच्छी तरह सधते हैं।

दुःखी मन ठीक इसके विपरीत गतिहीन और अलसाया हुआ मन

होता है। वह कुछ भी नहीं करना चाहता और यदि कुछ करना भी चाहता है, तो अधिकांशत: ध्वंस। दुःखी मन के साथ किये गये कार्य हो भले ही जाएँ, लेकिन उनमें समय अधिक लगता है और उनकी गुणवत्ता भी बहुत कम हो जाती है।

तो इस प्रकार अध्ययन के लिए यह निष्कर्ष निकालना बिल्कुल गलत नहीं होगा कि एक प्रसन्न मन अध्ययन के अधिक अनुकूल बैठता है। प्रसन्नता एक प्रकार से हमारे मस्तिष्क की भूमि को पोली और उर्वर बना देता है। ऐसे मस्तिष्क में जब सूचना के बीज डाले जाते हैं, तो उनके अंकुरित होकर एक अच्छी फसल के रूप में तब्दील होने की सम्भावनाएँ कई गुना अधिक बढ़ जाती हैं।

तो इस प्रकार पहली बात तो यह कि अध्ययन के लिए आवश्यक है कि ***आप तभी पढ़ें, जब मन प्रसन्न हो। दुःखी मन से की गई पढ़ाई एक प्रकार से चट्टान पर की जाने वाली जुताई के समान लगभग व्यर्थ है।***

(ग) श्रद्धावान बनें

यूँ तो समूचे एशिया महाद्वीप में ही, किन्तु विशेषकर भारत में गुरु- शिष्य की परम्परा अत्यन्त प्राचीन, अत्यन्त परिष्कृत और अत्यन्त गहरी रही है, जो अपने बदले हुए रूप में उथले स्तर पर ही सही, लेकिन आज भी थोड़ी-बहुत मौजूद है। नृत्य और संगीत के क्षेत्र में तो इसकी आज भी पहले जैसी ही प्रासंगिकता है।

मैं समझता हूँ कि गुरु-शिष्य परम्परा की बात आते ही मेरे अधिकांश युवा मित्र नाक-भौंह सिकोड़कर यह सोचने लगे होंगे कि यह किस प्रकार की पोंगापंथी की बात की जा रही है। पोंगापंथी का मतलब है - पुरानी, प्राचीन, लेकिन क्या सारी पुरानी बातें बेकार ही होती हैं? फिर तो हमें इस धरती पर ही नहीं रहना चाहिए, क्योंकि यह तो सबसे अधिक पुरानी है।

आपके नाक-भौंह सिकोड़ने के बावजूद मैं यहाँ अपनी बात इस विनम्र अनुरोध के साथ कहने की हिम्मत कर रहा हूँ कि आप इसे धैर्य के साथ पढ़ें। मेरी बातों को पूर्वाग्रह से रहित होकर थोड़ी गहराई के साथ सोचने के लिए स्वयं को समय दें। मेरा विश्वास है कि ज्यादा नहीं, यदि आप मेरी इस बात पर थोड़ा-सा भी विश्वास कर लेंगे, तो आप पाएँगे कि पढ़ी हुई बात को समझने, समझी हुई बात को याद करने और उसे लम्बे समय तक याद रखने की आपकी क्षमता कई गुना बढ़ गई है। कृपया बिना पढ़े और बिना गुने यहाँ मुझे अस्वीकार न करें।

निश्चित रूप से गुरु-शिष्य के बीच निकटता के सम्पर्क और संबंध के होने का अर्थ यही है कि गुरु-शिष्य की एक-एक बात पर नजर रख सके और शिष्य भी गुरु के आचरण को अपने जीवन में उतार सके। इसीलिए हमारे यहाँ गुरु को 'आचार्य' कहा गया है, लेकिन मैं इससे भी अधिक महत्त्व इस बात को देता हूँ कि शिष्य गुरु के आचरण को तभी अपने जीवन में उतारेगा, जब उसके मन में गुरु के प्रति श्रद्धा का भाव होगा और शिष्य के मन में गुरु के प्रति श्रद्धा का भाव तभी होगा, जब गुरु अपने आचरण के द्वारा शिष्य की श्रद्धा का पात्र बन सके। यदि ऐसा नहीं है, तो मैं समझता हूँ कि गुरु -शिष्य सम्बन्ध का भी कोई अर्थ नहीं है।

वस्तुतः श्रद्धा क्या है ? श्रद्धा मूलतः स्वीकृति का एक उदात्त भाव है। मेरी किसी पर श्रद्धा है, इसका मतलब ही है कि मैं उसे पूरी तरह स्वीकार करता हूँ। पत्थर, पत्थर है, लेकिन यदि पत्थर में मैंने अपनी श्रद्धा के भाव का संचार कर दिया, तो वह पत्थर, पत्थर न रहकर मेरे लिए देव-तुल्य हो जाएगा, जबकि दूसरों के लिए वह पत्थर ही बना रहेगा।

तो यदि हमें यह मानने में कोई ऐतराज़ नहीं है कि श्रद्धा एक प्रकार से स्वीकार्य का भाव है, तो मैं समझता हूँ कि इस बात को भी मानने में कोई ऐतराज़ नहीं होना चाहिए कि ***हम जो कुछ भी पढ़ते हैं, यदि उसे याद रखना चाहते हैं, तो ऐसा केवल स्वीकार्य-भाव के तहत ही हो सकता है।*** मुझे कोई चीज़ दी गई है। यदि मैं उसे स्वीकार नहीं करता हूँ, तो साफ है कि मैं उसे लौटा दूँगा। अपने पास नहीं रखूँगा , लेकिन यदि मैं

उसे स्वीकार कर लेता हूँ, तो स्पष्ट है कि उसे मैं अपने पास रखूँगा। पढ़ते समय आपको देखना है कि आप उस पढ़े हुए को अपने पास रखना चाह रहे हैं या फिर रखना नहीं चाह रहे हैं। यदि रखना चाह रहे हैं, तो इसका मतलब ही यह हुआ कि आपको वह स्वीकार्य है और यह स्वीकार्य तब और अधिक गहरा हो जाएगा, यदि आपके मस्तिष्क में, मन में, हृदय में उसके प्रति श्रद्धा का भाव हो।

आइये, हम इसे थोड़ा वैज्ञानिक नियम के द्वारा समझने की कोशिश करें। मैं इसे इस तरीके से इसलिए समझाने का विनम्र प्रयास कर रहा हूँ, क्योंकि मैं जानता हूँ कि वर्तमान के इस भौतिकवादी, यथार्थवादी और तार्किक समय में श्रद्धा जैसे आत्मवादी, मनोवैज्ञानिक तथा भाववादी तत्त्व को स्वीकार करवा पाना इतना आसान नहीं है।

प्रकृति में और जीवन में भी अधिकांशत: ऊँचाई और निचाई देखने को मिलती है। झरना ऊँची पहाड़ी से नीची ज़मीन पर गिरता है। जहाँ प्रवचन दिये जाते हैं, वहाँ आपने देखा होगा कि प्रवचन देने वाला व्यक्ति ऊँचे आसन पर बैठाया जाता है और सुनने वाले उससे कम ऊँचे आसन पर। हालाँकि शहरों में तो अब सभी समान ऊँचाई वाली कुर्सियों पर ही बैठते हैं, किन्तु आज भी गाँव के टाट-पट्टी वाले स्कूलों में गुरुजी कुर्सी पर बैठते हैं और छात्र ज़मीन पर। क्या आपने कभी इसके बारे में सोचा है कि ऐसा क्यों किया जाता है? निश्चित रूप से नहीं सोचा होगा। तो आइए, इसी पर कुछ सोचें।

मुझे मेरे इस एक छोटे से प्रश्न का उत्तर चाहिए कि यदि आपको झरते हुए झरने से पानी पीना है, तो आप कैसे पिएँगे? आपका उत्तर होगा कि 'मुझे झरने के नीचे खड़ा होना पड़ेगा।' झरने के ऊपर खड़े होकर आप पानी नहीं पी सकते। यदि आप किसी को कोई वस्तु देना चाह रहे हैं, तो लेने वाले को अपना हाथ नीचे ही रखना पड़ेगा। शायद आपको वह प्रसंग याद होगा, जब रावण के घायल होने पर भगवान श्रीराम ने अपने भाई लक्ष्मण को रावण से शिक्षा लेने के लिए भेजा था। लक्ष्मण रावण के सिरहाने जाकर खड़े हो गये। रावण ने शिक्षा देने से इंकार कर दिया। उसने तभी शिक्षा दी, जब लक्ष्मण रावण के पैरों की तरफ खड़े हुए।

ये सब बातें हमें क्या संदेश देती हैं ? चाहे वह प्रकृति का नियम हो या फिर कहानी-किस्सों में बयान की गई इस तरह की घटनाएँ, ये सभी इसी बात की ओर इशारा करती हैं कि यदि आपको लेना है, तो नीचे बैठना होगा। यहाँ नीचे बैठने का मतलब है-सामने वाले को ऊपर मानना, अपने से बड़ा समझना। बड़ा समझने की इस भावना का संबंध उम्र से नहीं, बल्कि ज्ञान से है और जैसे ही हम यह मान लेते हैं कि सामने वाला व्यक्ति मुझसे अधिक ज्ञानी है, मैं जो पुस्तक पढ़ रहा हूँ, वह अत्यन्त महत्त्वपूर्ण है, तो बस, यह छोटा-सा मानना ही हमारे अन्दर उस व्यक्ति और उस किताब के प्रति श्रद्धा के भाव का संचार कर देता है। मैं नहीं समझ पा रहा हूँ कि आप भला इस तथ्य को कैसे झुठला पाएँगे कि ***यदि गिरती हुई धारा से प्यास बुझानी है, तो धारा के नीचे ही अपनी अंजुली करनी होगी।***

ऊपर से देखने पर तो श्रद्धा एक छोटा-सा भाव लगता है, लेकिन हमारे मस्तिष्क, हमारी चेतना, हमारी स्मृति, हमारे हृदय और यहाँ तक कि हमारे पूरे शरीर पर इसका बहुत ही जबर्दस्त सकारात्मक प्रभाव पड़ता है। आप कल्पना नहीं कर सकते कि जब हम किसी के प्रति श्रद्धा के भाव से भरकर रोमांचित हो जाते हैं, तो इस रोमांच से हमारे शरीर की माँसपेशियाँ ही नहीं, बल्कि हमारे शरीर की करोड़ों-करोड़ों कोशिकाएँ एकदम से तनावरहित हो जाती हैं। इसका गहरा प्रभाव हमारी शारीरिक तंत्रिका पर पड़ता है। सच तो यही है कि श्रद्धा का अर्थ ही है-तनाव से मुक्त हो जाना। यह एक प्रकार से सामने वाले के प्रति पूरी तरह से समर्पण कर देने जैसा है।

लेकिन आप यहाँ इसका अर्थ यह न लगायें कि मैं यह कहने जा रहा हूँ कि चाहे किताब में गलत ही क्यों न लिखा हुआ हो, चाहे शिक्षक भ्रमवश गलत ही क्यों न पढ़ा रहे हों, आप उनके सामने पूरी तरह समर्पित होकर उसे ज्यों का त्यों स्वीकार कर लें। ऐसा बिल्कुल नहीं है। यह तो अंधश्रद्धा की बात हुई, जिसे हम अंधविश्वास कहते हैं - अंधा होकर विश्वास कर लेना। हमें जागरुक रहना है। जागरुक का मतलब है - जाग्रत अवस्था में थमे रहना अर्थात् जागो और रुको। बहुत प्यारा शब्द है यह। यहाँ जागकर भागने की बात नहीं कही गई है, बल्कि जागकर रुकने की बात कही गई है। सोया हुआ

व्यक्ति जब जागता है, तो उसे तुरन्त कुछ भी समझ में नहीं आता। उसे अपने आसपास की चीजें बहुत साफ और स्पष्ट दिखाई नहीं देतीं। यदि वह जागते ही कुछ कहने लगेगा, तो निश्चित ही उसके कहने में वह स्पष्टता नहीं होगी। इसीलिए कहा गया है कि जागो और कुछ कहो मत। पहले रुको। यानी कि पहले चीजों को अच्छी तरह से देखो। उन्हें ठीक से समझो और तब कुछ कहो। जागते ही मत कहो। यही है–सही मायने में जागरुकता। तो इस प्रकार जाग्रत होकर हमें स्वीकार करना है, अंधा होकर नहीं।

श्रद्धा भाव का बहुत गहरा संबंध विश्वास से भी होता है। जब हम किसी पर श्रद्धा करने लगते हैं, तो स्वाभाविक है कि उस पर विश्वास भी करने लगते हैं। ऐसा हो ही नहीं सकता कि हम विश्वास न करें, किन्तु श्रद्धा करें। जब हम कोई भी पुस्तक पढ़ते हैं, तब हमारे मस्तिष्क में उसी समय अनेक तरह के भाव और विचार आते–जाते रहते हैं, लेकिन यदि हम उसी पुस्तक को बहुत गहरे विश्वास के साथ पढ़ें, तब पाएँगे कि बेमतलब के आने–जाने वाले विचारों की संख्या बहुत कम हो गई है। इस प्रकार कहीं न कहीं श्रद्धा का भाव हमारे अन्दर अपनी पढ़ने वाली पुस्तक के प्रति एक गहरे विश्वास का भाव पैदा करके हमें एकाग्र बनाने में भी हमारी मदद करता है।

मैं यहाँ आपको एक और छोटा–सा उदाहरण देना चाहूँगा। आप ट्रेन में सफर कर रहे हैं। आपके सामने एक व्यक्ति बैठा हुआ है, जिसे आप नहीं जानते। उसकी तरफ आप कोई विशेष ध्यान नहीं दे रहे हैं। थोड़ी देर में एक व्यक्ति आता है और उस व्यक्ति को झुककर प्रणाम करता है। इससे आपके मन में सामने बैठे हुए व्यक्ति के प्रति एक जिज्ञासा पैदा होती है कि आखिर यह व्यक्ति कौन है, जिसे प्रणाम किया गया। अगले स्टेशन पर कुछ और व्यक्ति उस डिब्बे में चढ़ते हैं और उस व्यक्ति के चरण स्पर्श करके उतर जाते हैं। अब आपकी जिज्ञासा और अधिक बढ़ जाती है। आप जानना चाहते हैं कि आखिर यह व्यक्ति कौन है ? आपको पता लगता है कि ये तो कोई बहुत पहुँचे हुए संत हैं। जैसे ही आपको यह पता लगता है, आप भी उस व्यक्ति के चरण स्पर्श करते हैं। कहाँ तो पहले आपको इस बात तक की परवाह नहीं थी कि आपके पैर

उस व्यक्ति के पैर से टकरा रहे हैं और कहाँ अब स्थिति यह आ गई कि आप उस व्यक्ति के चरणों की धूल अपने माथे पर लगा रहे हैं। सोचकर देखिए कि उस व्यक्ति के प्रति आपकी भावना में इतना बड़ा परिवर्तन कैसे आया? उत्तर बहुत सरल है। उत्तर है - श्रद्धा भाव के संचार के कारण। हम सभी इस श्रद्धा-भाव के वारिस हैं। इसीलिए जब भी कोई पुस्तक हमारे पैर से छू जाती है, हम उसे प्रणाम करते हैं अन्यथा है तो वह भी निर्जीव कागज़ के टुकड़ों का ही एक संकलन। वस्तुतः यह उस पुस्तक के प्रति हमारी श्रद्धा का प्रतीक है, जिसका संचार हमने उसमें कर दिया है।

इसलिए मैं विद्यार्थियों को अक्सर यह सलाह देता हूँ कि वे ***जब भी कोई पुस्तक पढ़ें, पढ़ने से पहले उसके लेखक के बारे में अवश्य पढ़ें*** और यदि पुस्तक में लेखक के बारे में कुछ नहीं दिया हुआ है, तो उसके बारे में जानने की कोशिश करें। जब आपको पता लगेगा कि इस पुस्तक को लिखने वाले लेखक के पास अमुक-अमुक डिग्रियाँ हैं, उसे अमुक-अमुक सम्मान मिले हैं, उन्होंने इतनी-इतनी किताबें लिखी हैं, उनके ज्ञान और अनुभव का संसार इतना अधिक व्यापक है, तो स्वाभाविक रूप से उस लेखक के प्रति आपके मन में श्रद्धा की भावना पैदा होगी। लेखक के प्रति उत्पन्न श्रद्धा का यह भाव प्रकारान्तर से पुस्तक के प्रति उत्पन्न श्रद्धा के भाव में उस समय तत्काल परिवर्तित हो जाएगा, जब आप किताब पढ़ना शुरू करेंगे और निश्चित जानिए कि इस छोटे से परिवर्तन से ही आपके मस्तिष्क में इतना बड़ा परिवर्तन हो जाएगा, मस्तिष्क के अन्दर एक ऐसी गुरुत्वाकर्षण शक्ति पैदा हो जाएगी कि आप जो कुछ भी पढ़ेंगे, उसे आपका मस्तिष्क बहुत तेजी के साथ अपनी ओर आकृष्ट करने लगेगा। आप करके देखिए। मेरा पूरा विश्वास है कि आप निराश नहीं होंगे।

(घ) अज्ञानता का बोध हो

आखिर हम कोई पुस्तक पढ़ते क्यों हैं? इसलिए पढ़ते हैं, क्योंकि हम उसमें दिये गये ज्ञान को जानना चाहते हैं। फिर अगला प्रश्न है कि हम

ज्ञान को जानना क्यों चाहते हैं ? इसके कई उत्तर हो सकते हैं। एक उत्तर यही हो सकता है, क्योंकि वह ज्ञान हमारे लिए उपयोगी होगा। शायद अधिकांश मामलों में यही उत्तर सबसे अधिक सही बैठेगा, लेकिन मैं इस प्रश्न का थोड़ा एक अलग उत्तर दे रहा हूँ और वह यह है कि 'मैं उसे इसलिए जानना चाहता हूँ, क्योंकि मैं उसे जानता नहीं हूँ, अर्थात् मैं अज्ञानी हूँ। मुझे उसका ज्ञान नहीं है।

यही है-अज्ञानता का बोध। यह भी एक बहुत बड़ी मनोवैज्ञानिक स्थिति होती है, जो बहुत कम लोगों के पास होती है। यहाँ तक कि घोर अज्ञानी को भी इस बात का बोध नहीं होता कि वह अज्ञानी है। अधिकांश अपने को ज्ञानी ही नहीं, बल्कि सबसे बड़ा ज्ञानी मानने की सुखद गलतफहमियों में जीते रहते हैं। इस बारे में यूनान के महान दार्शनिक सुकरात का यह खूबसूरत कथन काबिल-ए-गौर है कि 'इस यूनान में सभी मूर्ख हैं। एक मैं ही ज्ञानी हूँ, क्योंकि केवल मैं ही यह जानता हूँ कि मैं कुछ नहीं जानता।'

कुछ नहीं जानने का बोध एक बहुत बड़ा बोध है। याद रखिए कि इसका कोई संबंध हीनता की ग्रंथि से नहीं है। यह हीन भाव है ही नहीं। यह तो एक ऐसा भाव है कि हम जो कुछ भी सुन या पढ़ रहे हैं, इस भावना के साथ सुन या पढ़ रहे हैं कि हमें इसकी जानकारी नहीं है या फिर इस भावना के साथ सुन या पढ़ रहे हैं कि हो सकता है कि हमें कुछ नई बात जानने को मिल जाए।

मैं एक बार फिर से आपके सामने एक बहुत सरल; किन्तु प्रभावशाली प्राकृतिक नियम से जुड़ा हुआ प्रश्न प्रस्तुत कर रहा हूँ । प्रश्न यह है कि क्या भरी हुई प्याली में और अधिक चाय भरी जा सकती है? चाय उड़ेली तो जा सकती है, लेकिन भरी नहीं जा सकती। चाय वहाँ टिकेगी ही नहीं। हाँ, प्याली के चारों ओर नीचे जमीन पर फैलती जरूर चली जाएगी। मैंने कक्षाओं में पढ़ाते समय और अपने व्याख्यानों के दौरान एक नहीं, बल्कि कई ऐसे विद्यार्थी और व्यक्ति देखे हैं, जो इस भाव से मुझे सुन रहे होते हैं, मानो कि वे ऐसा करके मुझ पर एहसान कर रहे हों। सच तो यह है कि वे

केवल देख रहे होते हैं, सुन कुछ भी नहीं रहे होते। उन्होंने अपने दिमाग को सुनने से पहले ही इस पूर्वाग्रह से ग्रस्त करके बंद कर दिया है कि 'मैं सब कुछ जानता हूँ। मुझे और कुछ जानने की जरूरत नहीं है।' जब दिमाग का दरवाजा ही बन्द है और उस दरवाजे पर पूर्वाग्रह का अच्छा-खासा मोटा-तगड़ा पुराने जमाने का बड़ा-सा अलीगढ़ी ताला जड़ा हुआ है, तब फिर भला कोई बात दिमाग के अन्दर प्रवेश ही कैसे कर सकेगी?

निश्चित रूप से हम सभी कुछ न कुछ मात्रा में पूर्वाग्रहों से भरे रहते हैं। यहाँ 'पूर्वाग्रह' कहने का मेरा मतलब यह है कि इस भाव से ग्रसित रहना कि इस लेखक की किताब बेकार है या वह शिक्षक अच्छा नहीं पढ़ाता। मैं यह नहीं कह रहा हूँ कि आपका यह पूर्वाग्रह पूरी तरह गलत ही है। बहुत कुछ सही भी हो सकता है, लेकिन यहाँ मेरा आग्रह केवल यह है कि इसके बावजूद उस पुस्तक या उस शिक्षक में ऐसा कुछ जरूर होगा कि आप उससे कुछ न कुछ तो ग्रहण कर ही सकते हैं और यदि आपके पास इससे कोई बेहतर विकल्प है, तो फिर आपको उस विकल्प को चुनने में न तो कोई हिचक करनी चाहिए और न ही थोड़ी-सी भी देरी।

आप जब भी कुछ पढ़ें, अपने को अन्दर से बिल्कुल खाली करके पढ़ें। आप यह मानकर पढ़ें कि इसके बारे में मैं कुछ भी नहीं जानता। विज्ञान का यह एक नियम है कि खालीपन में एक आकर्षक शक्ति होती है। आपको मालूम ही है कि जहाँ वायु का दबाव कम हो जाता है, उसी ओर अधिक दबाव वाले क्षेत्र से हवाएँ चलती हैं। वायु के दबाव के कम होने का अर्थ है-वहाँ वायु का कम हो जाना, यानी उस स्थान का हवा से रिक्त हो जाना। ठीक इसी प्रकार जब हम अपने अन्दर को खाली कर देते हैं, हम यह मान लेते हैं कि हमें इसके बारे में कुछ नहीं मालूम, तो अनजाने में ही हम अपने अन्दर एक ऐसी अद्‌भुत आकर्षक शक्ति पैदा कर लेते हैं, जो हमारे पढ़े हुए तथ्यों को अपनी ओर बहुत तेज़ी से आकर्षित करती है। इससे वे तथ्य बहुत जल्दी ही हमारे अपने हो जाते हैं।

(ङ) मनोरंजन भी चाहिए

हमारे अभिभावकों ने और यहाँ तक कि हमारे शिक्षकों ने भी मनोरंजन के बारे में बहुत गलत धारणा बना रखी है। यही माना जाता है कि मनोरंजन अध्ययन का विरोधी है। अधिकांश माता-पिता इस गलतफहमी के शिकार देखे गये हैं कि उनका बच्चा जो समय खेलने में लगाता है, यदि वही समय पढ़ाई में लगाये, तो वह बहुत अधिक नम्बर ला सकता है। ऐसा सोचते समय वे एक प्रकार से हमारे मस्तिष्क की कार्यप्रणाली को भूल जाते हैं। साथ ही वे यह भी भूल जाते हैं कि अधिक से अधिक अध्ययन सफलता का पर्याय नहीं होता, बल्कि अधिकांश मामलों में तो यह देखा गया है कि अधिक पढ़ाकू किस्म के विद्यार्थी जीवन के क्षेत्र में जाकर उतना अच्छा नहीं कर पाते, जितना कि सामान्य स्तर का विद्यार्थी कर लेता है। इसका कारण यही है कि जब हम बहुत अधिक पढ़-पढ़कर अपने मस्तिष्क में पुस्तकीय ज्ञान को ठूँस लेते हैं, तो उस मस्तिष्क में व्यावहारिक ज्ञान के लिए न तो जगह रह जाती है और न ही इसके लिए समय। यदि हम यह मानकर चलें कि अध्ययन का उद्देश्य अन्ततः जीवन को ऊँचाइयों की ओर ले जाना है, तो पढ़ाकू प्रवृत्ति से बचना होगा। ***वस्तुतः जरूरत अधिक से अधिक पढ़ने की नहीं होती, बल्कि ज़रूरत होती है-आवश्यक ज्ञान को सही तरीके से पढ़ने की और इसके लिए मनोरंजन अनिवार्य है।***

मनोरंजन का अर्थ है मन का रंजन। यानी कि ऐसे काम करना; जिससे मन प्रसन्न हो सके। आपने इससे पहले पढ़ा था कि प्रसन्न मन गतिमान होता है। चूँकि प्रसन्न मन गतिमान होता है, इसलिए इसमें पढ़ी हुई बातों को अधिक तेजी से ग्रहण करने की क्षमता आ जाती है। मनोरंजन का काम मूलतः मन को प्रसन्न करना होता है न कि उसे बहलाना। बहलाने का अर्थ है-थोड़ी देर के लिए दुःख या शिकायत से छुटकारा दिलाना, लेकिन इसका अर्थ यह नहीं हुआ कि मन प्रसन्न हो ही जाएगा। स्वस्थ मनोरंजन

हमारे मस्तिष्क में महीन-महीन रेशों का निर्माण करता है। आपने अक्सर महसूस किया होगा कि व्यक्ति एक ही काम करते-करते ऊब जाता है। वह काम उसे नीरस लगने लगता है। उसका सारा रस गायब हो जाता है। यदि काम नीरस लग रहा है और इसके बाद भी हम उस काम को कर रहे हैं, तो काम तो होता रहेगा, लेकिन उस तरह नहीं होगा, जिस तरह उसे होना चाहिए।

ऐसी स्थिति में बेहतर यही होगा कि हम उस काम को थोड़ी देर के लिए करें ही नहीं। अब हम कुछ ऐसा करें, जिससे यह एकरसता भंग हो सके। हम कुछ देर के लिए गाने सुन सकते हैं, संगीत सुन सकते हैं, बाहर टहल सकते हैं, दोस्तों के साथ बातचीत कर सकते हैं या अन्य कई स्वस्थ तरीकों से इस एकरसता को भंग कर सकते हैं।

जैसे ही यह एकरसता भंग होती है, हमारा मन फिर से उस काम की ओर लपकने लगता है। हो सकता है कि आपके मन में यह पछतावा हो कि 'मैंने बेकार ही आधा घण्टा गाने सुनने में बेकार कर दिया।' लेकिन मैं समझता हूँ कि ऐसा सोचकर आप समय के बारे में गलत निर्णय ले रहे हैं। ऊपरी तौर पर देखने से तो निश्चित ही आपने आधा घण्टा नष्ट किया है, लेकिन यह पक्का जानिए कि आपने उस आधे घण्टे के बदले कई आधे घण्टे हासिल कर लिये हैं।

आपने शायद यह देखा होगा कि गाड़ी में जुते हुए बैलों को गाड़ी हाँकने से पहले सहलाया जाता है। यह भी देखा होगा कि गाय को दुहना शुरू करने से पहले उसकी पीठ पर थपकी दी जाती है। क्या आपने सोचा है कि ऐसा क्यों किया जाता है? ऐसा सिर्फ इसलिए किया जाता है, क्योंकि यह निजी स्पर्श उनमें रोमांच पैदा करके उनकी शक्ति को बढ़ा देता है।

ठीक यही स्थिति मनोरंजन की भी है। ***जब हम मनोरंजन करते हैं, तब हमारा मस्तिष्क धीरे-धीरे खुलने लगता है, खिलने लगता है। अभी तक एक ढर्रे पर चलने के कारण उसमें जो नीरसता आ गई थी, वह सरसता में परिवर्तित होने लगती है।*** आप इसे यूँ भी कह सकते हैं कि जिस प्रकार हमारा शरीर सोने के बाद फिर से तर-ओ-ताजा हो जाता है, ठीक उसी प्रकार ***हमारा मस्तिष्क मनोरंजन के बाद ताज़ा हो जाता है। उसकी***

ग्रहण करने की क्षमता बढ़ जाती है।

मैं आपसे एक छोटा-सा प्रश्न कर रहा हूँ। आप लकड़ी का छोटा-सा चौकोर टुकड़ा लीजिए। ठीक इसी तरह आप उतने ही बड़े स्पंज का एक चौकोर टुकड़ा ले लें। इन दोनों टुकड़ों को पानी में डुबोइए। इन्हें बाहर निकालिए और निचोड़िए। अब आप बताइए कि किस टुकड़े से अधिक पानी गिरा? निश्चित ही आपका उत्तर होगा - स्पंज के टुकड़े से। क्यों? इसलिए, क्योंकि स्पंज के अणु खिले-खिले रहते हैं, इसलिए उनमें पानी को सोखने की क्षमता अधिक आ जाती है।

विश्वास कीजिए कि काठ का टुकड़ा बनता जा रहा हमारा मस्तिष्क मनोरंजन के बाद एक बार फिर से स्पंज बनने की ओर बढ़ने लगता है। फिर हम इसे जिस भी काम में लगाते हैं, उसे वह अधिक अच्छी तरह से अवशोषित करता है। मनोरंजन की यही महत्त्वपूर्ण भूमिका है, जिसकी आपको उपेक्षा नहीं करनी चाहिए।

लेकिन मैं यहाँ इस बात के लिए भी सतर्क करना चाहूँगा कि कहीं आप इस भ्रम में न पड़ जाएँ कि जितना अधिक मनोरंजन करेंगे, आपका मस्तिष्क उतना ही अधिक स्पंज वाला बनता जाएगा। हर चीज़ की एक सीमा होती है। इसकी भी एक सीमा है। मैं समझता हूँ कि चौबीस घंटे में एक विद्यार्थी यदि डेढ़-दो घण्टे मनोरंजन को देता है, तो यह पर्याप्त है। इससे अधिक की ज़रूरत भी नहीं होती और यदि आप इससे अधिक समय लगा रहे हैं, तो उससे आपको अतिरिक्त लाभ नहीं मिलेगा।

हो सकता है कि आपके मन में यहाँ एक यह प्रश्न उठ रहा हो कि मनोरंजन किस समय करना चाहिए। इसका बहुत स्वाभाविक उत्तर है - शाम के समय। रातभर सोने के बाद सुबह हम चुस्त रहते हैं। हमें इस समय का उपयोग अपने अध्ययन के लिए करना चाहिए, मनोरंजन के लिए नहीं। मन को रंजन की जरूरत तब पड़ती है, जब वह एक ही काम करते-करते ऊबने लगे। इसलिए स्वाभाविक है कि इसके लिए दिन भर काम करने के बाद शाम का समय ही अधिक उपयुक्त होता है, लेकिन यदि इस बीच में भी आवश्यकता महसूस हो, तो करने में कोई बुराई नहीं है।

हाँ, इतना ज़रूर ध्यान रखना चाहिए कि मनोरंजन के हमारे तौर-तरीके स्वस्थ एवं सुसंस्कृत हों। ***अल्हड़पन, नशा एवं अन्य घटिया तरीकों से जो मनोरंजन होता है, वह मूलतः मन का रंजन न होकर मन का पतन होता है। मनोरंजन का अर्थ है-स्वस्थ रंजन।***

(च) मस्तिष्क को विराम दें

मनोरंजन और विश्राम में थोड़ा फर्क है। मनोरंजन एक ऐसा काम है, जो हमारे मन को अच्छा लगे। जबकि विश्राम एक ऐसी स्थिति है, जब मन कुछ भी नहीं करता। मनोरंजन करते समय हमारा मन सक्रिय रहता है। वह कुछ न कुछ कर रहा होता है। यह बात अलग है कि वह अपने पसंद का काम कर रहा है। चूँकि मन सक्रिय है, इसलिए वह थकेगा भी। वह थकता ही है। हाँ, यह ज़रूर है कि जब हम बेमन से काम कर रहे होते हैं, तब हम जल्दी थक जाते हैं। इसके विपरीत जब हम अपने मन का काम कर रहे होते हैं, तब काफी देरी से थकते हैं, लेकिन थकते तब भी हैं।

जब हमारा शरीर थकता है, तब हम उसे आराम देते हैं। हमारा मस्तिष्क भी शरीर का ही एक महत्त्वपूर्ण अंग है। इसीलिए उसे भी आराम की ज़रूरत होती है।

लेकिन मस्तिष्क का आराम क्या है? यह तो पक्का है कि जब हम शरीर को आराम देते हैं, तो हमारे मस्तिष्क को भी थोड़ा आराम मिल जाता है, लेकिन हमें यह नहीं सोचना चाहिए कि इससे उसे भी पूरा आराम मिल गया है। हम सब जानते हैं कि किस प्रकार गहरी नींद में भी हमारा मस्तिष्क सक्रिय रहकर हमें तरह-तरह के सपने दिखाता रहता है। इसका मतलब ही यह हुआ कि नींद में भी हमारा मस्तिष्क अपना काम कर रहा है। तो फिर सवाल यह है कि हम अपने मस्तिष्क को विश्राम दें तो कैसे दें?

मनोरंजन करना भी एक प्रकार से मस्तिष्क को विश्राम देना ही है, लेकिन पूरी तरह नहीं। यह अर्द्ध-विश्राम की स्थिति है। ***मस्तिष्क को***

विश्राम तब मिलता है, जब वह सोचना बन्द कर दे, लेकिन सोचना बन्द करना आसान बात नहीं है। इसके लिए हमारे यहाँ योगाभ्यास आदि सुझाये गये हैं, जिनकी चर्चा मैं आगे चलकर करूँगा, लेकिन यहाँ केवल यह बताना चाहूँगा कि यदि आप कुछ देर तक शान्त भाव से बैठे रहेंगे, तो उससे मस्तिष्क को विराम मिल जाएगा। अच्छा होगा कि आप शान्त भाव से बैठने के लिए बन्द कमरे को न चुनें । इसके लिए शाम का या रात का वक्त सबसे आदर्श समय होता है। शाम होते ही उड़ते हुए चिड़ियों के झुण्ड को देखें। चुपचाप आकाश को निहारें । धीरे-धीरे अंधेरे में डूबती हुई प्रकृति को देखें। चमकते हुए तारों को देखें। चुपचाप बैठकर बहती हुई हवाओं से पुलकित हों। यदि मन में कुछ विचार आ रहे हों, तो उन्हें आने दें, लेकिन कोशिश करें कि ये विचार अच्छे हों, बुरे नहीं। इससे भी अधिक यह अच्छा होगा कि आप अपने मस्तिष्क को एकदम ही कल्पना के लोक में ले जाएँ। खूब ऊँची-ऊँची कल्पनाएँ करें। यह सोचें कि आपका मस्तिष्क, आपके विचार रूई से भी अधिक हल्के होकर ऊँचे आसमान में उड़ रहे हैं और उड़ते-उड़ते वे न जाने किस अदृश्य लोक में पहुँच गये हैं। यही एक प्रकार से जागते हुए मस्तिष्क को विश्राम देना है।

विद्यालयों एवं महाविद्यालयों में एक पीरियड चालीस-पैंतालीस मिनट का होता है। इसके बाद दूसरा पीरियड शुरू हो जाता है। दो-तीन पीरियड के बाद दस-पन्द्रह मिनट की छुट्टी दी जाती है। कक्षाएँ फिर से शुरू हो जाती हैं।

वस्तुतः चालीस-पैंतालीस मिनट की एक कक्षा की व्यवस्था इसी आधार पर की गई है कि इतने समय के बाद मस्तिष्क को बदलाव की ज़रूरत पड़ती है और लगभग डेढ़-दो घण्टे के बाद थोड़े-से विश्राम की भी। विद्यालय एवं महाविद्यालय में जो दस-पन्द्रह मिनट की छुट्टी मिलती है, उसमें आप सो तो नहीं सकते, लेकिन एक प्रकार से मित्रों से बातचीत करके या इधर-उधर टहलकर अपने मन को विश्राम तो दे ही सकते हैं।

इसी प्रकार यदि आप घर पर पढ़ रहे हों, तो आपकी आदती यही होनी चाहिए कि एक-डेढ़ घण्टे के बाद लगभग दस मिनट का रेस्ट लें। यदि

आपने दोपहर तक चार-पाँच घण्टे की पढ़ाई कर ली है, तो भोजन के बाद आधा घण्टा लेट जाना भी लाभदायक होगा।

(ठ) मन को रखें कब्जे में

अध्ययन के लिए ही नहीं; बल्कि जीवन में कोई भी काम करने के लिए यह निहायत ही जरूरी है कि हमारा अपने मन पर नियंत्रण हो। मन एक विचित्र तत्त्व है। पहले तो वह हमें आकर्षित करके कुछ करने के लिए कहता है और जब हम उसे करने लगते हैं, तो उससे हमें ऊबाकर कुछ दूसरा करने के लिए कहता है। जब हम दूसरे को करने लगते हैं, तो वह तीसरे की बात कहता है और इस तरह से हमारा मन लगातार हमें भगाता हुआ हमारी क्षमताओं को बिखेरता रहता है।

अध्ययन के दौरान भी यही होता है। प्रकृति का नियम ही है कि जो भी चीज़ें अच्छी होंगी, जो भी चीज़ जितनी श्रेष्ठ होगी, उसे पाने का रास्ता उतना ही अधिक कठिन होगा या फिर आप इसे यूँ कह लीजिए कि जिस वस्तु का पाने का रास्ता जितना कठिन होगा, वह वस्तु उतनी अधिक श्रेष्ठ होगी और यदि उपलब्धि का रास्ता आसान होगा, तो उसका गौरव ही नष्ट हो जाएगा।

मैं आपसे पूछता हूँ कि आपको अध्ययन का रास्ता कैसा लगता है? यदि हम इक्के-दुक्के लोगों को छोड़ दें, तो अधिकांश विद्यार्थी और यहाँ तक कि बड़े लोग भी इस रास्ते को कठिन और नीरस बताते हैं। उन्हें पढ़ना अच्छा नहीं लगता। चूँकि पढ़ना पड़ता है, इसलिए वे पढ़ते हैं। एक प्रकार से अपने मन को मारकर पढ़ते हैं। यदि आपको अपने मन को मारकर पढ़ना पड़ रहा है, तो इसका मतलब यह हुआ कि पढ़ने के लिए आपका मन आपका साथ नहीं दे रहा है। सच्चाई यह है कि ***आपका पढ़ना तभी सार्थक होगा, जब आपका मन आपका साथ दे।*** जब आप अपने मन को मारकर जबर्दस्ती पढ़ते हैं, तब भी कुछ न कुछ पढ़ाई तो हो जाती है, लेकिन इससे बात बनती नहीं। बात तो तब बनेगी, जब पढ़ने में आपका

मन लगे, लेकिन संकट तो यह है कि वह लगे तो कैसे लगे?

इसका एक ही तरीका हो सकता है कि आप मन के नियंत्रण में न होकर मन को अपने नियंत्रण में ले लें। इसके लिए आदत डालनी होगी। आदत यह कि ***आपको अपने मन के विरुद्ध बार-बार खड़ा होना होगा।*** आप उसी काम को कीजिए, जिस काम को करने के लिए आपका मन नहीं कर रहा है या फिर उस काम को मत कीजिए, जिस काम को करने के लिए आपका मन कर रहा है। इसे ही कहते हैं-अपने ही मन के विरोध में खड़ा होना। जब आप ऐसा करने लगेंगे, तब धीरे-धीरे यह शैतान मन समझ जाएगा कि यहाँ उसकी दाल गलने वाली नहीं है। वह जान जाएगा कि 'इसे मैं अपने इशारे पर नहीं नचा सकता।' मन को तो नाचने की आदत है। वह तो नाचेगा ही। तो यदि वह आपको अपने इशारे से नहीं नचा पाएगा, तो पक्का जानिए कि वह आपके इशारे पर नाचने के लिए तैयार हो जाएगा। बस, यही तो है- मन को कब्जे में रखना।

जागरुकता मन पर नियंत्रण रखने का एक बहुत अच्छा तरीका है। यहाँ जागरुकता का अर्थ इस बात से है कि पढ़ते समय आप जागते रहें। सो न जाएँ। याद रखिए कि आँखें बन्द करके पलंग पर सो जाने को तो हम जानते हैं, लेकिन हम उस सोने को नहीं पकड़ पाते, जो हम आँखें खोलकर सोते हैं। आँखें खोलकर सोना यानी कि जागते हुए सोना सबसे खतरनाक बात होती है और पढ़ते समय हम सब अधिकांशतः अपने आपको इसी खतरनाक स्थिति में रखते हैं। यही कारण है कि हम पढ़ते तो बहुत हैं, लेकिन हमारे दिमाग में घुसता बहुत कम है।

आपने इस बात को महसूस किया ही होगा कि हमारा मन एक प्रकार से हमारे मस्तिष्क के लिए 'कनवर्टर' (परिवर्तित करने वाला यंत्र) का काम करता है। हम जो कुछ भी सुनते हैं, पढ़ते हैं या छूते हैं, इन सभी अनुभूतियों को हमारा मन ही 'कनवर्ट' करके हमारे मस्तिष्क तक पहुँचाता है और जब कोई अनुभूति हमारे मस्तिष्क तक पहुँचती है, तभी हमें उसका ज्ञान होता है। अन्यथा वह बेकार चला जाता है। आप कक्षा में बैठे हुए हैं। शिक्षक पढ़ा रहे हैं, लेकिन आपका मन सिनेमा हॉल में घूम रहा है। आपने अनुभव किया

होगा कि यदि उसी दौरान शिक्षक आपसे कोई प्रश्न कर बैठे, तो आप हड़बड़ा जाएँगे। आप नहीं बता सकेंगे कि शिक्षक क्या कह रहा था। ऐसा क्यों ? ऐसा इसलिए, क्योंकि आपके कान तो खुले थे। उनमें शिक्षक की आवाज़ भी आ रही थी, लेकिन इस आवाज को 'कनवर्ट' करके आपके मस्तिष्क तक पहुँचाने वाला यंत्र 'मन' सिनेमा हॉल में था। इसलिए आप सुनकर भी कुछ नहीं सुन पाये।

यही है–जागते हुए सोने की स्थिति। ***जागते हुए सोने का मतलब है – आँखें तो खुली हैं, लेकिन मन कहीं और है।*** जागरुकता के ज़रिए हम अपने मन को बार–बार खींचकर अपनी किताब तक लाते हैं। जागरुकता के द्वारा हम अपने मन को बार–बार यह याद दिलाते हैं कि हम यही रहें। मन जिद्दी तो है, लेकिन इतना भी जिद्दी नहीं है कि वह आपकी बात मानेगा ही नहीं। मन बहुत होशियार है। वह जानता है कि पानी में रहकर मगर से बैर करना ठीक नहीं होता। मन को मालूम है कि आखिर उसे रहना तो आपके ही साथ है। इसलिए पहले वह थोड़ा- बहुत ना–नुकुर तो करेगा, लेकिन पक्का जानिए कि बहुत जल्दी वह आपकी बात मानने भी लगेगा। इस प्रकार जागरुक रहकर आप अपने भागते हुए मन को अपने अध्ययन के साथ जोड़ सकते हैं। जैसे ही मन अध्ययन से जुड़ता है, वैसे ही आपका पढ़ना सार्थक हो जाता है।

आपने इससे पहले एकाग्रता के बारे में पढ़ा है। यह एकाग्रता भी मन से ही जुड़ा हुआ होता है। मन ही तो वह है, जो इधर–उधर भागकर हमारे दिमाग को किसी एक बिन्दु पर टिकने नहीं देता। यदि वह टिक जाए, तो फिर बात ही बन जाए। फिर तो कहना ही क्या है। यदि हम जागरुक रहकर अपने मन पर थोड़ा–सा भी नियंत्रण पा लेते हैं, उसके साथ दोस्ती गाँठ लेते हैं, तो एकाग्रता और ध्यान की स्थिति अपने–आप आ जाती है। इसमें तो कोई दो राय नहीं कि एक सच्ची और अच्छी पढ़ाई के लिए; यहाँ तक कि किसी भी काम को बहुत अच्छे तरीके से करने के लिए एकचित्त होना बहुत अच्छा होता है। मैंने यहाँ जानबूझकर 'अच्छा होता है' कहा है, 'जरूरी होता है' नहीं। बिना एकाग्रता के भी काम होते हैं। हम ज्यादातर काम तो बिना

एकाग्रता के ही करते हैं, लेकिन जब एकाग्रता आ जाती है, तब बात ही कुछ और हो जाती है।

(ज) रुचि का रखें ध्यान

हालाँकि हमारा मस्तिष्क भी है तो शरीर का एक अंग ही, लेकिन उसकी अपनी कुछ विचित्रताएँ भी हैं। शरीर के अन्य अंगों को जहाँ पौष्टिक आहार से पुष्ट किया जा सकता है, वहीं मस्तिष्क के साथ यह बात पूरी तरह लागू नहीं होती। मस्तिष्क का आहार प्रोटीन और विटामिन आदि इतने नहीं हैं, जितना कि इसका मनोविज्ञान है। हमें यह बात हमेशा याद रखनी चाहिए कि जरूरी नहीं होता कि हम अपने मस्तिष्क को स्पष्ट रूप से ही कुछ कहें। इस मामले में वह सर्वज्ञाता है। हमारे बिना कुछ कहे ही सब कुछ समझ जाने की अद्‌भुत क्षमता है उसमें। उसे तो बस पता भर लगना चाहिए कि हम क्या सोच रहे हैं, हम क्या करने जा रहे हैं। वह अपने-आपको तुरन्त ही उसी के अनुकूल ढाल लेता है।

आप पूछ सकते हैं कि भला रुचि का हमारे मस्तिष्क से क्या लेना-देना। यह तो एक प्रकार से अस्थाई भाव है। अभी कुछ अच्छा लग रहा है, तो कुछ समय बाद कुछ अच्छा लगने लगेगा, लेकिन बात इतनी सरल नहीं है जितनी आप समझ रहे हैं।

जैसा कि मैंने बताया, हमारा मस्तिष्क अद्‌भुत गुणों से सम्पन्न एक विचित्र अंग है। इसकी ग्राह्य क्षमता तभी सबसे अधिक रहती है, जब इसे इसकी रुचि के अनुकूल कुछ मिले और हमें यह भी नहीं भूलना चाहिए कि ऐसा केवल मस्तिष्क के साथ ही नहीं होता, बल्कि हमारी सभी इन्द्रियों के साथ होता है। हमारी आँखें अपनी रुचि के अनुकूल दृश्य देखना चाहती हैं। हमारी जीभ अपने स्वाद के अनुकूल चीज़ें चखना चाहती है। सभी की नाकों को एक ही फूल की गन्ध पसन्द नहीं आती। जितनी नाकें उतने ही सुगन्धों की चाहत। तो फिर मस्तिष्क भी यदि यही कर रहा है, तो उसमें भला परेशान क्यों होना चाहिए?

हम सभी देखते ही हैं कि एक विद्यार्थी को गणित बहुत कठिन

लगता है, लेकिन दूसरे विद्यार्थी को वह सबसे सरल और सबसे अच्छा। भारत के महान गणितज्ञ रामानुजन ग्यारहवीं पास नहीं कर पाये, क्योंकि वे हर साल इतिहास में फेल हो जाते थे, जबकि गणित में उन्हें महारत हासिल थी। क्या आपको नहीं लगता कि इसका कारण यही हो सकता है कि गणित में उनकी रुचि थी, जबकि इतिहास में उनकी रुचि नहीं थी।

आपको इस तथ्य को समझना ही होगा कि सच यही है कि ***न तो कोई विषय कठिन होता है न ही सरल। यह हमारी अपनी रुचि होती है, जो किसी भी विषय को सरल या कठिन बना देती है।*** हाँ, यह बात जरूर है कि जिस विषय में मस्तिष्क को अधिक श्रम करना पड़ता है, उस विषय में लोगों की रुचि कम होती है। आखिर ज्यादातर लोग सरल रास्ते को ही पसन्द जो करते हैं।

यह भी एक प्रकार से फसल उगाने जैसा ही है। किसान सभी मिट्टियों में एक जैसी फसल नहीं बोता। वह मिट्टी के हिसाब से अलग-अलग फसल लगाता है। काली मिट्टी में वह जहाँ चना और कपास बोना पसन्द करता है, वहीं रेतीली मिट्टी में मूँगफली लगाएगा। यहाँ दोनों बातें एक साथ काम करती हैं-मिट्टी का गुण और बीज की रुचि। जब इन दोनों में तालमेल बैठता है, तभी फसल अच्छी होती है।

ठीक इसी तरह से हमारी रुचि एक प्रकार से हमारे मस्तिष्क में बिखरी हुई मिट्टी की तरह है। यह मिट्टी उन्हीं बीजों को अपनायेगी, जो बीज इसमें बहुत अच्छी तरह पनप सकते हैं अन्यथा फसल अच्छी नहीं हो पाएगी।

आपके सामने इस बारे में कुछ व्यावहारिक संकट हो सकते हैं। संकट यह कि गणित में आपका मन नहीं लगता, लेकिन पढ़ना जरूरी है, क्योंकि वह अनिवार्य है। कुछ को भूगोल बहुत ही गोल-मोल लगता है, लेकिन उसे चाहकर भी छोड़ नहीं सकते। तो ऐसे में आप करें तो क्या करें ? इसका उपाय बहुत कठिन नहीं है। इसका सरल-सा उपाय यही है कि आप उस विषय से डरना बन्द कर दें। यहाँ आपको अपने मन के विरुद्ध खड़े होने की ताकत पैदा करनी होगी। मुझे गणित और विज्ञान बहुत कठिन विषय

लगते थे। क्या आप विश्वास करेंगे कि बाद में तब ये दोनों ही विषय मेरे सबसे प्रिय विषय बन गये, जब मैंने मन में यह ठान लिया कि 'मैं इन दोनों विषयों के साथ दोस्ती करके रहूँगा।' आपके साथ भी ऐसा हो सकता है, बशर्ते कि आप उनके साथ दोस्ती करने की ठान लें।

हाँ, जब आप कैरियर के लिए पढ़ते हैं, तब निश्चित रूप से अपनी रुचि का ध्यान रखिए, क्योंकि वहाँ आपके सामने चुनाव मौजूद हैं। ऐसे ही विषयों को लीजिए, जिनमें आपका मन लगता है। तभी आप उसके साथ लम्बी दोस्ती निभा पाएँगे और तभी आप उस विषय में पारंगत हो सकेंगे।

(झ) जिज्ञासा

आपको याद होगा कि इससे पहले मैंने अज्ञानता के बोध पर लिखा है। यानी कि हम यह मानकर चलें कि हमें कुछ नहीं आता। अब मैं जिसकी चर्चा करने जा रहा हूँ, वह इसी का एक सकारात्मक पक्ष है। सकारात्मक पक्ष इस मायने में कि यदि हम यह मान भी लें कि हमें कुछ नहीं आता, तो केवल इसी बात से बात नहीं बनेगी। दुनिया में तो बहुत से लोगों को कुछ नहीं आता, लेकिन क्या इतना मान लेने से ही उन्हें सब कुछ आने लगेगा?

वस्तुतः जिज्ञासा इसके आगे की सीढ़ी है। ***जानने की इच्छा को कहते हैं-जिज्ञासा और जानने की यही इच्छा ज्ञान की जननी है।*** हम सब अपने चारों ओर लगातार घटनाओं को घटते हुए देखते रहते हैं। ऐसा नहीं था कि न्यूटन से पहले सेब पेड़ से टूटकर आसमान की ओर जाते थे। वे सदियों से उसी तरह पेड़ से टूटकर पृथ्वी पर गिर रहे थे, जिस तरह न्यूटन के सामने गिरा था, लेकिन 'ऐसा क्यों होता है' की जिज्ञासा ने न्यूटन को गुरुत्त्वाकर्षण के सिद्धान्त का जनक बना दिया।

हम पानी तभी पीते हैं, जब प्यास लगती है। सच तो यह भी है कि पानी तभी अच्छा लगता है, जब प्यास तेज़ होती है। ज्ञान की पिपासा भी इसी प्यास की तरह है। ज्ञान की प्यास लगते ही हम उसे बुझाने के

लिए बेचैन हो जाते हैं और स्वाभाविक है कि जब बेचैन होंगे, तो उसके लिए इधर-उधर हाथ-पैर मारेंगे और जब हाथ-पैर मारेंगे, तब हमारे हाथ में कुछ न कुछ तो आएगा ही।

एक अंग्रेजी के विद्वान कवि हुए हैं - किपलिंग। उन्होंने जिज्ञासा के छह चरण बताये हैं। उन्होंने कहा था कि 'छह सेवक हैं मेरे पास, जिनसे मैंने सारा ज्ञान प्राप्त किया है। इन सेवकों के नाम हैं-क्या, किन्तु, कब, कैसे, कहाँ और क्यों।' जैसे ही हम कोई घटना देखते हैं, यदि उस घटना से हम ये छह प्रश्न क्रमशः करते चले जाएँ, तो हम पाएँगे कि हम इनके उत्तर ढूँढ़ने में उलझ गये हैं और जो भी इनके उत्तर होंगे, वही हमारा ज्ञान होगा। आखिर सिद्धार्थ ने भी क्या किया था ? लोग रोज़ ही बीमार और मृतकों को देखते थे, लेकिन जब इन्हें ही सिद्धार्थ ने देखा, तो उन्होंने यही प्रश्न करने शुरू कर दिए कि ऐसा क्यों होता है ? ऐसा क्यों हुआ ? आदि-आदि और इन्हीं के उत्तर पाने में वे गौतम बुद्ध बन गये।

खैर, यह तो हुआ ज्ञान-प्राप्ति का रास्ता, लेकिन क्या इसका कोई सम्बन्ध अध्ययन के मनोविज्ञान से भी है ? हाँ, है और बहुत है। ***जिज्ञासु मन की विशिष्टता यह होती है कि वह चीज़ों को बहुत तेजी से अपने अन्दर ग्रहण करता है।*** जब आपको भूख लगती है, तब आप धीरे-धीरे नहीं खाते। तेजी से खाते हैं। जब भूख लगती है, तब आप खाने में बहुत नखरे भी नहीं करते। यदि बहुत तेज़ भूख लगी हो, तो सूखी रोटी भी मीठी लगने लगती है और यदि पेट भरा हुआ हो, तो पराठे भी बेकार लगने लगते हैं। ठीक इसी प्रकार जिज्ञासु मन वही है, जो हमारा भूखा पेट है। डॉक्टर कहते हैं कि भूख लगने पर खाओ तभी वह शरीर में लगेगा। मनोवैज्ञानिक कहते हैं कि ***मन के अन्दर ज्ञान की भूख पैदा करो, तभी उस ज्ञान को पचा पाओगे।*** मन में किसी चीज़ को जानने की जिज्ञासा जितनी तेज होगी, उस ज्ञान को ग्रहण करने की गति भी उतनी ही तेज हो जाएगी।

इसे आप एक प्रकार से तार्किक मन भी कह सकते हैं। तार्किक मन का अर्थ है- किसी भी बात को जाँच-परखकर स्वीकार करना। जब आप ऐसा करेंगे, तब पाएँगे कि वे पढ़ी हुई बातें आपके दिमाग में बहुत गहरे

बैठती चली जा रही हैं और जो बातें मस्तिष्क के जितने गहरे बैठेंगी, वे आपको उतने ही लम्बे समय तक याद रहेंगी। इसलिए आपको चाहिए कि आप एक जिज्ञासु की भावना से अध्ययन करें, ताकि आपका मस्तिष्क तार्किक होकर पढ़ी हुई बातों को अच्छी तरह ठोक-बजाकर ग्रहण करे। इससे आप भूलने के संकट से भी बच जाएँगे।

बढ़ायें आत्मविश्वास को

यदि दलदली जमीन में खूँटा गाड़ा जाए, तो वह कुछ समय तक तो खड़ा रहेगा, लेकिन बहुत जल्दी ही झुककर अन्त में गिर जाएगा। दलदल में खूँटा गाड़ना तो आसान है, लेकिन उसे खड़ा रखना आसान नहीं है, जबकि ठीक इसके विपरीत ठोस जमीन में खूँटा गाड़ने के लिए मेहनत तो करनी पड़ेगी। गड्ढा खोदना पड़ेगा और तब कहीं जाकर खूँटा गड़ेगा, लेकिन यदि एक बार गड़ गया, तो वह सैकड़ों सालों तक उसी तरह खड़ा रहेगा, जैसा कि आपने खड़ा किया था।

आत्मविश्वास एक प्रकार से ठोस जमीन की तरह है, जिसमें हम अपने ज्ञान का खूँटा गाड़ते हैं। आत्मविश्वास का अर्थ अपनी आत्मा पर विश्वास करना नहीं है, बल्कि अपने आप पर विश्वास करना है। यहाँ 'आत्म' शब्द का अर्थ 'मैं' से है 'आत्मा' से नहीं। जब हमारे अन्दर आत्मविश्वास की ठोस जमीन तैयार हो जाती है, तब हम जो कुछ भी सुनते या पढ़ते हैं, उस पर हमारी पकड़ काफी मजबूत होती चली जाती है। इसके ठीक विपरीत यदि हम अन्दर से डरे हुए हैं, हम हमेशा भूल जाने की आशंका से ग्रसित हैं, अपने को अन्दर से कमजोर महसूस कर रहे हैं, तब इसका अर्थ यह हुआ कि हमारे अन्दर की जमीन दलदली है। ऐसे दलदल में खूँटा मजबूती से नहीं गड़ेगा।

अपने-आप पर विश्वास एक प्रकार की शक्ति होती है, ऊर्जा होती है। आपने महसूस किया होगा कि जब आप विश्वास से भरे होते हैं, तब आपकी चाल बदल जाती है। आपके पैर अधिक मजबूती से उठते हैं और

अधिक मजबूती से जमीन पर पड़ते हैं। ठीक इसी तरह जब आपमें आत्मविश्वास होता है, तब आपका मस्तिष्क भी पूरी तरह सतर्क और जागरुक हो जाता है। उसके पटल (स्क्रीन) पर पड़ने वाली चीज़ों के बिम्ब बहुत गहरे और स्पष्ट बनते हैं। ***यदि मन में यह भय रहेगा कि 'मुझे बात समझ में नहीं आ रही है', तो पक्का जानिए कि वह बात समझ में नहीं आएगी।*** हो सकता है कि आपको बात समझ में नहीं आ रही है। यदि ऐसा है, तो आप स्वयं को 'सरेन्डर' मत कीजिए। परेशान न होइये कि बात समझ में नहीं आ रही है, बल्कि अपने अन्दर कुछ इस तरह की भावना लाइये कि 'मुझे इसे समझना है। मैं जानकर रहूँगा इसे।' जैसे ही आप यह भावना लाएँगे, पाएँगे कि आपका मन एक अलग ही तरह के जोश से भर गया है और जैसे ही यह होगा, पढ़ना सार्थक होने लगेगा ।

इसलिए हमेशा याद रखिए कि जब भी पढ़ें, अपने अन्दर आत्मविश्वास का दीपक जलाकर पढ़ें। आत्मविश्वास की इसी रोशनी में किताबों के अक्षर अधिक चमक के साथ आपके मस्तिष्क के पटल पर छप सकेंगे।

आशान्वित रहें हमेशा

हालाँकि है तो यह भी आत्मविश्वास का ही एक रूप, लेकिन थोड़ा बदला हुआ। आत्मविश्वास जहाँ हमें अपने प्रति होता है, वहीं आशा भविष्य के प्रति होती है। आशा का अर्थ है – कुछ न कुछ अच्छा होगा। यहाँ तक कि गम्भीर से गंभीर परिस्थिति में भी हम अपने अन्दर इस विश्वास की लौ को जलाये रखते हैं कि 'जो भी होगा, अच्छा होगा, भले के लिए होगा।'

आशा सकारात्मक सोच का एक महत्त्वपूर्ण हिस्सा है। आशा से भरा मस्तिष्क और हृदय हमेशा हर घटना को सही एवं सकारात्मक तरीके से लेता है। वह चीज़ों को अस्वीकार नहीं करता, भले ही वे कितने भी कठिन या उसके काम के क्यों न हों। आशा हृदय का एक ऐसा महत्त्वपूर्ण भाव है, जो

हमारे मन की गति को तेज कर देता है, उसे गतिमान बना देता है। आप पहले भी पढ़ चुके हैं कि जब मन गतिमान होता है, तब उसकी कार्यक्षमता बढ़ जाती है। आप इस बात पर विश्वास कीजिए कि दुनिया में जितने भी महान और सफल लोग हुए हैं, उनमें से किसी को भी यह आशा नहीं थी कि वे महान बनेंगे या सफल होंगे। इसके बावजूद उनमें हमेशा इस आशा की लौ लपलपाती रहती थी कि कुछ न कुछ तो अच्छा हो ही जाएगा अन्यथा आप स्वयं सोचकर देखिए कि ऐसा कौन पागल होगा, जो बिना दिशा और मंजिल को जाने उफनते हुए अज्ञात विशाल समुद्र में अपने जहाज के लंगर खोलकर भीषण यात्रा पर निकल जाएगा, लेकिन कोलम्बस और वास्को-डी-गामा जैसे नाविकों ने यदि अमेरिका और भारत जैसे देशों को ढूँढ़ निकाला, तो वह केवल आशा की ही शक्ति के दम पर।

हो सकता है कि आपके मन में यहाँ यह विचार उठे कि भला इसका पढ़ने से क्या सम्बन्ध है? लेकिन इसका पढ़ने से बहुत गहरा सम्बन्ध है। हम जब भी कोई काम करते हैं, यह मानकर करते हैं कि 'हम होंगे कामयाब'। यदि हम यह मान लें कि सफलता नहीं मिलेगी, तो हमारे कार्य करने की गति और गुणवत्ता कम हो जाती है। याद रखिए कि फल की आशा करना एक बात है और फल की चिन्ता करना बिल्कुल अलग बात है। गीता में फल की चिन्ता न करने की बात कही गई है। फल की आशा से उनका कोई विरोध नहीं है। चिन्ता एक नकारात्मक वृत्ति है, जो हमें अन्दर से तोड़ देती है। आशा एक सकारात्मक वृत्ति है, जो हमें शक्ति देकर टूटने से बचाती है और सबसे बड़ी बात तो यह है कि जब मन आशा से भरा होता है, तब वह जो कुछ देखता, सुनता और पढ़ता है, उसे अधिक से अधिक अपने अन्दर समेट लेता है। अब यह तो सीधी-सी ही बात है कि हार की भावना से खेल के मैदान में उतरा हुआ खिलाड़ी तो केवल तभी जीत सकता है, जब सामने वाला खिलाड़ी भी उसी भावना से उतरा हो। जिस प्रकार जीत की भावना एक खिलाड़ी को जिता सकती है, उसी प्रकार आशा की भावना आपके मस्तिष्क में आपके द्वारा पढ़ी गई चीज़ों को सही तौर पर बिठा सकती है।

कभी-कभी निराशा होती है और वह सबको होती है। यदि दुनिया का

कोई व्यक्ति यह कहता है कि उसे कभी भी निराशा नहीं हुई, तो वह साफतौर पर झूठ बोल रहा है। अमेरिका के महान लेखक अर्नेस्ट हेमिंग्वे का नोबेल पुरस्कार से सम्मानित एक छोटा-सा उपन्यास है – 'बूढ़ा मछुआरा और समुद्र' (The Old man And The Sea)। यह बूढ़ा मछुआरा समुद्र में मछली मारने निकलता है और चौरासी दिन की लम्बी यात्रा के बाद खाली हाथ लौट आता है। इन चौरासी दिनों में वह बार-बार निराश होता है, लेकिन हर सुबह की किरणों के साथ वह फिर से एक नई आशा लेकर पतवार चलाने लगता है। मजेदार बात यह है कि खाली हाथ लौटने के बाद जब वह बिस्तर पर सोता है, तब उसे रात में जो सपने आते हैं, वे शेरों के होते हैं। ध्यान दीजिए कि वे सपने शेरों के हैं, मेमनों के नहीं, बकरियों के नहीं। यानी कि उसकी आशा अभी भी खत्म नहीं हुई है।

इसीलिए कभी-कभी आने वाले निराशा के भाव से आप बिल्कुल भी निराश न हों। वे तो तालाब में उठने वाली छोटी-छोटी लहरों की तरह हैं, जो आती रहेंगी और जाती भी रहेंगी। सबसे बड़ी जो बात है, वह है-तालाब के पानी का स्थिर होना, न कि लहरों का थम जाना।

आप जब भी पढ़ें, मन के अन्दर यह आशा बनाये रखें कि 'मैं जो भी पढ़ रहा हूँ, वह मुझे याद रहेगा। मैं जो भी पढ़ रहा हूँ, वह मेरे काम आएगा।' आप देखेंगे कि आपके पढ़ने की गुणवत्ता में कितना अधिक परिवर्तन आ गया है।

विविधता लायें पढ़ने में

मैं निश्चित तौर पर कह सकता हूँ कि आपने कभी अपने भोजन की थाली में परोसे गये व्यंजनों का विश्लेषण नहीं किया होगा। अब करके देखिए। सोचिए कि आपकी थाली में जो चटनी और अचार रखा हुआ है, आखिर उसका उपयोग क्या है। हरी मिर्च रखी हुई है। सलाद भी परसा हुआ है। कुछ लोगों को पापड़ भी पसन्द आता है। इन सबके बावजूद यदि आपसे यह पूछा जाए कि आपने आज क्या खाया है, तो

आपका उत्तर होगा–सब्जी- रोटी या चावल–दाल।

आपने यह तो खाया ही है, लेकिन केवल यही नहीं खाया है। उसके साथ और भी अन्य छोटी–छोटी चीज़ें भी खाईं हैं; जैसे चटनी, अचार, सलाद और पापड़ भी। तो फिर आप उन्हें बताते क्यों नहीं? ऐसा नहीं है कि आप ऐसा जानबूझकर करते हैं, बल्कि ऐसा इसलिए करते हैं, क्योंकि आप उन छोटी–छोटी चीज़ों को बहुत महत्त्वपूर्ण नहीं समझते। पर मजेदार बात यह है कि यदि आपको ये छोटी–छोटी चीज़ें न दी जाएँ, तो आप सब्जी–रोटी या चावल–दाल को न तो उतनी मात्रा में खा पाएँगे, जितनी आप खा सके हैं और न ही आप उस भोजन का उतना आनन्द उठा पाएँगे, जितना कि अन्यथा आपने उठाया है।

तो फिर हमारे भोजन में अचार, चटनी और पापड़ जैसी वस्तुओं की उपयोगिता क्या है? वस्तुतः इनकी उपयोगिता स्वाद को बढ़ाने की है। ये अपने आप में कुछ नहीं हैं, किन्तु मुख्य भोजन को अधिक स्वाददार बनाने में बहुत सहायक हैं। हम बीच–बीच में इनका सेवन करके अपने स्वाद में विविधता लाते हैं और इस विविधता के कारण चावल, दाल जैसे लगभग नीरस–सा स्वाद वाला भोजन भी स्वाददार लगने लगता है।

तो क्या हम इसी बात को अपने मस्तिष्क के स्वाद पर लागू नहीं कर सकते? मुझे लगता है कि लागू कर सकते हैं और लागू किया भी जाना चाहिए। हमारा मस्तिष्क भी एक ही जैसी बातें सुनते–सुनते, पढ़ते–पढ़ते ऊबने लगता है। उसे भी इस बात की जरूरत महसूस होती है कि उसका स्वाद बदले। यदि उसकी यह माँग थोड़ी–बहुत पूरी कर दी जाए, तो वह फिर से शेष पढ़ाई करने में जुट जाता है।

इसीलिए अध्ययन की दृष्टि से यह बात बहुत उपयोगी है कि हम एक ही विषय को लगातार कई दिनों तक न पढ़ते रहें। यदि बीच–बीच में हम दूसरी चीज़ें भी पढ़ें, तो पाएँगे कि हमारा मस्तिष्क एक बार फिर से सरस होकर मुख्य विषय को पढ़ने के लिए तैयार हो गया है।

मैं जानता हूँ कि कुछ लोग इस तरह की पढ़ाई करने को पढ़ने में होने वाला व्यवधान समझ सकते हैं, लेकिन मैंने प्रयोगों के आधार पर

पाया है कि ऐसा होता नहीं है। हाँ, व्यवधान तब आता है, जब हम इन छोटी-छोटी पढ़ाइयों के रूप में भी कठिन लगने वाली या ऊबाऊ लगने वाले विषयों को ही पढ़ें। तब तो निश्चित रूप से मस्तिष्क और अधिक नीरस हो जाएगा। यहाँ ध्यान देने की बात यह है कि छोटी-छोटी बातों के रूप में केवल उन विषयों को पढ़ें, जो आपको हल्की-फुल्की लगती हैं और मनोरंजक लगती हैं। इससे मस्तिष्क को विविधता का स्वाद मिल सकेगा और इससे वह पहले की अपेक्षा अधिक सक्रिय होकर आपकी मदद करने की स्थिति में आ जाएगा।

कीजिए उद्देश्य का निर्धारण

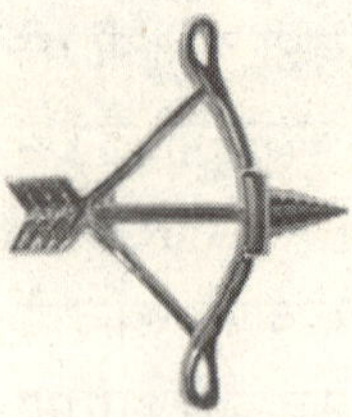

हम हर पुस्तक को एक ही उद्देश्य से नहीं पढ़ते। यहाँ तक कि हर विषय को भी एक ही उद्देश्य से नहीं पढ़ते। हम अखबार पढ़ते हैं। पेम्फलेट्स पढ़ते हैं। चौराहों पर लगे हुए होर्डिंग्स पढ़ते हैं। दीवारों पर लिखे नारे पढ़ते हैं। ट्रकों के पीछे लिखे वाक्य पढ़ते हैं और भी न जाने आँखों के सामने से गुजरने वाली कितनी बातों को देखते और पढ़ते हैं, लेकिन इन सबका उद्देश्य कभी भी एक जैसा नहीं होता, बल्कि सबका उद्देश्य अलग-अलग ही होता है।

हमारे मस्तिष्क की एक अद्‌भुत विशेषता यह है कि उसे चिल्ला-चिल्लाकर अलग से 'इंस्ट्रक्शन' नहीं देने पड़ते। उसकी कार्यप्रणाली कुछ ऐसी विचित्र है कि यदि हमने कुछ सोच लिया, तो इसका मतलब यह हुआ कि हमने अपने मस्तिष्क को 'इन्स्ट्रक्शन' दे दिये। जैसे कि आप होर्डिंग्स पढ़ते हैं। यदि होर्डिंग्स पर लिखे गये अक्षर आपके काम के नहीं हुए, तब आप उसे पढ़कर यूँ ही छोड़ देते हैं, लेकिन यदि वे आपके काम के हुए, तब आप उसके सामने थोड़ी देर रुकते हैं। उसे ध्यान से पढ़ते हैं और यदि जरूरी हुआ, तो कुछ नोट भी कर लेते हैं। आप अखबार को उस तरह से नहीं पढ़ते, जिस तरह पत्रिका को पढ़ते हैं और इसी तरह आप पत्रिका को उस तरह नहीं पढ़ते, जिस तरह आप पुस्तक को पढ़ते हैं और हर पुस्तक को भी उस तरह नहीं पढ़ते, जिस

तरह आप अपने पाठ्यक्रम की पुस्तकों को पढ़ते हैं।

तो बात साफ है कि ***हम जितनी भी चीज़ों को पढ़ते हैं, हमारे पढ़ने के उद्देश्य उतने ही अलग-अलग होते हैं*** और जैसे ही हम मन ही मन जाने या अनजाने में अपने उद्देश्य का फैसला कर लेते हैं, हमारा मस्तिष्क एक आज्ञाकारी शिष्य की तरह उसी तरह से काम करने लगता है। हाँ, यह बात जरूर है कि उसे कठिन काम करने के बजाय हल्के-फुल्के काम करना अधिक पसन्द है। वैसे भी ऐसा कौन है, जिसे कठिन काम करना पसन्द हो?

अध्ययन की दृष्टि से पढ़े हुए को समझना और समझकर याद रखना एक प्रकार का कठिन काम है। जबकि पढ़ना और भूल जाना सबसे सरल काम है। यदि उद्देश्य पढ़ना और भूल जाना है, तब तो बात साफ है कि उसके लिए अध्ययन की कला को जानने की कोई जरूरत नहीं है। अध्ययन की कला को जानने की जरूरत इसीलिए है, क्योंकि आप अपने पढ़े हुए को समझना चाहते हैं और समझे हुए को याद रखना चाहते हैं, ताकि ज़रूरत पड़ने पर आप इस ज्ञान का उपयोग करके परीक्षा में अधिक से अधिक नम्बर ला सकें।

इसीलिए यह आवश्यक ही नहीं, बल्कि अनिवार्य भी है कि जब आप किसी पुस्तक को पढ़ें, तो पहले उसका उद्देश्य निश्चित कर लें कि आप इसे पढ़ क्यों रहे हैं। इस बात की मैं आगे विस्तार से चर्चा करूँगा कि किसी पुस्तक को किस प्रकार पढ़ना चाहिए। उसके पढ़ने के अलग-अलग चरण होते हैं, जिनके आधार पर आप किसी भी विषय पर मास्टरी हासिल कर सकते हैं, लेकिन फिलहाल इतना ही जानना पर्याप्त है कि आप जब भी पढ़ें, फैसला करें कि-

(1) मैं इस पुस्तक को इसलिए पढ़ रहा हूँ कि मैं यह जानना चाहता हूँ कि इसमें क्या है।

(2) मैं इस पुस्तक को इसलिए पढ़ रहा हूँ कि मैं इसकी कुछ मुख्य बातें समझ सकूँ।

(3) मैं यह पुस्तक इसलिए पढ़ रहा हूँ, क्योंकि मुझे इस पुस्तक पर कुछ लिखना है या बोलना है।

(4) मैं यह पुस्तक इसलिए पढ़ रहा हूँ, क्योंकि मुझे इसे पढ़कर दूसरों को पढ़ाना है।

(5) मैं यह पुस्तक इसलिए पढ़ रहा हूँ, क्योंकि मुझे परीक्षा देनी है, आदि-आदि।

जैसे ही आप बहुत स्पष्ट तौर पर अपने इस तरह के उद्देश्यों का निर्धारण कर लेते हैं, वैसे ही आपका मस्तिष्क स्वयं को उसी के अनुकूल तैयार कर लेता है। हमारा मस्तिष्क ठीक उसी के लायक दरवाजे खोल देता है, तभी हमारा पढ़ना सही मायने में सार्थक हो पाता है।

वातावरण को अनुकूल रखें

हमारी आँखें हमारे मस्तिष्क रूपी कैमरे का लेन्स हैं। जिस प्रकार कैमरे का लेन्स जो कुछ देखता है, ठीक वे ही दृश्य रील पर छप जाते हैं, उसी तरह हमारी आँखें जो कुछ भी देखती हैं, वही दृश्य हमारे मस्तिष्क के रील पर छपते रहते हैं और हमारे मस्तिष्क पर जो भी दृश्य छपते हैं, वही एक प्रकार से हमारी अनुभूतियाँ होती हैं, स्मृतियाँ होती हैं और हमारे विचार होते हैं।

यह सच है कि मस्तिष्क की घटना एक आन्तरिक घटना है, लेकिन यह भी इतना ही सच है कि आन्तरिक घटना का एक बड़ा आधार बाहर की घटनाएँ भी होती हैं। जिस प्रकार हमें किसी बक्से में अपना सामान रखने के लिए पहले बक्से को अन्दर से साफ करना पड़ता है। साफ करने के बाद उसमें अपनी वस्तुएँ एक व्यवस्था के तहत जमानी पड़ती हैं। ठीक इसी प्रकार हमें अपने मस्तिष्क के बारे में भी करना चाहिए। हमें अपने मस्तिष्क को साफ-सुथरा रखना चाहिए। फिर उसमें अपनी पढ़ी गई बातों को व्यवस्थित रूप से जमानी चाहिए। यदि हम ऐसा नहीं करेंगे और अपने दिमाग को एक प्रकार का कूड़ादान (डस्टबीन) समझकर उसमें पढ़ी हुई बातें यूँ ही बेतरतीब तरीके से डालते चले जाएँगे, तो न केवल हमारा मस्तिष्क ही अस्त-व्यस्त और अव्यवस्थित हो जाएगा, बल्कि जरूरत पड़ने पर हम उसमें से अपनी

जरूरत की बातें भी नहीं निकाल पाएँगे। हम अपने मस्तिष्क को कैसे पढ़ी हुई बातों को व्यवस्थित तरीके से जमाएँ, इसकी चर्चा मैं आगे 'पुस्तक पढ़ने के ढंग' के अन्तर्गत करूँगा। यहाँ केवल यह जानना पर्याप्त होगा कि यदि हमारा मस्तिष्क अपने अन्दर एक अच्छे वातावरण का एक व्यवस्थित पृष्ठभूमि बनाता है, तो स्वाभाविक है कि इस कैनवास पर उभरने वाले चित्र ज्यादा अच्छे, सही और सुन्दर भी होंगे।

हालाँकि अपवाद के रूप में ऐसे भी लोग देखने और पढ़ने में आए हैं, जो बहुत ही अव्यवस्थित जीवन जीते हैं। इनके अध्ययन-कक्ष की व्यवस्था बहुत ही ऊल-जुलूल होती है। इनके चारों ओर का वातावरण बहुत ही विचित्र, अप्राकृतिक; यहाँ तक कि अमानवीय भी होता है और ऐसे लोगों ने अपने जीवन में अच्छी सफलताएँ भी अर्जित की हैं। इसके आधार पर कुछ लोग यह निष्कर्ष निकाल लेते हैं कि वातावरण का हमारे अध्ययन की कला से कोई लेना-देना नहीं है, लेकिन मैं समझता हूँ कि यह किसी भी सिक्के का केवल एक ही पहलू है। इसका दूसरा पहलू यह भी हो सकता है कि यदि इनका जीवन व्यवस्थित रहा होता और इनके आसपास का वातावरण अच्छा रहा होता, तो शायद इन्होंने जो सफलताएँ पाई हैं, उससे भी कई गुना अच्छी सफलताएँ पा सकते थे।

यदि हम इस निष्कर्ष पर पूरी तरह विश्वास नहीं भी करें, तो कम से कम इस बात पर तो कुछ विश्वास करें ही कि कैनवास जितना साफ-सुथरा और अच्छा होगा, उस पर न केवल चित्र बनाना ही आसान होगा, बल्कि बनाये गये चित्र भी अधिक स्पष्ट और अर्थपूर्ण होंगे।

इसलिए हमारी कोशिश होनी चाहिए कि हमारे आसपास का वातावरण अधिक साफ-सुथरा और सुरुचि सम्पन्न हो। जरूरी नहीं है कि आपके अध्ययन-कक्ष में कालीन बिछे हों, सोफे पड़े हुए हों, झालर लटक रहे हों और महँगे-महँगे चित्र टँगे हुए हों। व्यवस्थित एवं सुरुचिता का कोई सम्बन्ध धन, ऐश्वर्य और विलासिता से नहीं होता। सबसे बड़ी व्यवस्था सुन्दरता और

सादगी की होती है। अपने अध्ययन-कक्ष को साफ-सुथरा रखने और अध्ययन कक्ष में रखे गये सामान को व्यवस्थित तरीके से बनाये रखने में कोई पैसा नहीं लगता। हाँ, थोड़ी-सी मेहनत जरूर लगती है और मैं इस बात का पक्षधर हूँ कि यह थोड़ी-सी मेहनत की जानी चाहिए।

सच मानिए तो कभी-कभी मैं यह समझ नहीं पाता कि कोई भी विद्यार्थी इतने बेतरतीब ढंग से कैसे रह सकता है, जितने बेतरतीब ढंग से मैंने उन्हें रहते हुए देखा है। किताब और कॉपियाँ यहाँ-वहाँ बिखरी, उल्टी-सीधी पड़ी हैं। टेबल पर धूल जम रही है। कमरे में कागज के टुकड़े तितलियों की तरह उड़ रहे हैं। कूड़ेदान को न जाने कितने दिनों से खाली होने का सौभाग्य ही नहीं मिला है। बेल्ट के बोझ से लदी-फदी पेन्ट कहीं पड़ी हुई है, तो शर्ट बेचारे का कोई स्थान ही निश्चित नहीं है। लिखने के लिए जब पेन की ज़रूरत पड़ती है, तो उसे ढूँढ़ना पड़ता है। यानी कि कमरे में जितनी भी चीज़ें हैं, उनमें से किसी का भी कोई स्थान निश्चित नहीं है और न ही कोई व्यवस्था है। जो चीज़ जहाँ होनी चाहिए, वहाँ न होकर वह कहीं भी हो सकती है और इसी अव्यवस्था के बीच में बैठकर विद्यार्थी पढ़ रहा है। पान खाने के शौकीन विद्यार्थियों की कमरों की दीवारों पर तो अनगिनत मार्डन पेन्टिंग तक देखने को मिल जाती हैं।

आप नहीं जानते कि ऐसा करके आप क्या कर रहे हैं। आपको इस बात का एहसास ही नहीं है कि ये सारे बेतरतीब दृश्य आपके मस्तिष्क के पटल पर अंकित हो रहे हैं और इन्हीं बेतरतीब दृश्यों की पृष्ठभूमि में वे बिम्ब बन रहे हैं, जो आप पढ़ रहे हैं। आप खुद सोचकर देखिए कि किसी कागज़ पर पहले से ही बने हुए चित्र के ऊपर यदि आप कोई दूसरा चित्र बनाएँगे, तो यह दूसरा चित्र कैसा बनेगा। न तो पहले वाला रह पाएगा और न ही दूसरे वाला बन पाएगा।

वातावरण का सम्बन्ध केवल कमरे के रख-रखाव से ही नहीं है, बल्कि खुली हवा, प्रकाश, प्राकृतिक दृश्य एवं सुगन्धपूर्ण स्थिति से भी है। कुल-मिलाकर यह कि वह अवस्था; ***जो हमारी आँखों को अच्छी लगती***

है और हमारे मन को प्रसन्न करती है, वह हमारे मस्तिष्क पर भी सकारात्मक प्रभाव डालती है।

> ***शोध में यह पाया गया है कि यदि विद्यार्थी के अध्ययन–कक्ष की दीवारें पीले रंग की हों, तो वह मस्तिष्क के लिए अधिक ऊर्जादायी होती हैं। सूर्य का प्रकाश पीले रंग का होता है, जो हमें ऊर्जा प्रदान करता है। जब हम अपने चारों ओर की दीवारों पर इसी रंग को देखते हैं, तो हमारा अवचेतन अप्रत्यक्ष रूप से उसे सूर्य के प्रकाश का प्रतिबिम्ब मानकर उससे निरन्तर ऊर्जा ग्रहण करता है। ठीक इसी तरह नीला रंग शान्त एवं उदात्त भाव को जागृत करता है। आपने शायद महसूस किया होगा कि जिस दिन आप हल्के नीले रंग की शर्ट पहनते हैं, उस दिन आपका मन अन्य दिनों की अपेक्षा थोड़ा शान्त रहता है, जबकि आप लाल–पीले, काले, गुलाबी जैसे चटकीले रंग वाली शर्ट पहनने के बाद थोड़े अधिक उतावले और मनचले हो जाते हैं।***

ठीक इसी तरह सुगन्ध का सम्बन्ध न केवल हमारे मन से ही होता है, बल्कि हमारी स्मृतियों से भी होता है। इस पर भी अनेक शोध हुए हैं और पाया गया है कि विशेष किस्म की सुगन्ध हमारी भावनाओं में ज्वार ला सकती है। नवजात शिशु तो अपनी माँ के शरीर की गन्ध तक पहचान लेता है। प्राउन यूनिवर्सिटी के मनोवैज्ञानिकों ने एक प्रयोग करके पाया कि उन बच्चों ने 'पज़ल' जल्दी हल कर लिये, जिन्हें खुशबू वाले कमरे में रखा गया था, जबकि बिना महक वाले कमरे में रखे गये बच्चे पहेली हल करने की दिशा में आगे तक नहीं बढ़ पाये।

यहाँ तक कि ***सुगन्ध का सम्बन्ध याददाश्त तक से जोड़कर देखा गया है।*** कोई–कोई सुगन्ध ऐसी होती है, जिससे स्मृतियाँ ताजी हो जाती हैं। यूनिवर्सिटी ऑफ पिट्सबर्ग के मनोवैज्ञानिकों ने अपने अध्ययन में पाया कि कापरटोन, सनटेन लोशन या जॉनसन बेबी पाउडर की महक से लोगों के बचपन की यादें ताज़ा हो जाती हैं।

कहने का अर्थ यह है कि एक सही अध्ययन के लिए हमें कोशिश करनी चाहिए कि हमारे आसपास का वातावरण व्यवस्थित हो, सुरुचिपूर्ण हो, ऊर्जावान हो और हो - सुगन्ध से परिपूर्ण। इससे आपके मस्तिष्क में न केवल एक अच्छा कैनवास ही बनता है, बल्कि उसकी क्षमता भी बढ़ जाती है।

ठानिये कि मैं पढ़ूँगा

यह आशा का ही अधिक गहरा और संघठित रूप है। आशा में हमें एक शुभ भरोसा होता है। उसमें हम शामिल नहीं होते, जबकि संकल्प में हम खुद शामिल रहते हैं। संकल्प एक ऐसी आशा है, जिसमें हम यह फैसला करते हैं कि हम सफल होंगे ही। आशा में हमें यह लगता है कि हम सफल हो सकते हैं। संकल्प में यह लगता है कि मैं सफल होऊँगा ही । इस प्रकार संकल्प कहीं न कहीं हमारे अन्दर ऊर्जा पैदा करके हमें कार्य करने के लिए प्रेरित करता है। आप महान लोगों की जीवनियाँ पढ़िए। आप पाएँगे कि उन लोगों ने जितने भी बड़े और अविश्वसनीय से लगने वाले काम किये हैं, वे सुविधा और साधन के आधार पर नहीं, बल्कि साहस के आधार पर किये हैं। एवरेस्ट की चोटी पर चढ़ना तथा चन्द्रमा पर आदमी द्वारा पहला कदम रखा जाना बिना साहस के नहीं हो सकता था और याद रखिए कि इस **साहस की धारा हमेशा संकल्प की गंगोत्री से ही फूटती है।**

संकल्प का मतलब है–ठान लेना; यह फैसला कर लेना कि मैं इसे करके रहूँगा। जैसे ही मन यह ठानता है, वैसे ही केवल हमारे मस्तिष्क में ही नहीं, बल्कि हमारे पूरे के पूरे शरीर में जबर्दस्त रासायनिक परिवर्तन होने लगते हैं। इस परिवर्तन का अनुभव आपने स्वयं भी किया होगा। ये परिवर्तन इतने सकारात्मक होते हैं कि इससे हमारे मस्तिष्क और शरीर, दोनों की क्षमताएँ कई गुना बढ़ जाती हैं।

फ्रांस के एक प्रसिद्ध भौतिकशास्त्री हुए हैं—डॉ. वर्डुफ। उन्होंने एक अति संवेदनशील कैमरा बनाया और उस कैमरे से मस्तिष्क के बाहरी भाग पर विचारों के उभरने वाले चित्र खींचे। इन चित्रों से उन्होंने प्रमाणित किया है कि हमारे विचारों के भी निश्चित आकार होते हैं और उनके निश्चित रंग होते हैं। उन्होंने निष्कर्ष निकाला है कि जिस व्यक्ति में चिन्तन की उत्कृष्टता और संकल्प की प्रबलता जितनी अधिक दृढ़ होती है, उसके विचारों का चित्र उतना ही अधिक गहरा और स्पष्ट होता है।

इस निष्कर्ष का सीधा सम्बन्ध हमारे अध्ययन की कला से है। अध्ययन करने का संकल्प जितना दृढ़ होगा, आप जो कुछ भी पढ़ेंगे, आपके मस्तिष्क पर उसकी छाप उतनी ही गहरी और स्पष्ट पड़ती चली जाएगी और यह छाप जितनी अधिक गहरी और स्पष्ट होगी, आपको वह उतने लम्बे समय तक याद रहेगी।

मस्तिष्क को रखिये वश में

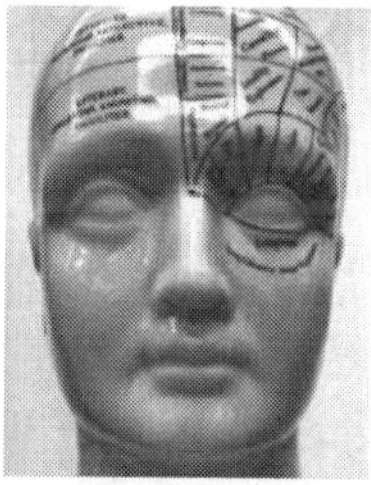

मैंने इससे पहले मन पर नियंत्रण के बारे में लिखा है। हालाँकि ऊपरी तौर पर हम सब 'मन' और 'मस्तिष्क ' शब्द का इस्तेमाल लगभग एक ही अर्थ में करते हैं, किन्तु ये दोनों एक नहीं हैं। मन एक अदृश्य तथ्य है। यह हमारे शरीर का अंग नहीं, बल्कि हमारे भाव जगत का हिस्सा है। हमारी भावनाएँ, हमारी आकांक्षाएँ तथा अन्य कई प्रकार के भाव इस मन में पैदा होते रहते हैं और मरते रहते हैं। यदि कोई चिकित्सक यह जानना चाहे कि हमारे शरीर में मन का स्थान कहाँ है, तो उसे निराश होना पड़ेगा।

लेकिन मस्तिष्क के बारे में उसे निराश नहीं होना पड़ेगा। वह हमारे सिर की चीर-फाड़ करके मस्तिष्क नामक अंग को देख सकता है और उसमें आई गड़बड़ियों को काफी-कुछ ठीक भी कर सकता है। हमारे

विचार हमारे शरीर के इसी अंग में उठते हैं। विचार का अर्थ है-तर्कपूर्ण बातें या सोची-समझी बातें। गुलाब को देखकर जब हमारा मस्तिष्क यह सोचता है कि यह गुलाब है, तो यह काम मस्तिष्क करता है, लेकिन जब यह भाव उठता है कि 'मुझे इस गुलाब को तोड़ लेना चाहिए' या 'एक ऐसा ही पौधा मेरे घर पर होना चाहिए' तो यह काम हमारा मन कर रहा है। इसके अगले चरण में जब हमारा मस्तिष्क यह विचार करता है कि गुलाब का पौधा कहाँ से लाया जाए और उसकी कलम कहाँ लगाई जाए, तो फिर से यह काम हमारा मस्तिष्क कर रहा है। जब इस पौधे पर सुन्दर गुलाब खिलने लगते हैं और उसे देखकर हम प्रमूदित होते हैं, तो फिर यह काम हमारा मन कर रहा है।

मैं समझता हूँ कि शायद इससे आप मन और मस्तिष्क के अन्तर को थोड़ा समझ सके होंगे। एक वीणा है। वीणा के एक सिरे पर गोल तम्बुरा लगा हुआ है और उसमें कुछ तार खींचे हुए हैं। यह तार मस्तिष्क के हैं। बिना इनके ध्वनि नहीं गूँजेगी। जो ध्वनि गूँज रही है, वह मस्तिष्क में उत्पन्न होने वाले विचार हैं, लेकिन उस गूँजती हुई ध्वनि में जो राग का संयोजन है, वह उस ध्वनि के भाव हैं, जो मन से उत्पन्न होते हैं।

पढ़ते समय हमारे मन पर नियंत्रण होना ही चाहिए, लेकिन इससे कम नियंत्रण हमारे मस्तिष्क पर नहीं होना चाहिए। वह भी नियंत्रण की माँग करता है। याद रखिए कि ***जब आप पढ़ते हैं, तो आपका मन आपको धोखा देकर आपसे पूछे बिना आपको छोड़कर कहीं और चला जाता है।*** हालाँकि पढ़ते समय आपका मस्तिष्क कहीं और तो नहीं जाता, लेकिन वह मेंढ़क की तरह एक स्थान से उछलकर दूसरे स्थान पर जरूर जाता रहता है। जब आप पढ़ते हैं, तो मस्तिष्क भी अपने तरीके से अपनी करामात दिखाता है। आपने अनुभव किया होगा कि कभी-कभी हम बिना पढ़े हुए भी अक्षरों को पढ़ जाते हैं। उदाहरण के लिए एक वाक्य है 'राम अपने पिता दशरथ के आज्ञाकारी लकड़े थे।' मुझे पूरा विश्वास है कि आपने इस वाक्य को पढ़ा तो है, लेकिन सही नहीं पढ़ा है। इसमें लिखे गये 'लकड़े' शब्द को आपने 'लड़के' ही पढ़ा होगा। जबकि लिखा गलत गया है। क्या आप बता

सकते हैं कि ऐसा क्यों हुआ? इसका उत्तर बहुत सरल है। उत्तर यह है कि आपकी आँखें तो कागज के अक्षरों पर हैं, लेकिन आपका मस्तिष्क आँख की रफ्तार से कई गुना तेजी से भागता है और आँखें बेचारी वही देखती हैं और वही करती हैं, जो हमारा मस्तिष्क उन्हें दिखाता है और करने देता है। आँखें अपने-आप कुछ नहीं करतीं। इस मामले में हुआ यह कि 'राम-दशरथ' जैसे शब्दों को पढ़ने के बाद हमारे मस्तिष्क ने 'लकड़े' शब्द पर आँखों के पहुँचने से पहले ही आँखों को यह निर्देश दे दिया कि वह शब्द "लड़के" है। फलस्वरूप आप भी उसे इसी रूप में पढ़ गये। तो क्या इससे यह सिद्ध नहीं होता कि पढ़ते समय आपका मस्तिष्क आपके साथ कारस्तानियाँ करता रहता है? और यदि यह सही है, सही ही है, तो निश्चित रूप से आपको एक अच्छी और सही पढ़ाई के लिए इस पर नियंत्रण तो रखना ही होगा।

मस्तिष्क एक और तमाशा करता है। वह यह कि मान लीजिए आपने एक पैराग्राफ पढ़ना शुरू किया। उसकी एक-दो पंक्तियों को पढ़ने के बाद आपको अचानक यह लगेगा कि 'मुझे तो यह पूरा पैरा याद है, मालूम है।' इसका नतीजा यह होगा कि अब यदि आप इस पैरा को पढ़ेंगे भी, तो आपका मस्तिष्क इसे अच्छी तरह ग्रहण नहीं करेगा, क्योंकि आपने पहले ही अपने मस्तिष्क को यह निर्देश दे दिया है कि 'यह पैरा मुझे मालूम है, याद है।' ज्यादातर मामलों में यही होता है कि ऐसा लगते ही हम उस पैरे को छोड़ देते हैं। हम यह सोच लेते हैं कि यदि यह पैरा याद है, मालूम है, तो फिर इसमें क्यों समय खपाया जाए। जबकि सच्चाई यह होती है कि वह पैरा पूरी तरह याद नहीं रहता। हाँ, उसकी एक धुंधली-सी स्मृति जरूर हमारे मस्तिष्क पर ठीक उसी तरह बनी रहती है, जिस तरह ठंड के दिनों में सुबह के समय पूरे वातावरण पर धुंध या कुहरा छाया रहता है। हम अपने दिमाग की इस चाल में फँसकर उस पैराग्राफ को छोड़ देते हैं। इसका नतीजा यह होता है कि कुछ समय बाद वह धुँधली स्मृति और भी अधिक धुँधली होकर हमारे मस्तिष्क से गायब ही हो जाती है और इस प्रकार हमारी पढ़ाई के बीच का तार टूट जाता है।

मैं यहाँ आपको यह चेतावनी देना चाहूँगा कि आप इस गलतफहमी

में बिल्कुल न रहें कि यदि एक पैराग्राफ भूल भी गये, तो उससे क्या फर्क पड़ता है। आखिर पन्द्रह पैराग्राफ तो याद हैं। इसका उत्तर आप इसमें ढूँढ़िए कि यदि माला को बीच से तोड़कर उसका एक मनका निकाल दिया जाए, तो क्या आप उसे माला कहेंगे? एक कड़ी के लोप हो जाने का मतलब ही होता है- उसके स्वरूप का नष्ट हो जाना, उसकी तारतम्यता और समन्वयता का समाप्त हो जाना। ठीक इसी प्रकार, ***यदि आप एक पैराग्राफ भूलते हैं, तो मैं समझता हूँ कि उस टॉपिक की पूरी व्यवस्था को नष्ट कर देते हैं।*** यही एक बहुत बड़ा कारण है कि क्यों एक ही प्रश्न का उत्तर लिखने के बाद एक विद्यार्थी को जहाँ 70 प्रतिशत अंक मिलते हैं, वहीं दूसरा विद्यार्थी 50 प्रतिशत को पार नहीं कर पाता।

इसलिए यह बहुत ज़रूरी है कि पढ़ते समय आप अपने मस्तिष्क को पूरी तरह अपने नियंत्रण में रखें, ठीक उसी तरह, जिस तरह एक सतर्क ड्राइवर गाड़ी चलाते समय स्टेयरिंग में जरा भी ढील नहीं देता। वहाँ जरा-सी ढील देने का अर्थ होगा-गाड़ी का सड़क के किनारे खड़े हुए पेड़ों से टकरा जाना। ड्राइवर अपनी आँखें भी जरा-सी झपकने नहीं देता। आँखों के जरा से झपकने का अर्थ होगा-गाड़ी का गहरे गड्ढे में गिर जाना।

तो अब यहाँ सवाल यह है कि पढ़ते समय आप अपने मस्तिष्क पर नियंत्रण रखेंगे कैसे? यह न तो बहुत कठिन बात है और न ही इतनी सरल कि बिना किए ही हो जाये। आपको करना केवल इतना है कि पढ़ते समय यदि आपका मस्तिष्क आपसे कुछ इस तरह की छूट लेता है कि-

- मुझे यह याद है,
- मुझे यह मालूम है,
- इसे जानना ज़रूरी नहीं है,
- यह कम महत्त्वपूर्ण है,
- इसे मैं बाद में पढ़ लूँगा, आदि-आदि ।

तो आप उसकी इन बातों के चक्कर में न पड़ें। जैसे ही ऐसे विचार आपके मस्तिष्क में उठें, आप समझ लें कि आपका दिमाग आपको धोखा देने जा रहा है। आप सतर्क हो जाएँ और उसकी बातों को न सुनकर पूरी

सतर्कता के साथ अपना अध्ययन करते रहें। अध्ययन करते समय बार-बार खुद को यह याद भी दिलाते रहें कि 'मुझे अपने दिमाग के इस झाँसे में नहीं आना है।' धीरे-धीरे आपकी ऐसी ही आदत पड़ जाएगी और जब आपकी आदत पड़ जाएगी, तो दिमाग भी आपसे छूट लेना बन्द कर देगा।

अध्ययन का अभ्यास करें

कोई भी ऐसा काम; जिसमें शरीर को हिलना पड़े या मस्तिष्क को सोचना पड़े, अधिकांश लोगों को तब तक पसन्द नहीं आता, जब तक कि उस काम में मजा न आ रहा हो और मजा केवल तभी आता है, जब कोई मनोरंजन हो रहा हो। पढ़ाई करना एक ऐसा काम है, जिसमें हमारे दिमाग को सक्रिय होना पड़ता है। हमें अपने मनोरंजन वाले सरस कामों को छोड़कर पढ़ाई करने जैसे नीरस काम में लगना पड़ता है और मुश्किल यह है कि केवल पढ़ना ही नहीं पड़ता; बल्कि उससे भी कहीं अधिक यह कि एक ही बात को बार-बार पढ़ना पड़ता है, ताकि वह हमें याद हो जाये। इक्के-दुक्के लोगों को छोड़कर शायद ही किसी के साथ ऐसा होता हो कि उसे यह ऊबाऊ काम मनोरंजन का लगता हो, लेकिन ऐसे भी कुछ लोग हैं, जो अपने दूसरे कामों को करने के बाद जब ऊब जाते हैं, तो अपने मन को बहलाने के लिए पढ़ने में लग जाते हैं। मुझे इस बात की खुशी है कि मैं ऐसे ही कुछ लोगों में से हूँ और इसीलिए इस बात को दूसरों की अपेक्षा अधिक दावे के साथ ही नहीं, बल्कि अधिक प्रामाणिकता के साथ कह सकता हूँ।

सामान्य बात तो यही है कि अध्ययन का कर्म एक ऊबाऊ कर्म है; विशेषकर ऐसे अध्ययन का कर्म, जिसके बदले में हमें परीक्षा देनी होती है। अन्यथा अखबार पढ़ना, पत्रिकाएँ बाँचना और हल्की-फुल्की किताबों में खोये रहना तो ऐसे लोगों की आदत में भी शुमार पाया गया है, जो मैट्रिक इसलिए पास नहीं कर पाये, क्योंकि उन्हें पढ़ने से चिढ़ थी, लेकिन एक विद्यार्थी के रूप में यदि हम अपनी इस चिढ़ को बनाये रखते हैं, तो

उससे बात नहीं बनने वाली। आखिर आपको पढ़ना ही पड़ेगा, ताकि आप पास हो सकें और केवल पास ही नहीं हो सकें बल्कि अच्छे नम्बरों से पास हो सकें। आजकल तो पास होने से ज्यादा ज़रूरी यह हो गया है कि बहुत अच्छे नम्बरों से पास हों अन्यथा पास होने और फेल होने से कोई ज्यादा फर्क नहीं पड़ता है।

तो सवाल यह है कि यदि आपको पढ़ने से चिढ़ है, तो आप इससे छुटकारा कैसे पाएँगे ? देखिए, इससे छुटकारा तो पाना ही होगा। इसका बहुत स्पष्ट मनोवैज्ञानिक कारण है। **हमें जिन बातों से चिढ़ हो जाती है, उन बातों को हमारा मस्तिष्क अच्छी तरह स्वीकार नहीं करता।** ऐसे वक्त में मस्तिष्क अपने दरवाजे बन्द करके उसके सामने 'प्रवेश निषेध' की तख्ती लटका देता है। फिर चाहे वह विषय कितना भी महत्वपूर्ण क्यों न हो, उसका दिमाग में घुस पाना मुश्किल हो जाता है। चाहे आपको किसी विषय से चिढ़ हो या आपको किसी विषय से भय हो; ये दोनों ही बातें अध्ययन की कला की दृष्टि से गलत हैं। इससे आपको मुक्त होना ही होगा और मैं आपको विश्वास दिलाना चाहूँगा कि लोग इससे मुक्त हुए भी हैं। आप भी हो सकते हैं, बशर्ते कि आप मुक्त होना चाहें ।

किसी विषय के प्रति भय या उसके प्रति होने वाली चिढ़ से मुक्त होने का सरल और प्रभावकारी उपाय है- उसका अभ्यास करना, निरन्तर अभ्यास करते रहना। हमारे जीवन में अभ्यास की बहुत बड़ी भूमिका होती है। हालाँकि आजकल तो कुँओं से पानी भरने का रिवाज लगभग खत्म ही हो गया है। उसकी जगह कहीं नल की टोटियाँ मौजूद हैं, तो कहीं हैण्डपम्प, लेकिन फिर भी, जहाँ कुएँ से पानी भरा जाता है, आप वहाँ जाकर देखिए कि रस्सी की रगड़ के कारण पानी निकालने वाली जगह का पत्थर कट जाता है। इसी बात को कवि वृन्द जी ने इस दोहे में हमारे सामने बहुत ही अच्छी तरह प्रस्तुत किया है –

> ***"करत-करत अभ्यास के, जड़मति होत सुजान।***
> ***रसरी आवत-जात है, सिल पर परत निशान।।"***

अभ्यास तो एक ऐसी कला है, जिसके करते-करते महामूर्ख भी ज्ञानी बन जाता है। फिर पढ़ने में अरुचि का पैदा होना तो बहुत छोटी-सी बात है। इसके पीछे भी हमारे मस्तिष्क की कार्यप्रणाली और उससे जुड़ा हुआ मनोविज्ञान ही है। मैंने तो अनुभव किया है और मैं समझता हूँ कि ऐसा अनुभव आपने भी किया होगा कि हम जब किसी नई जगह पर जाते हैं, तो जाते साथ ही लगता है कि यहाँ समय कटेगा कैसे। कुछ दिनों तक वहाँ रहने के बाद हम इस बात को भूल जाते हैं कि समय कैसे कट रहा है। फिर जब हमें वहाँ से लौटना पड़ता है, तो दुःख होता है। जब भी हम पहली बार नए कपड़े पहनते हैं, तो कुछ अटपटा महसूस करते हैं, लेकिन कुछ दिनों तक पहनते रहने के बाद अटपटेपन का यह एहसास खत्म हो जाता है और बाद में तो उसे तब तक पहनते रहते हैं, जब तक कि वह चिथड़े-चिथड़े न हो जाए।

इन दोनों ही उदाहरणों के पीछे जो कारण हैं, वे हैं-समीपता और अभ्यास का। साथ-साथ रहने पर मोह उत्पन्न हो जाता है और अभ्यास करते रहने से वह काम सध जाता है। आपके और मेरे लिए तीन छोटी-छोटी गेंदों को कुछ समय तक इस प्रकार उछालते रहना मुश्किल होगा कि दोनों हाथों में एक गेंद से अधिक न हो , लेकिन इसी काम को बाजीगर सात गेंदों के साथ बड़ी आसानी से अंजाम देकर हमें चमत्कृत कर देता है। वह ऐसा इसलिए नहीं कर पाता, क्योंकि उसमें यह गुण जन्मजात है, बल्कि वह ऐसा इसलिए कर पाता है, क्योंकि उसने इसका अभ्यास किया है। आपमें भी यह गुण है। आपके अन्दर भी एक कलाकार बैठा हुआ है, लेकिन आप ऐसा इसलिए नहीं कर पा रहे हैं, क्योंकि आप अपने अन्दर बैठे हुए कलाकार को अभ्यास करने का यह अवसर ही नहीं दे रहे हैं।

क्या आपको यह पक्का लगता है कि आपके अन्दर ऐसा कोई कलाकार नहीं बैठा ? यदि आपको ऐसा लगता है, तो मैं निश्चित तौर पर कह सकता हूँ कि आपको गलत लगता है। मैं यह मानकर चल रहा हूँ कि आपको साइकल चलानी आती है। आप अपने उस पहले दिन को याद कीजिए, जब आपने साइकल चलाने की कोशिश की थी। उस दिन आपसे हेण्डिल भी ठीक से नहीं सम्भल रहा था, पूरी साइकल को सम्भालने की

बात तो बहुत दूर की बात है। धीरे-धीरे हेण्डिल संभलने लगा। साइकल को साधने की कोशिश में आप न जाने कितनी बार गिरे होंगे और न जाने कितनी जगह आपने साइकल से टक्कर मारी होगी। फिर जब साइकल भी थोड़ी-थोड़ी सम्भलने लगी, तो आप बहुत डर-डर कर साइकल चलाते थे। हेण्डिल को मजबूती से पकड़े रहते थे और आपकी हथेली हमेशा ब्रेक पर होती थी, ताकि संकट आने पर आप एक क्षण भी खोये बिना ब्रेक लगाकर साइकल को रोक लें।

लेकिन आज जब आप साइकल चला रहे हैं, तो क्या आप पहले की तरह ही चला रहे हैं? अब तो हालत यह है कि हेण्डिल को जोर से पकड़ने की बात तो दूर, आप हेण्डिल को बिना पकड़े ही साइकल चला रहे हैं और कभी-कभी तो आप साइकल पर बैठे-बैठे ज़रूरत पड़ने पर छोटे-मोटे करतब भी दिखा देते हैं। न जाने कितनी जगह पर कट मारते हैं। कभी-कभी साइकल चलाते समय आप देखते एक तरफ हैं और आपकी साइकल जाती दूसरी तरफ है, लेकिन उसी दिशा में जिस दिशा में आप चाहते हैं कि साइकल जाए। आप स्वयं सोचकर देखिए कि हेण्डिल को न साध पाने वाले आपसे अब कैसे बिना साधे ही यह सब कुछ सहज तरीके से सधते जा रहा है?

आप दो साल तक साइकल चलाना छोड़ दीजिए और अचानक एक दिन फिर चलाने लगिए। आप स्वयं को थोड़ा मुश्किल में पाएँगे। हालाँकि साइकल सध तो जाएगी, लेकिन थोड़ा समय लगेगा। ऐसा इसलिए हुआ, क्योंकि दो साल से आपका अभ्यास नहीं हो पा रहा था, लेकिन जल्दी ही आप अपनी पुराने लय में आ गये। अब आपको इतना समय नहीं लगेगा, जितना पहली बार लगा था। अब काफी कम समय लग रहा है। तो क्या इससे यह अर्थ नहीं निकलता है कि अभ्यास बहुत बड़ी बात होती है और इससे कुछ भी किया जा सकता है।

यदि सचमुच कुछ भी किया जा सकता है, तो फिर इससे पढ़ने में रुचि पैदा क्यों नहीं की जा सकती? की जा सकती है और अच्छी तरह से की जा सकती है।

पढ़ने का अभ्यास कीजिए। यह अभ्यास कैसे करेंगे, इसके लिए मैं आपको कुछ उपाय बताना चाहूँगा –

☑ **रोज़ कुछ न कुछ पढ़िए, भले ही उसमें मन न लगे।** जबरदस्ती पढ़िए। जब-तब समय मिले, पढ़ने लगिए। मन जब बहुत ऊबने लगे, तभी उसे छोड़िए, अन्यथा पढ़िए। अच्छा होगा कि रोज़ पढ़ने के लिए कुछ उसी तरह से समय निश्चित कर लें, जिस तरह खाने, नहाने और सोने का समय निश्चित होता है। निश्चित किये गये समय पर नियमित रूप से पढ़िये। अपने दिमाग में यह ठान लीजिए कि आप भले ही दूसरे कामों को निर्धारित समय पर नहीं करेंगे, लेकिन इस काम को ज़रूर करेंगे और इसे कीजिए। ज़्यादा अच्छा होगा कि सोने से पहले तो पढ़ने की आदत ज़रूर डालिये। पढ़ाई आपके लिए नींद की गोली का भी काम करेगी। चूँकि आपको पढ़ना अच्छा नहीं लगता, इसलिए आपका दिमाग इससे छुटकारा दिलाने के लिए आपको नींद की गोद में पहुँचा देगा।

☑ **कोशिश कीजिए कि आपको कोई ऐसा दोस्त मिले, जिससे आप अपने पढ़े गये विषय पर अगले दिन चर्चा कर सकें।** इससे आपको पढ़ने की प्रेरणा मिलेगी, क्योंकि आपको अगले दिन इस पर चर्चा जो करनी है। आपके मन में यह भय समाया रहेगा कि कहीं ऐसा न हो कि मैं कुछ चर्चा ही नहीं कर पाऊँ। हिन्दी के एक लेखक हुए हैं–गुलशेर शानी। वे बस्तर के रहने वाले थे। बचपन से ही वे खूब पढ़ा करते थे। जब वे लेखक के रूप में प्रतिष्ठित हो गये, तब भी उनकी पढ़ने की आदत छूटी नहीं। जब किसी ने उनसे पूछा कि 'तुम इतना पढ़ते क्यों हो ?' तो उन्होंने इन शब्दों में बहुत खूबसूरत उत्तर दिया कि 'मुझे डर लगता है कि कहीं किसी दोस्त के साथ किसी विषय पर बहस करने में मैं फेल न हो जाऊँ।' तो यह भय भी आपको पढ़ने की ओर ढकेलता रहता है।

☑ **पढ़ने की शुरुआत अपनी रुचि के विषय से करें।** उसके बाद धीरे-धीरे अरुचि वाले विषयों पर आते जाएँ। ऐसा न करें कि जिन विषयों में आपकी रुचि नहीं है, उन विषयों को बिल्कुल ही छोड़ दें। इसका मतलब तो रुचि के सामने समर्पण करना हो जाएगा, जो आपको कतई नहीं

करना है। कुछ समय बाद आप खुद यह अनुभव करेंगे कि किस प्रकार वह विषय धीरे-धीरे आपके लिए रुचिकर होता जा रहा है।

मेरा विश्वास है कि ऐसा करके आप पढ़ने के प्रति अपनी अरुचि को निश्चित रूप से रुचि में बदल पाने में सफल होंगे। हो सकता है कि कुछ समय बाद पढ़ना आपके लिए इतना जरूरी हो जाए कि बिना पढ़े आपको खाली-खाली महसूस होने लगे। ऐसा होता है। बहुत लोगों के साथ होता है। मेरे साथ हुआ है। विश्वास रखिए कि आपके साथ भी ऐसा हो सकता है, बशर्ते कि अभी आपके साथ ऐसा न हो रहा हो।

मुक्त होइए जटिलताओं से

मेरा आपसे एक बहुत सरल-सा प्रश्न है। क्या कारण है कि दर्पण में हमारा प्रतिबिम्ब दिखाई देता है? लेकिन उससे भी महँगे पत्थर में या लकड़ी के टुकड़े में प्रतिबिम्ब दिखाई नहीं देता? क्या कारण है कि ऊबड़-खाबड़ जमीन की बजाय एक समतल जमीन पर अच्छी फसल ऊगाई जा सकती है? क्या कारण है कि एक सादे कैनवास पर रंग-बिरंगे कैनवास की बजाय अच्छा चित्र बनाया जा सकता है?

इन सभी के उत्तर बहुत सरल हैं। सतह चिकनी एवं पारदर्शी होनी चाहिए, ताकि उस पर बिम्ब बन सके। ज़मीन समतल होनी चाहिए, ताकि उसकी अच्छी तरह जुताई और गुड़ाई की जा सके। इससे ही फसल अच्छी होगी। कैनवास सादा या एकरंगीय होना चाहिए, ताकि चित्रकार को उस कैनवास पर अपनी इच्छानुसार चित्र उकेरने का मौका मिल सके। ठीक यही स्थिति हमारे मस्तिष्क की भी है। मस्तिष्क भी एक प्रकार के कैनवास की तरह ही होता है। हम जो कुछ भी देखते हैं, सुनते हैं, सोचते हैं, पढ़ते हैं, उन सबके चित्र (बिम्ब) हमारे मस्तिष्क पर बनते चले जाते हैं। बात बहुत साफ है कि ***हमारे मस्तिष्क का यह कैनवास जितना साफ-सुथरा होगा, उस पर उकेरे जाने वाले चित्र भी उतने ही अधिक गहरे, चटकदार और स्पष्ट होंगे।*** वे उतने ही लम्बे समय तक इस पटल पर बने रहेंगे।

यदि हम इस विज्ञान को समझ लेते हैं, तो मैं नहीं समझता कि इस

तथ्य को समझने और स्वीकारने में जरा भी दिक्कत होगी कि हमें अपने मस्तिष्क को जटिलताओं से मुक्त रखने का हरसम्भव प्रयास करना चाहिए। जब मैं जटिलताओं से मुक्ति की बात कर रहा हूँ, तो मेरा मतलब मस्तिष्क पर पड़ने वाले उन प्रभावों से है, जिसके कारण हमारा मस्तिष्क दूसरी चीज़ों में उलझ जाता है। वह, वह न सोचकर, जो उसे सोचना चाहिए, शेष वह सब कुछ सोचने लगता है, जो उसे नहीं सोचना चाहिए। इसका नतीजा यह होता है कि हमारे मस्तिष्क के पटल पर न जाने कहाँ-कहाँ के बेतरतीब ढंग के अनेक धब्बे बनने लगते हैं। इसके बाद हम जो कुछ भी पढ़ते हैं, उनके स्पष्ट बिम्ब बनने की अधिक गुंजाइश नहीं रह जाती। फलस्वरूप हम जो कुछ भी पढ़ते हैं, वे कुछ समय बाद हमारी स्मृति से गायब हो जाते हैं।

एक लड़की है। वह बैठकर पढ़ रही है। उसी समय उसकी माँ रसोई में खाना पका रही है। लड़की को लगता है कि उसको खाना पकाना चाहिए। माँ बेचारी बेकार में परेशान हो रही है। उसके दिमाग की यह सोच हमारे भारतीय जीवन की जो पारिवारिक परम्परा है, उसकी देन है। इसी कारण वह ऐसा सोच रही है। यह सोचने का मतलब यह हुआ कि उसका मस्तिष्क थोड़ा-सा उलझ गया है। वह जटिल हो गया है। हालाँकि वह पढ़ तो रही है, लेकिन उसका पढ़ना पूरी तरह खरा नहीं हो पाएगा।

भारतीय जीवन अनेक प्रकार की परम्पराओं, नियम, कानून तथा अपेक्षाओं का जीवन है। हम दूसरों से न जाने क्या-क्या अपेक्षाएँ करते रहते हैं। ठीक इसी प्रकार दूसरे भी हमसे न जाने क्या-क्या अपेक्षाएँ करते रहते हैं। हमारे दिमाग पर नैतिकता, धर्म और परम्पराओं का इतना अधिक बोझ लदा हुआ है कि उसमें खाली स्थान की बहुत कम गुंजाइश रह गई है। यदि लड़की को पढ़ना है, तो उसे एक निश्चित मुद्रा में ही बैठकर पढ़ना चाहिए, क्योंकि उसी में वह सौम्य लगती है। यदि लड़की को पढ़ना है, तो वह अपनी एक टाँग को दूसरे टाँग पर रखकर नहीं पढ़ सकती। वह पढ़ते समय इधर-उधर नहीं देख सकती। गाना नहीं सुन सकती। यदि उसका मन नाचने का कर रहा है तो वह नाच नहीं सकती। वह गुनगुना नहीं सकती और यहाँ तक कि यदि रोने का मन कर रहा है, तो वह रो भी नहीं सकती। उसे ऐसा करना

चाहिए, उसे ऐसा नहीं करना चाहिए, उसे यह नहीं कहना चाहिए था, जैसे न जाने कितने भाव और विचार लगातार उसके दिमाग में जड़ जमाये रहते हैं। इसका नतीजा यह होता है कि उसके मस्तिष्क पर अनेक तरह की गुत्थियाँ बनने लगती हैं। मस्तिष्क का सादापन और उसकी स्पष्टता नष्ट हो जाती है। इसका दुष्प्रभाव हमारे अध्ययन पर पड़ता है।

इसलिए 'पढ़ो तो ऐसे पढ़ो' के लिए यह बहुत ही ज़रूरी है कि ***आप अपने मस्तिष्क को जटिलताओं से अधिक से अधिक मुक्त रखें।*** मेरे कहने का अर्थ यह नहीं है कि आप परम्पराओं, मान्यताओं, नैतिकता, धर्म, नियम, कानून तथा अपेक्षाओं को पूरी तरह दरकिनार ही कर दें, बल्कि यह है कि आप इसके छोटे-छोटे, घटिया एवं दकियानूसी तत्त्वों को अपने दिमाग में न आने दें। जब हम छोटी-छोटी बातों में उलझने लगते हैं, तब हमारा पूरा जीवन, हमारे मस्तिष्क की सारी क्षमता इन छोटी-छोटी बातों को ही पूरा करने में नष्ट हो जाती है और बड़े काम कभी नहीं हो पाते।

मैं समझता हूँ कि मैंने बहुत विस्तार के साथ इस बात की चर्चा की है कि अध्ययन की कला के लिए किसी भी व्यक्ति या विद्यार्थी की मनोवैज्ञानिक पृष्ठभूमि कैसी होनी चाहिए और मैं आपको विश्वास दिलाना चाहूँगा कि सारी बातें वैज्ञानिक तौर पर बिल्कुल सही हैं।

इसके साथ ही मैं यहाँ यह भी कहना चाहूँगा कि आप ऐसा बिल्कुल न समझें कि इनमें से सारी बातों का पूरी तरह से होना अनिवार्य है। मानवीय जीवन में ऐसा कभी नहीं होता। इस विषय पर मेरे इतना विस्तार से लिखने का आशय केवल यह बताना था कि अच्छी पढ़ाई के लिए किस तरह की मनोवैज्ञानिक तैयारी की जरूरत होती है। यह एक आदर्शतम् स्थिति है। आपके लिए इनमें से कौन-कौन सा सम्भव है और कितना-कितना सम्भव है, यह पूरी तरह आपके ऊपर निर्भर करता है। अपने मन में यह गलतफहमी बिल्कुल न पालें कि यदि ये सारी बातें आप ज्यों की त्यों नहीं कर पाते, तो आप अध्ययन नहीं कर पाएँगे। इससे पहले भी; जब आपने यह पुस्तक नहीं पढ़ी थी, तब भी आप अध्ययन कर ही रहे थे और सफल भी हो रहे थे। मेरे यह पुस्तक लिखने का उद्देश्य केवल यह है कि यदि आप ऐसा

कर लेते हैं, तो आपकी सफलता पहले से बेहतर हो जाएगी। साथ ही जो विद्यार्थी ऐसा करने में जितना अधिक सफल होगा, उसे उतनी ही बेहतर सफलता प्राप्त हो सकेगी। इसीलिए आप मेरे बताये गये तरीकों से आतंकित होकर निराश बिल्कुल भी न हों।

☑ समस्या यह नहीं है कि मस्तिष्क की क्षमता कितनी है, बल्कि समस्या उसकी सीमाहीन क्षमता का समुचित प्रबंध करने की है।

- बिस्वरूप रॉय चौधरी

☑ अच्छे मस्तिष्क का उपयोग करना ही पर्याप्त नहीं है, बल्कि मुख्य बात है उसका अच्छी तरह से उपयोग करना।

- रेने देकार्त

☑ हम जिसे जानते हैं, उसके सिवाय मस्तिष्क की कोई सीमा नहीं है।

- अज्ञात

☑ आपका मस्तिष्क एक अखंड आधुनिक फैक्टरी है। यह आप पर है कि आप कचरे से खाद बनाते हैं या फिर खाद से कचरा।

- अज्ञात

अध्याय 3

हमारा मस्तिष्क

"मस्तिष्क की क्षमता सीमाओं से परे है। वह कुछ भी कर सकता है और कितना भी कर सकता है।"

अब मैं आपसे हमारे मस्तिष्क की जैविक संरचना, उसकी कार्यप्रणाली तथा स्मरणशक्ति आदि विषयों पर बात करना चाहूँगा। यहाँ आपके मन में यह प्रश्न उठ सकता है कि 'मुझे इससे क्या लेना-देना है। मुझे कोई डॉक्टर थोड़े ही बनना है।' लेकिन आपका यह सोचना गलत नहीं होने के बावजूद पूरी तरह सही भी नहीं है। यह तो ठीक है कि गाड़ी चलाने के लिए यह जरूरी नहीं है कि आप मोटर मैकेनिक बनें। दोनों अलग-अलग बातें हैं। फिर भी दोनों ही अंदर से कहीं-न-कहीं एक-दूसरे से गहरे रूप से जुड़े हुए भी हैं। यदि एक वाहन चालक अच्छा मोटर मैकेनिक भी है, तो इसमें कोई दो राय नहीं कि वह गाड़ी को अच्छी तरह चलाएगा। इतना ही नहीं, बल्कि वह गाड़ी की अच्छी तरह रखरखाव करके उसकी जिन्दगी भी बढ़ा देगा। फिर यह तो है ही कि यदि गाड़ी कहीं रात को सुनसान में खराब हो गई, तो उसे किसी का मुँह नहीं देखना पड़ेगा। तो क्या आपको नहीं लगता कि ***हमें प्रकृति ने मस्तिष्क रूपी जो यह अद्‌भुत यंत्र दिया है, उसके जैसा विलक्षण अभी तक दूसरा कोई यंत्र नहीं बन सका है,*** उसके बारे में यदि बहुत सूक्ष्म नहीं तो कम से

कम मोटी-मोटी जानकारी तो होनी ही चाहिए?

आइये, इसे थोड़ा जानने और समझने की कोशिश करें, ताकि हम अपने इस विलक्षण यंत्र की न केवल क्षमता ही बढ़ाने लायक बन सकूँ, बल्कि उसका सही ढंग से रखरखाव करके इसे लम्बे समय तक सुरक्षित भी रख सकेंगे। हम यह क्यों भूल जाते हैं कि यदि आज मनुष्य इस पृथ्वी नामक ग्रह पर सर्वश्रेष्ठ प्राणी बना हुआ है, तो वह केवल इस मस्तिष्क की ही बदौलत है। हालाँकि अब कम्प्यूटर आ गये हैं, जो मस्तिष्क की गति से कई गुना अधिक रफ्तार से गणनाएँ कर सकते हैं, लेकिन इसके बाद भी वे हमारे इस जादुई मस्तिष्क का स्थानापन्न तो नहीं ही बन सकते। केवल गणना करने से ही मस्तिष्क का स्वामी नहीं बना जा सकता। हमारे इस मस्तिष्क में चेतना, भावना, बुद्धिमत्ता, सृजनात्मकता, तार्किकता और अनुभव जैसी जो अनोखी शक्तियाँ हैं, वे भला कम्प्यूटर अपने पास कहाँ से लायेगा।

यहाँ मैं यह बात भी स्पष्ट करना थोड़ा उपयोगी समझता हूँ कि मनुष्य का जो अद्‌भुत अस्तित्त्व है, वह मुख्यतः दो कारणों से है। पहला है- मस्तिष्क (ब्रेन), जिसे बिजली की तरंगों से ऊर्जा मिलती है और दूसरा है- मन (माइंड), जो किसी अज्ञात स्रोत से ऊर्जा प्राप्त करता है। इन दोनों के समन्वय और सामंजस्य ने ही मनुष्य को एक प्रकार से इस धरती का स्वामी बना दिया है। तो क्या हमें इस अद्‌भुत यंत्र की जैविक संरचना की जानकारी को यूँ ही छोड़ देना चाहिए? मुझे विश्वास है कि इस बारे में आपका भी उत्तर मेरी ही तरह होगा -'नहीं'। तो आइए, यदि सच में आपका उत्तर यही है, तो इसे थोड़ा समझें।

कैसे बना है हमारा मस्तिष्क

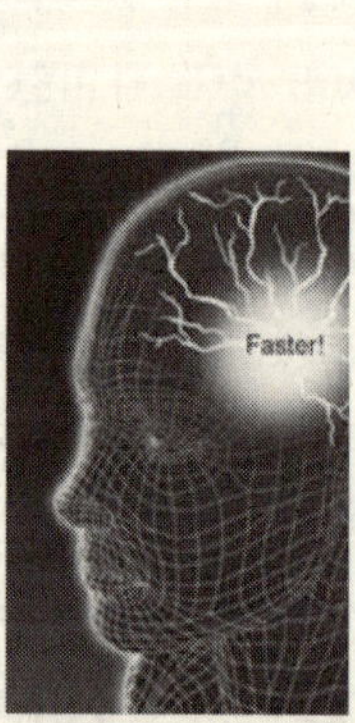

यह हमारे शरीर का सबसे जटिल और सबसे महत्त्वपूर्ण अंग है। ***हमारे शरीर की सभी इन्द्रियाँ जो भी काम करती हैं, उसकी जिम्मेदारी इसी मस्तिष्क की है।*** भले ही किसी को स्पर्श हमारा हाथ करता है, किसी दृश्य को निहारने की जिम्मेदारी आँखों की है, कान सुनते हैं और जीभ स्वाद लेती है, लेकिन इसके

द्वारा प्राप्त सूचनाओं को संग्रहण करने तथा उस सूचना के आधार पर आवश्यक निर्देश देने का दायित्त्व इस मस्तिष्क पर ही है। यह सूचनाएँ लेता है। यही शरीर के अन्य सभी अंगों को सूचनाएँ देता है। यही प्राप्त सूचनाओं का वर्गीकरण करके उन्हें हमारे दिमाग के अलग-अलग खानों में जमाता है। यही समय-समय पर इन सूचनाओं की छँटनी करता है और जो सूचनाएँ इसे उपयोगी नहीं लगतीं, उन्हें निकालकर बाहर कर देता है। कुछ सूचनाओं को यह थोड़ी देर के लिए अपने पास रखता है तथा कुछ को यह लम्बे समय तक सँजोये रहता है। यानी कि यह मस्तिष्क हमारे जीवन का एक अद्‌भुत उपकरण है। बात बहुत साफ है कि इस खजाने को हम जितना अधिक संभालकर रखेंगे, हमारा जीवन उतना ही अधिक समृद्ध होगा।

यदि ऐसा सम्भव हो सके कि आप खोपड़ी को भीतर से झाँककर देख सकें, तो मस्तिष्क अखरोट की गरी जैसा सिलवटदार और झिल्ली की तरह कोमल दिखाई देगा। हमारा मस्तिष्क मशरूम जैसा करीब तीन पाउण्ड वजन वाली संरचना है। इसके बनने में असंख्य घटकों का योगदान है। डेढ़ किलो से भी कम वजन वाले इस मस्तिष्क में करोड़ों संरचनाएँ विद्यमान रहती हैं। लाखों कोशिशों के बावजूद अभी तक मस्तिष्क के रहस्य को पूरी तरह समझा नहीं जा सका है।

यदि मस्तिष्क की बनावट पर नजर डाली जाए तो इसके तीन मुख्य हिस्से दिखाई देते हैं- (1) अगला मस्तिष्क, (2) बीच का हिस्सा तथा (3) पिछला मस्तिष्क। अगला मस्तिष्क सबसे बड़ा होता है। यह दो भागों में बँटा होता है, जिसे वैज्ञानिक 'सेरीब्रम' कहते हैं। इसकी ऊपरी सतह पर पड़ी ढेरों सलवटों के कारण ही यह अखरोट जैसा दिखता है।

मस्तिष्क के बीच का हिस्सा भी दो भागों में बँटा होता है। पहला है 'टेक्टम', जिसे छत कह सकते हैं और दूसरा है-'कॉलिकुलाई', जिसे पहाड़ों- जैसा उभार कह सकते हैं।

मस्तिष्क का पिछला हिस्सा 'सेरीबेलम' कहलाता है, जो पीछे की ओर उभरा दिखाई देता है। इसे 'छोटा मस्तिष्क' भी कहा जाता है।

अब हम आते हैं–मस्तिष्क के उस सबसे महत्वपूर्ण घटक पर, जो तरह–तरह के अचरज भरे काम करता है। यह काम करती है–मस्तिष्क की असंख्य कोशिकाएँ, जिन्हें न्यूरॉन्स (नर्वसेल) कहते हैं। इनकी संख्या 100 अरब के लगभग आँकी गई है। ये करोड़ों न्यूरॉन्स आपस में जुड़े होते हैं। न्यूरान्स से बेहद बारीक और लम्बे धागे जैसी संरचनाएँ निकली रहती हैं। इन्हें 'डेन्ड्राइट्स' कहा जाता है। संदेशों के आदान–प्रदान का काम इन्हीं डेन्ड्राइट्स के ज़रिए संभव होता है। ये आपस में एक–दूसरे से जुड़कर दुनिया का सबसे जटिल नेटवर्क बनाती हैं। सबसे मजे की बात यह है कि संदेश लेने या देने के लिए इनका सिरा किसी भी अन्य डेन्ड्राइट्स या कोशिका से सीधा नहीं जुड़ता। इनके बीच एक बेहद बारीक जगह छूटी रहती है, जिसे साइनेप्स कहते हैं। किसी के मस्तिष्क में साइनेप्स की संख्या जितनी ज्यादा होगी, वह उतनी ही अधिक मात्रा में सूचनाएँ ग्रहण कर सकेगा। साथ ही उसकी स्मरणशक्ति भी उतनी ही अधिक होगी।

हमारा मस्तिष्क कार्य करने की दृष्टि से मोटे तौर पर दो भागों में बँटा हुआ है। इसे हम दायाँ मस्तिष्क एवं बायाँ मस्तिष्क कह सकते हैं। हालाँकि ये दोनों ही भाग पूरे समन्वय के साथ काम करते हैं, फिर भी दोनों की कार्य–शैली एवं कार्य–क्षेत्र अलग–अलग हैं।

मस्तिष्क का बायाँ भाग तार्किक है। यह हमारी वाणी, शब्द और भाषा पर नियंत्रण रखता है। यह सुव्यवस्थित तरीके से काम करता है और किसी भी विषय पर तार्किक ढंग से सोचता है। गणित की गणना करने का काम यह बायाँ भाग ही करता है। मुझे लगता है कि बाएँ भाग के इसी गुण को ध्यान में रखते हुए यथार्थवादियों, तर्कवादियों को वामपंथी कहा गया है। वामपंथी का अर्थ है–बाएँ रास्ते पर चलने वाले। जो जीवन में यथार्थ को ही स्वीकार करते हैं, कल्पनाओं और भावनाओं को महत्त्व नहीं देते तथा तर्क को ही सब कुछ मानते हैं, उन्हें वामपंथी कहा जाता है।

मस्तिष्क का दायाँ भाग कल्पना एवं सृजन की शक्ति से सम्पन्न रहता है। यह भाग तार्किक ढंग से सोचने के स्थान पर सहजबुद्धि एवं अन्तर्ज्ञान को महत्त्व देता है। संगीत, कला, रंग एवं कल्पनाओं पर नियंत्रण रखने की

जिम्मेदारी मस्तिष्क के दाएँ भाग पर ही होती है।

इसे हम इस प्रकार भी समझ सकते हैं कि वैज्ञानिक, एक भाषाशास्त्री तथा गणितज्ञ का बायाँ भाग अधिक सक्रिय होगा, जबकि एक कलाकार और भावुक व्यक्ति का दाहिना मस्तिष्क अधिक काम करेगा।

सामान्यतया प्रत्येक व्यक्ति मस्तिष्क के इन दोनों भागों का इस्तेमाल करता है, लेकिन समान रूप से नहीं। एक कलाकार अपने दाएँ मस्तिष्क का अधिक इस्तेमाल करता है, तो एक दार्शनिक अपने बाएँ मस्तिष्क का। अध्ययन में यह भी पाया गया है कि पुरुष अपने बाएँ मस्तिष्क का अधिक उपयोग करते हैं। इसलिए वे तर्कप्रधान होते हैं, जबकि महिलाएँ अपने दाएँ मस्तिष्क पर अधिक निर्भर रहती हैं। इसलिए वे पुरुष की तुलना में अधिक भावुक होती हैं। हाँ, यह जरूर है कि पुरुष जहाँ दाएँ और बाएँ मस्तिष्क में कम सन्तुलन बैठा पाते हैं, वहीं महिलाएँ दोनों के इस्तेमाल में पुरुष की तुलना में अधिक संतुलन बैठा लेती हैं।

हमारे जीवन की सफलता बहुत कुछ इस बात पर निर्भर करती है कि हम अपने मस्तिष्क के इन दोनों भागों का किस प्रकार अधिक से अधिक इस्तेमाल करते हैं। लास एंजिल्स के अनुसंधानकर्ताओं ने कुछ सफल लोगों के सोचने के ढंग का विश्लेषण करके यह निष्कर्ष निकाला है कि जो व्यक्ति मस्तिष्क के दोनों हिस्सों का इस्तेमाल करते हैं, उन व्यक्तियों की सफलता का स्तर एक हिस्से का उपयोग करने वाले व्यक्तियों की तुलना में अधिक होता है।

जो व्यक्ति अपने मस्तिष्क के दोनों भागों का उपयोग करते हैं, वे 'एम्बीडेक्ट्स' कहलाते हैं। इस प्रकार के लोग अपने दोनों हाथों और पैरों का इस्तेमाल समान रूप से करने में सक्षम होते हैं। ये लोग एक हाथ से कंघी करते समय दूसरे हाथ से शर्ट के बटन आसानी से लगा लेते हैं। महान चित्रकार माइकल एंजेलो दोनों हाथों से पेंटिंग करते थे। ब्रिटेन के सर एडविन हेनरी एक समय में एक हाथ से हिरण तथा दूसरे हाथ से घोड़े का चित्र बनाने में माहिर थे। फ्लेमिंग, आइंस्टीन तथा टेस्ला अपने दोनों हाथों से कार्य करने में कुशल थे। यह पाया गया है कि एम्बीडेक्ट्स लोग मेहनती होने

के साथ-साथ सकारात्मक सोच वाले भी होते हैं।

हमें यहाँ यह नहीं सोचना चाहिए कि मस्तिष्क के ये दोनों भाग बिल्कुल स्वतंत्र रूप से काम करते हैं। वस्तुतः ये दोनों अलग-अलग होते हुए भी 'कोरपस' तथा 'केलोसम' द्वारा आपस में सूचनाओं का आदान-प्रदान करते रहते हैं। इन्हीं के परिणामस्वरूप हमारे शरीर का संचालन हो पाता है।

तो यहाँ हमारे ध्यान में रखने की सबसे महत्त्वपूर्ण बात यह है कि ***एक पूर्ण एवं सफल व्यक्तित्त्व के विकास के लिए यह जरूरी है कि हम अपने मस्तिष्क के दोनों ही भागों का इस्तेमाल करें।*** यानी कि हम जीवन में तर्क को महत्त्व देने के साथ-साथ कल्पना एवं भावनाओं को भी महत्त्व दें। यानी कि हम जीवन में यथार्थ संघर्षों को झेलने के साथ-साथ गीत, संगीत, कला और साहित्य जैसे भावनात्मक रूपों का भी इस्तेमाल करें, तभी हम ईश्वर के द्वारा दिए गये इस अद्‌भुत वरदान का सही-सही एवं पूरा उपयोग करके अपने जीवन को अद्‌भुत बना सकेंगे।

मस्तिष्क का विकास

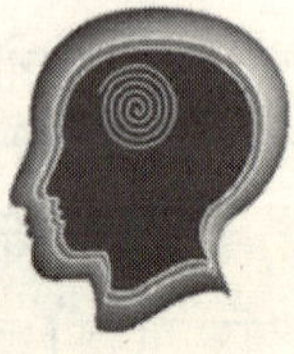

वैज्ञानिक इस बात को स्वीकार करते हैं कि किसी भी व्यक्ति के मस्तिष्क की प्राथमिक संरचना में आनुवांशिक गुणों (जीन्स) की महत्त्वपूर्ण भूमिका होती है। चूँकि माता और पिता के जीन्स से ही बच्चे के सम्पूर्ण व्यक्तित्त्व और शरीर का निर्माण होता है, इसलिए मस्तिष्क के निर्माण में भी उसके योगदान को नकारा नहीं जा सकता। फिर भी वैज्ञानिकों का कहना है कि माँ के गर्भ में बड़े हो रहे शिशु को उसका परिवेश उसी समय से प्रभावित करने लगता है। हम जान चुके हैं कि हमारा मस्तिष्क न्यूरॉन्स नाम के विशेष प्रकार की संवेदनशील कोशिकाओं से बना होता है। जैसे ही गर्भ में भ्रूण स्थापित होता है, उसके तुरन्त बाद ही इस तरह की कोशिकाएँ बनने लगती हैं। इसके दो-तीन महीने के अन्दर ही उसकी संख्या बीस खरब तक पहुँच जाती है, लेकिन यह संयोग की बात है कि जब गर्भ में शिशु लगभग पाँच-छह माह का होता है, तब

तक लगभग आधे न्यूरॉन्स नष्ट हो जाते हैं। इसे जानना बहुत रोचक और उपयोगी होगा।

वस्तुतः न्यूरान्स संवेदनशील कोशिकाएँ हैं। इनके जीवित रहने के लिए जरूरी है कि इन्हें कोई न कोई काम मिलता रहे। चूँकि गर्भ में पल रहे शिशु की गतिविधियाँ ज्यादा नहीं होतीं, इसलिए सभी न्यूरॉन्स को काम नहीं मिल पाता। फलस्वरूप काम न कर पाने वाले न्यूरॉन्स नष्ट हो जाते हैं।

मस्तिष्क का विकास गर्भ में ही होने लगता है। इसलिए यदि गर्भवती महिला तनावग्रस्त, अस्वस्थ या किसी नशे की आदी है, तो उसका सीधा प्रभाव बच्चे की सक्रियता और विकास पर पड़ता है। इससे माँ के गर्भ में पल रहे बच्चे की सक्रियता कम हो जाती है। सक्रियता कम होने से मस्तिष्क-कोशिकाओं (न्यूरान्स) को काम नहीं मिल पाता। इस कारण वे मरने लगती हैं। यहाँ सबसे महत्त्वपूर्ण बात यह है कि यदि बच्चे को गर्भ के अन्दर उसके मस्तिष्क के विकास के लिए सही परिवेश नहीं मिल पाया, तो उसे इतना बड़ा नुकसान उठाना पड़ता है कि उसकी भरपाई जिन्दगी भर नहीं हो पाती। यह माना जाता है कि एक नवजात शिशु जितने न्यूरान्स लेकर गर्भ से बाहर आता है, वही उसके दिमाग की जीवन भर की पूँजी होती है। यदि यही पूँजी गर्भ से बाहर आने से पहले ही कम हो गई, तो उसकी भरपाई कभी भी नहीं हो पाती, क्योंकि जन्म के बाद कभी भी नये न्यूरान्स नहीं बनते।

लेकिन इसका अर्थ यह नहीं लगाया जाना चाहिए कि यदि जन्म के बाद न्यूरान्स बनने बन्द हो गये हैं, तो मस्तिष्क का विकास भी रुक जाएगा। मस्तिष्क का विकास जारी रहता है, लेकिन दूसरी तरह से। उदाहरण के लिए जन्म के समय मस्तिष्क का वजन लगभग 350 ग्राम रहता है। किन्तु छह वर्ष की उम्र तक वह पूरी तरह परिपक्व होकर तीन पौण्ड के लगभग वजन वाला बन जाता है। ठीक इसी प्रकार शिशु के जन्म से लेकर एक साल की उम्र तक मस्तिष्क में अरबों, खरबों नये साइनेप्स बनते रहते हैं। जैसा कि पहले बताया जा चुका है, साइनेप्स का काम संदेशों को लाने-ले जाने के लिए होता है। जब सीखने की प्रक्रिया

शुरू होती है, तब हमारा मस्तिष्क न्यूरॉन्स की संख्या में वृद्धि करने की बजाय साइनेप्स के द्वारा न्यूरॉन्स कोशिकाओं के बीच आपसी संबंधों को मजबूत बनाता है। इससे हमारी सूचनाओं को समझने, देखने, सुनने, विश्लेषण करने तथा याद रखने की क्षमता में वृद्धि होती है। चूहों पर किये गये परीक्षणों में पाया गया है कि जिन चूहों को जटिल वातावरण में रखा गया, उनके साइनेप्स की संख्या में उतनी ही अधिक बढ़ोत्तरी हुई और जिन्हें जितने आरामदेह माहौल में रखा गया, उनमें साइनेप्स की संख्या उतनी ही कम पायी गई। इससे स्पष्ट होता है कि ***व्यक्ति जितने अधिक जटिल वातावरण में रहेगा, संघर्ष करेगा, उसे अपने मस्तिष्क का उतना ही अधिक से अधिक उपयोग करना पड़ेगा। इससे उसके मस्तिष्क के साइनेप्स सक्रिय होकर उसकी मस्तिष्क की क्षमता को बढ़ा देंगे।*** हमें इस खतरनाक चेतावनी को हमेशा याद रखना चाहिए कि यदि बचपन में बनने वाले साइनेप्स व्यवहार और अनुभव के साथ जुड़कर मजबूत नहीं बन पाए, तो वे खत्म हो जाएँगे और खत्म होने के बाद दोबारा कभी पैदा नहीं होंगे।

वैज्ञानिकों ने पाया है कि मस्तिष्क रूपी इस अनोखी मशीन में मुख्यत: पाँच तरह के काम करने की असीम क्षमता होती है। यहाँ 'असीम' शब्द पर ध्यान दिया जाना जरूरी है। हर मशीन की क्षमता सीमित होती है। वह असीम नहीं होती। उसकी क्षमता निर्धारित है कि अमुक मशीन इतना काम करेगी और अमुक मशीन इतना बोझ उठाएगी, लेकिन **मस्तिष्क की क्षमता सीमाओं से परे है।** वह कुछ भी कर सकता है और कितना भी कर सकता है। शायद आप इस बात पर विश्वास न करें कि हम सब सामान्य व्यक्ति अपनी मानसिक क्षमता का केवल पाँच-छह प्रतिशत ही उपयोग कर पाते हैं। यहाँ तक कि महान वैज्ञानिक आइंस्टीन तक का अपने बारे में कहना था कि 'मैं अपनी मानसिक क्षमता के एक चौथाई प्रतिशत से भी कम का उपयोग कर पा रहा हूँ।' सोचकर देखिए कि यदि उन्होंने सौ प्रतिशत का उपयोग

किया होता, तो वे क्या होते!

मस्तिष्क के कार्य

हमारे मस्तिष्क के पाँच प्रमुख कार्यों की चर्चा इस प्रकार की जा सकती है –

1. ज्ञान प्राप्त करना – हमारे पास पाँच इन्द्रियाँ हैं। ये वे इन्द्रियाँ हैं, जो कर्म करती हैं। ये हैं – त्वचा, नेत्र, नाक, जीभ और कान। ये इन्द्रियाँ केवल अपना काम करती हैं। ये ज्ञान प्राप्त नहीं करतीं। उदाहरण के लिए यदि किसी का दिमाग खराब हो गया हो, तो उसकी आँखें अपने बेटे को देख तो रही होंगी, लेकिन पहचानेंगी नहीं। उसे पेड़, पेड़ दिखाई नहीं देगा। इसका मतलब यह हुआ कि वह देख तो रहा है, लेकिन उसे समझ नहीं पा रहा है। समझने का यह काम हमारा मस्तिष्क करता है।

2. संकलन–हमें कर्मेन्द्रियों से जो कुछ भी मिलता है, वह सब हमारे मस्तिष्क के पटल पर छप जाता है। उसमें से बहुत–सी बातें अवचेतन में चली जाती हैं तथा कुछ चेतन में बनी रहती हैं। इन सारी सूचनाओं को सँजोकर रखने का काम हमारे मस्तिष्क के ऊपर ही है। यह इन्हें संकलित करके अपने पास रखता है और जरूरत पड़ने पर हमें उपलब्ध करा देता है। इस प्रकार हम कह सकते हैं कि मस्तिष्क का दूसरा महत्त्वपूर्ण काम है–याद रखना। इसे ही हम स्मरण शक्ति कहते हैं।

3. विश्लेषण करना–मस्तिष्क केवल ज्ञान प्राप्त करके उन्हें संकलित ही नहीं करता। यदि वह अपने काम को यहीं तक सीमित कर देगा, तो उसकी उपयोगिता बहुत कम हो जाएगी। इसकी बड़ी उपयोगिता तो इसी बात में है कि उसने जो ज्ञान का संग्रहण किया है, उनका विश्लेषण करे। वह सूचनाओं को हमारी जरूरत और रुचियों के अनुसार वर्गीकृत करता है।

4. रचनात्मकता–यह मस्तिष्क का सबसे आश्चर्यजनक काम है। मस्तिष्क केवल प्राप्त ज्ञान का विश्लेषण ही नहीं करता, बल्कि अपनी तरफ से नये ज्ञान को जन्म भी देता है। हालाँकि रचनात्मकता के अन्तर्गत मन और हृदय भी शामिल हो जाते हैं, लेकिन ये भी आते हैं – मस्तिष्क में

ही। यह इसकी अपनी निर्मिती होती है।

5. नियंत्रण–यह हमारे जीवन का 'कन्ट्रोल रूम' होता है। हमारी सभी शारीरिक और मानसिक क्रियाओं का नियंत्रण और उनमें आपसी समन्वय करने का काम मस्तिष्क ही करता है। यदि मस्तिष्क अपने इस काम को छोड़ दे, तो हमारा अस्तित्त्व ही संदेहास्पद हो जाएगा।

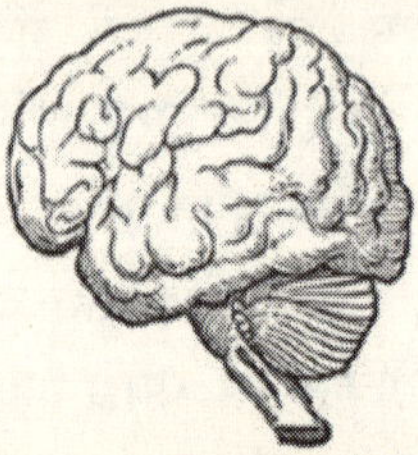

एक वयस्क मनुष्य के मस्तिष्क का औसत वजन 1400 ग्राम पाया गया है। इस तरह मस्तिष्क का भार मनुष्य के शरीर के कुल भार का लगभग दो प्रतिशत ही बैठता है, लेकिन आपको यह जानकर आश्चर्य होगा कि यह हमारे देह को मिलने वाली कुल ऑक्सीजन का लगभग बीस प्रतिशत हिस्सा पी जाता है। भार कुल शरीर का दो प्रतिशत और प्राणवायु का खर्च कुल का बीस प्रतिशत। क्या यह आपको थोड़ा अन्यायपूर्ण नहीं लगता? गणित की दृष्टि से तो यह अन्यायपूर्ण है, लेकिन व्यावहारिक दृष्टि से नहीं। इसका कारण यह है कि हमारे शरीर का यही तो वह अंग है, जो एक मिनट भी चैन से नहीं बैठता। हमेशा सक्रिय रहता है। फिर अभी आपने यह भी पढ़ा है कि कितनी ढेर सारी जिम्मेदारियों का बोझ भी इसी पर है। हम जब भी और जो कुछ भी करते हैं, उसमें हमारा मस्तिष्क अनिवार्य रूप से शामिल रहता है। यदि स्थिति यह है, तो फिर यदि यह हमारे शरीर की कुल कैलोरी का एक–चौथाई भाग भी खा रहा हो, तो मैं नहीं समझता कि वह कुछ ज़्यादती कर रहा है।

जीनियस का दिमाग

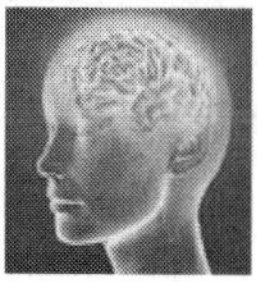

आमतौर पर 135 से अधिक आई. क्यू. वालों को जीनियस की श्रेणी में रखा जाता है। प्रसिद्ध मनोवैज्ञानिक हॉवर्ड गार्डनर के अनुसार **जीनियस वह है, जो सही बात का सही वक्त पर सही तरीके से प्रयोग कर सके।** जैसे कि सुप्रसिद्ध वैज्ञानिक आइंस्टीन ने एक बार मात्र उंगलियों के पोरों पर कुछ विशेष अनुभव करके एक बड़ी समस्या का हल खोज लिया था। जैसे कि सेब को धरती पर गिरते देखकर न्यूटन ने पृथ्वी के गुरुत्त्वाकर्षण का सिद्धान्त निकाला और आर्कमिडीज ने टब से छलके हुए पानी के आधार पर सापेक्षिक घनत्व का रहस्य ढूँढ़ लिया।

यूँ तो दुनिया में बुद्धिमान और अतिबुद्धिमान लोगों की संख्या बहुत ज्यादा है, लेकिन जीनियस तो विरले ही होते हैं। दुनिया के जाने-माने जीनियस में संगीतकार मोजार्ट, वैज्ञानिक आइंस्टीन, वैज्ञानिक एवं कलाकार लिओनार्दो द वींची, साहित्यकार लार्ड बायरन और भारतीय गणितज्ञ श्रीनिवास रामानुजन के नाम लिए जाते हैं।

इस बारे में काफी लम्बे समय से बहस चल रही है कि जीनियस बनते कैसे हैं? जान ड्राइडन का मानना था कि जीनियस सदैव जन्म लेते हैं। उन्हें सिखा-पढ़ाकर जीनियस नहीं बनाया जा सकता। जबकि महान आविष्कारक एडीसन का विश्वास था कि जीनियस में मात्र एक प्रतिशत अत:प्रेरणा होती है और 99 प्रतिशत कड़ी मेहनत।

सच तो यह है कि इस बारे में निश्चित रूप से कुछ नहीं कहा जा सकता। हमारे पास अभी तक जीनियस लोगों की जो जीवनियाँ उपलब्ध हैं और इस बारे में जो अध्ययन और प्रयोग किये गये हैं, वे हमें किसी एक निश्चित निष्कर्ष तक पहुँचाने में असफल रहे हैं। स्टेनफोर्ड विश्वविद्यालय के लुइस टरमेन ने सन् 1921 में असाधारण क्षमता वाले 1528 बच्चों के आई. क्यू. (बुद्धिमत्ता नापने की इकाई) की जाँच की। इन सभी की आई. क्यू. 140 से अधिक ऊँची निकली, परन्तु आश्चर्य यह कि 40 वर्ष बाद इनमें से एक

भी जीनियस नहीं बना। इससे जीनियस के जन्म लेने का सिद्धान्त सही नहीं बैठ पाता। यह ज़रूरी नहीं है कि बचपन में जो बच्चे असाधारण प्रतिभा दिखाएँ, वे बड़े होकर जीनियस बने, बल्कि ज़्यादातर तो इसके उलटे ही हुआ है। आइंस्टीन और एडीसन पढ़ने में फिसड्डी थे। आइंस्टीन तो गणित में ही कमजोर थे। यह बात आपके लिए इसलिए बहुत मायने रखती है कि यदि अभी आप पढ़ने में कमजोर हों, तो यह कभी मत सोचें कि आप एक कमज़ोर जीवन जियेंगे। अपने अन्दर यह विश्वास पैदा कीजिए कि 'मैं कुछ भी कर सकता हूँ। मैं जो चाहे कर सकता हूँ, बशर्ते कि करने लगूँ।'

जीनियस जन्म से ही होते हैं, यह विचार इसलिए भी कमजोर पड़ जाता है, क्योंकि एक ही माता-पिता की सभी संतानें जीनियस नहीं होतीं। संगीतकार मोजार्ट की बहन नैनर्ल एक औसत दर्जे की महिला थीं, जबकि मोजार्ट जीनियस थे।

तो फिर सवाल यह है कि जीनियस बनते कैसे हैं? मानव जिनोम की खोज से पता चला है कि प्रत्येक व्यक्ति के भौतिक और भावनात्मक व्यक्तित्त्व का आधार लगभग एक लाख जीन्स से जुड़े होते हैं। इन जीन्स में से एक माँ की देन होता है और दूसरा पिता का। जीन्स का यह कुदरती संयोग ही कभी-कभार ऐसी रचना कर डालता है कि उस जिनोम का स्वामी जीनियस बन जाता है।

लेकिन कुछ विचारक इसका विरोध करते हैं। उनका कहना है कि केवल जिनोम के दम पर कोई व्यक्ति जीनियस नहीं बन सकता । जन्मजात प्रतिभा को पनपने के लिए उपयुक्त माहौल और सुविधाएँ भी मिलनी चाहिए, लेकिन इस विचार के भी विरोधी हैं। विरोध करने वालों का कहना है कि ***प्रतिभा किसी की मोहताज नहीं होती। बल्कि सच तो यह है कि वह प्रतिकूल परिस्थितियों में अधिक निखरती है।*** मसलन बचपन में बेहद गरीबी के दिन काटने के बावजूद रामानुजन की प्रतिभा दुनिया के सामने आई।

हाल ही में हुई खोजों से एक और दिलचस्प तथ्य सामने आया है। इसके अनुसार सनक और खण्डित मानसिकता (सिजोफ्रीनिया) नामक रोग

भी व्यक्ति को जीनियस बनाने में मदद करते हैं। इससे व्यक्ति की सृजनशीलता बढ़ती है। सनक के कारण व्यक्ति को नया काम करने के लिए अतिरिक्त ऊर्जा मिलती है। खंडित मनस्यकता विचारों को नई दिशा देती है। उदाहरण के तौर पर लार्ड बायरन को सनकी माना जाता था और मजे की बात यह है कि उनके पिता पागलपन की हद तक झक्की थे।

यह जानने के लिए कि क्या जीनियस के मस्तिष्क की बनावट कुछ अलग होती है, सन् 1955 में आइंस्टीन की मृत्यु के बाद उनका मस्तिष्क सुरक्षित रख लिया गया था। इसके अध्ययन से पाया गया कि उनके मस्तिष्क का 'पैराइटल लोब' नामक हिस्सा सामान्य से 15 प्रतिशत अधिक चौड़ा था। दरअसल 'पैराइटल लोब' ही मस्तिष्क का वह हिस्सा है, जो गणितीय विचार और कल्पना के ताने-बाने बुनता है। पैराइटल लोब का घेरा बड़ा होने के कारण आइंस्टीन के मस्तिष्क में 'पैराइटल ओपरकुलम' नामक हिस्सा ठीक से नहीं बन पाया। इसी प्रकार मस्तिष्क की कोशिकाओं को बचाने वाली ''सिल्विया फिशर'' नामक दरार भी पूरी तरह नहीं बन पाई। नतीजतन मस्तिष्क की कोशिकाएँ एक-दूसरे से बहुत अच्छी तरह सट गईं और उनके सम्पर्क भी बहुत बढ़ गये। यानी कि उनके दिमाग में जानकारियों और विचारों का आदान-प्रदान तेजी और कुशलतापूर्वक होता होगा। स्वाभाविक है कि इससे मौलिक विचारों के सृजन को बढ़ावा मिला होगा, परन्तु याद रखिए कि यह मात्र एक संभावना और विचार है। इससे यह कतई सिद्ध नहीं होता कि आइंस्टीन के जीनियस बनने के पीछे यही कारण था।

तो फिर क्या हम यह मान लें कि जिसका सिर जितना बड़ा होगा, उसका दिमाग उतना ही अधिक होगा। यह भी ठीक नहीं है। महान गणितज्ञ गॉस की मृत्यु के बाद जब उनका दिमाग तौला गया, तब उसका वजन मात्र 1452 ग्राम निकला। फ्रांसीसी वैज्ञानिक पॉल ब्रोका के दिमाग का वजन तो उससे भी कम 1424 ग्राम निकला। ये दोनों अद्‌भुत क्षमता वाले व्यक्ति थे। इससे यह बात खुद ही गलत साबित हो गई कि अधिक वजन वाले दिमाग में अधिक बुद्धि समाई रहती है।

एक विद्यार्थी के रूप में आपके लिये तो इतना ही विश्वास कर

लेना पर्याप्त होगा कि यदि आपने जीनियस के रूप में जन्म नहीं लिया है, तो कोई बात नहीं। आप मानकर चलिए कि आपमें जीनियस बनने की संभावनाएँ हैं। इस बारे में एडीसन हमारी प्रेरणा के सबसे बड़े और अच्छे स्रोत हो सकते हैं।

मस्तिष्क की तरंगें

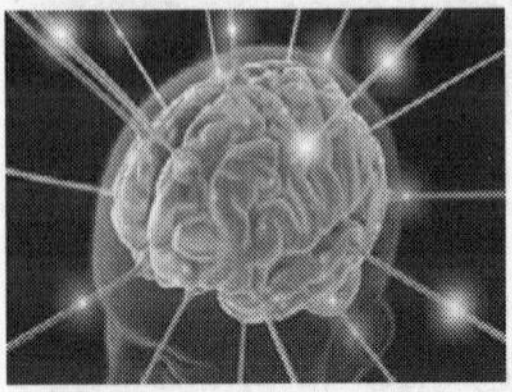

चाहे हमारा शरीर हो या ब्रह्माण्ड का कोई भी क्षेत्र, वह तरंगों से परिपूर्ण है। फिर चाहे वे तरंगें ध्वनि की हों, प्रकाश की हों या ऊर्जा की हों। कुछ वैज्ञानिक तो यह भी मानते हैं कि पत्थरों की रचना भी तरंगों से ही हुई है। हमारा शरीर भी तरंगों का ही संघठित रूप है। तो फिर हम समझ सकते हैं कि मस्तिष्क का कितना ज्यादा सम्बन्ध तरंगों से होगा।

वैसे भी यह हमारे लिए बहुत अनजान नहीं है। हम अपने मस्तिष्क में और अपने शरीर में उठने, फैलने और नष्ट हो जाने वाली तरंगों को हर क्षण अनुभव करते हैं। ***जब हम क्रोध में होते हैं, तो हमारा मस्तिष्क कुछ अलग तरह की तरंगों से भर जाता है।*** जब हमें कोई प्रेम या स्नेह से छू लेता है, तो हमारे शरीर में एक प्रकार की सुरहरी दौड़ जाती है। यह सुरहरी तरंग ही तो है। कम से कम यह बात तो विवाद से परे है कि मस्तिष्क में तरंगें उत्पन्न होती हैं। जिस प्रकार हृदय की तरंगों को ई.सी.जी. (इलेक्ट्रो कार्डियोग्राम) से जाँचा जाता है, ठीक उसी प्रकार मस्तिष्क की तरंगों को ई.ई.जी. (इलेक्ट्रोएनसेफेलोग्राफ) से नापा जाता है। हमारे मस्तिष्क की सक्रियता मस्तिष्क की इन्हीं तरंगों की आवृत्ति (फ्रिक्वेंसी) पर निर्भर करती है। मस्तिष्क में तरंगों की आवृत्ति जितनी अधिक होगी, मस्तिष्क की सक्रियता भी उतनी ही अधिक होगी।

मस्तिष्क में मुख्य रूप से चार प्रकार की तरंगें उठती हैं –

(1) बीटा तरंगें – मस्तिष्क में इन तरंगों की आवृत्ति 13 से 25 साइकल (चक्र) प्रति सेकेंण्ड होती है। ये तरंगें उस समय उठती हैं, जब हम

पूरी तरह चौकस होते हैं और हमारा मस्तिष्क पूरी तरह सक्रिय रहता है। ये तरंगें तर्क-शक्ति, विचार, विश्लेषण एवं कर्म की व्यवस्था के प्रतीक हैं। स्वाभाविक है कि जब हम जाग रहे होते हैं, तब हमारे मस्तिष्क में बीटा तरंगें उठती रहती हैं। भावावेश और उत्तेजना के विशेष क्षणों में तो बीटा तरंगों की आवृत्ति 50 साइकल प्रति सेकेण्ड तक पहुँच जाती है।

(2) अल्फा तरंगें – ये तरंगें अध्ययन या विश्राम की अवस्था में उभरती हैं। इनकी आवृत्ति 8 से 12 साइकल प्रति सेकेण्ड होती है। जब हमें किसी से प्रेरणा मिलती है या हम किसी से कुछ सीख रहे होते हैं, तब अल्फा तरंगें सक्रिय रहती हैं।

(3) थीटा तरंगें – ये तरंगें उस समय सक्रिय होती हैं, जब हम अर्द्ध-निद्रा या स्वप्नावस्था में रहते हैं। ऐसे समय में ही सम्मोहन सम्भव होता है। यह एक ऐसी अवस्था है, जब हम विश्राम भी करते होते हैं और सतर्क भी रहते हैं। इन तरंगों के सक्रिय होने के समय अवचेतन मस्तिष्क में श्रेष्ठ कल्पनाओं को सँजोना सम्भव होता है। थीटा तरंगें तीन से चार वर्ष की उम्र के बच्चों में अधिक सक्रिय रहती हैं। इनकी आवृत्ति 3 से 7 साइकल प्रति सेकण्ड होती है।

(4) डेल्टा तरंगें – इन तरंगों की आवृत्ति 0.05 से 4 साइकल प्रति सेकेण्ड होती है। यह स्वप्नरहित गहरी नींद और गहरे विश्राम की अवस्था है। नन्हें शिशु अधिकांशतः इसी अवस्था में रहते हैं।

आपने देखा कि मस्तिष्क में उठने वाली इन तरंगों का सीधा संबंध हमारे मस्तिष्क की सक्रियता से है। मस्तिष्क जितना अधिक सक्रिय होगा, तरंगों की आवृत्ति उतनी ही अधिक होगी और तरंगों की आवृत्ति जितनी अधिक होगी, उसे प्राणवायु (ऑक्सीजन) की आवश्यकता भी उतनी ही अधिक होगी।

यहाँ आपके मन में यह प्रश्न स्वाभाविक रूप से उठ सकता है कि हमें क्या करना चाहिए? अपने मस्तिष्क को अधिक से अधिक सक्रिय रखकर उसमें लगातार बीटा तरंगें उठने देना चाहिए, या फिर उसे थोड़ा सुस्त रखकर अल्फा तरंगों तक सीमिति रखना चाहिए। वस्तुतः आपका

यह प्रश्न ही सही नहीं है। हमें अपने मस्तिष्क को न तो हमेशा बीटा तरंगों में रखना चाहिए और न ही अल्फा या थीटा तरंगों में, बल्कि मध्यम मार्ग अपनाना चाहिए। यदि हम मस्तिष्क को सक्रिय नहीं रखेंगे, तो उसके न्यूरॉन्स नष्ट होते चले जाएँगे, क्योंकि न्यूरॉन्स बने रहें, इसके लिए जरूरी है कि उन्हें कुछ न कुछ काम मिलता रहे। न्यूरॉन्स के नष्ट होने का अर्थ ही है- मस्तिष्क की क्षमता का कमजोर होना। इसलिए बीटा तरंगों की ज़रूरत है, लेकिन हमेशा नहीं।

हमारे मस्तिष्क को भी विश्राम की ठीक उसी तरह ज़रूरत पड़ती है, जैसे हमारे शरीर को। जब हम काम कर रहे होते हैं, तनाव में रहते हैं, सोचते हैं या विश्लेषण करते हैं, तब हमारी कोशिकाएँ एक-दूसरे के विरोध में काम कर रही होती हैं, लेकिन विश्राम के समय वे एक-दूसरे से समन्वय स्थापित कर लेती हैं। उनमें सामंजस्य आ जाता है। इसलिए हमारा मस्तिष्क फिर से सक्रिय हो, इसके लिए जरूरी है कि उसे थोड़ा-सा विश्राम भी दिया जाए अन्यथा उसकी क्षमता घटने लगेगी।

आपने पढ़ा है कि थीटा तरंगें और डेल्टा तरंगें बच्चों के मस्तिष्क में अधिक रहती हैं। तो क्या हम भी बच्चे बन सकते हैं ? यदि हम गहरी नींद (साउंड स्लीप) लेते हैं, तो एक प्रकार से बच्चे ही बन जाते हैं। गहरे नींद की प्रक्रिया मस्तिष्क की सक्रियता को कम करने की ही प्रक्रिया है, ताकि उसे पूरा विश्राम मिल सके। स्वस्थ मस्तिष्क एवं अच्छी याददाश्त के लिए हमें यही नीति अपनानी चाहिए।

☑ राजनीति, युद्ध, व्यापार में ताकत का रहस्य एकाग्रता है, संक्षेप में मनुष्य के सभी कार्यों के प्रबंधन का।

- रॉल्फ वॉल्डो इमर्सन

☑ जीनियस खदान में मौजूद स्वर्ण की तरह है और टैलेन्ट वह है, जो इसे बाहर लाता है।

- सुश्री ब्लेसिंगटन

☑ जीनियस एक प्रतिशत प्रेरणा और निन्यानबे प्रतिशत श्रम है।

- थॉमस अल्वा एडिसन

☑ किसी सामान्य काम को असामान्य तरीके से करना ही असाधारणता है।

- बूकर टी. वॉशिंगटन

अध्याय 4

स्मरण–शक्ति को बढ़ायें

"मस्तिष्क जन्मजात होता है किन्तु ज्ञान अर्जित किया जाता है। .... स्मृति भी एक अर्जित किया गया गुण है।"

मस्तिष्क हमारे शरीर का उसी तरह से एक महत्त्वपूर्ण अंग है, जिस तरह से हृदय, यकृत और फेफड़े आदि। जिस प्रकार शरीर के अन्य अंगों के कुछ गुण और कार्य हैं, उसी प्रकार मस्तिष्क के भी कुछ कार्य हैं और कुछ गुण भी। मस्तिष्क के मुख्य कार्य क्या हैं, यह आप पहले ही जान चुके हैं। इन्हीं कार्यों में से आपने एक कार्य स्मरण दिलाने के रूप में पढ़ा है। वस्तुतः स्मरण दिलाना और उसे स्मृति में रखना मस्तिष्क का कार्य तो है, लेकिन उससे भी कहीं अधिक वह उसका गुण है। गुण इस मायने में कि यह एक ऐसा भाव है, एक ऐसा तत्त्व है, जिसे आपको हासिल करना पड़ता है। ***यह जन्मजात नहीं होता।***

आपने मानसिक रूप से कमजोर बच्चे देखे होंगे, जिन्हें हम 'मन्दबुद्धि' कहते हैं। इन्हें कुछ भी समझाने और सिखाने की कोशिश कीजिए, ये आसानी से नहीं समझते और यदि समझ भी जाते हैं, तो बहुत जल्दी भूल जाते हैं। कुछ ऐसे लोग भी देखने को मिले होंगे, जिनकी याददाश्त आपको बहुत कमजोर लगी होगी।

जहाँ तक मन्दबुद्धि बच्चे और बहुत अधिक कमज़ोर याददाश्त वाले

लोगों का प्रश्न है, निश्चित रूप से इनके मस्तिष्क के निर्माण और विकास में ही कोई न कोई ऐसी त्रुटि रह जाती है, जिसका खामियाज़ा उन्हें जीवन भर भोगना पड़ता है। इस त्रुटि के कारण उनका मस्तिष्क समन्वय, सामंजस्य और नियंत्रण का काम ठीक तरीके से नहीं कर पाता। इसीलिए आपने देखा होगा कि ऐसे लोगों के हाव-भाव भी आपको थोड़े से विचित्र लगेंगे। चूँकि उनका मस्तिष्क उनके कार्यों का समुचित एवं सन्तुलित तरीके से नियंत्रण नहीं कर पा रहा है, इसलिए उनकी चेष्टाएँ कुछ अटपटी-सी हो जाती हैं। यह सब मस्तिष्क के निर्माण और उसके विकास की कमी के कारण होता है।

अधिकांश वैज्ञानिक एवं मनोवैज्ञानिक स्मृति को एक प्रकार का गुण ही मानते हैं, बशर्ते कि किसी में कोई विलक्षण क्षमता न हो। इतिहास ऐसे विलक्षण मस्तिष्क एवं स्मरण शक्ति वाले लोगों का प्रमाण प्रस्तुत करता है।

प्राचीन ग्रन्थों में राजा भोज के दरबार में रहने वाले एक श्रुतिधर नाम के दरबारी का वर्णन मिलता है। उनकी स्मृति इतनी विलक्षण थी कि वे एक घड़ी यानी कि चौबीस मिनट तक सुने जाने वाले किसी भी प्रसंग के अंश को ज्यों का त्यों सुना सकते थे। स्वामी विवेकानंद की स्मृति तो इतनी अद्‌भुत थी कि उन्होंने शिकागो के पुस्तकालय से एक बड़ा विश्वकोष निकलवाया और उसके अगले ही दिन उन्होंने वह पुस्तक लौटाई, तो उसके पृष्ठों को ज्यों का त्यों दोहराकर लायब्रेरियन को आश्चर्य में डाल दिया। फ्रांस के सम्राट नेपोलियन के बारे में तो कहा जाता है कि उन्हें अपने प्रत्येक सैनिक के नाम और पते याद थे। डॉ. हेलन केलर और ब्रेल लिपि के आविष्कारक लुई ब्रेल की स्मरण-शक्ति गज़ब की थी। हेलन केलर ने तो अपनी आत्मकथा में लिखा भी है कि 'मैंने अपने जीवन में किसी वस्तु को नहीं गँवाया।' भारतीय जैन मुनियों सहित ऐसे अन्य अनेक नाम हैं, जिन्होंने अपनी स्मरण-शक्ति का अद्‌भुत प्रदर्शन किया है।

इस स्मरण–शक्ति के चमत्कार क्यों और किस प्रकार से होते हैं, यह तो एक रहस्य है, जिस पर से पर्दा उठाया जाना है, लेकिन हमारे लिए यह जरूरी है कि हम विलक्षण स्मृतियों वाले इन व्यक्तियों को अपवाद ही मानकर चलें, क्योंकि ऐसे लोगों की संख्या बहुत कम रही है और ***यह भी तो जरूरी नहीं है कि जिस व्यक्ति की स्मरण–शक्ति विलक्षण होगी, वह व्यक्ति महान भी होगा।*** रूस के एक पत्रकार थे–शेरेस्व्क्सी। उनकी स्मरणशक्ति ग़ज़ब की थी, किन्तु वे एक औसत दर्जे के पत्रकार थे। मैं ऐसे व्यक्ति को जानता हूँ, जिनमें तारीख याद करने की ग़ज़ब की क्षमता है। उनसे किसी भी घटना, यहाँ तक कि छोटी से छोटी घटना की भी तारीख और वर्ष पूछा जा सकता है और यह भी जरूरी नहीं है कि यह घटना और तारीख उनके अपने जीवन से जुड़ी हुई हो। उनके लिए इतना ही पर्याप्त है कि उन्होंने वह घटना और तारीख सुनी हो। यहाँ तक कि किसी भी घटना का सूक्ष्म से सूक्ष्म ब्यौरा वे इस प्रकार दे सकते हैं, मानो कि वे घटनाएँ अभी–अभी उनकी आँखों के सामने घट रही हों और वे उसकी रनिंग कमेन्ट्री सुना रहे हों । बीस साल पहले की घटना को ज्यों–का–त्यों बयान कर देना उनके बाएँ हाथ का खेल है, लेकिन क्या आप विश्वास करेंगे कि सरकारी नौकरी करने वाले ये व्यक्ति एक तृतीय श्रेणी कर्मचारी के रूप में सेवानिवृत्त हुए?

मेरे इस प्रसंग के उल्लेख करने का अर्थ केवल यह बताना है कि आपको यदि किसी व्यक्ति की अद्भुत स्मरणशक्ति के बारे में कुछ सुनने को मिलता है, तो आप उससे आतंकित न हों। यह जरूरी नहीं है कि उसकी सफलता भी उतनी ही अद्भुत होगी। अधिकांश मामलों में हमें यह मानकर चलना चाहिए कि ***मस्तिष्क जन्मजात होता है, किन्तु ज्ञान अर्जित किया जाता है।*** ठीक इसी प्रकार इस अर्जित ज्ञान को मस्तिष्क में बनाए रखने के लिए साधना करनी पड़ती है। यानी कि –

> ***अप्रत्यक्ष रूप से स्मृति भी एक अर्जित किया गया गुण है, न कि जन्मजात गुण। ज्ञान और स्मृति के सही सामंजस्य से ही जीवन में सफलता प्राप्त होती है।***

जहाँ तक इसके जैविक (बायोलॉजिकल) स्वरूप का प्रश्न है, यह आपको पहले ही बताया जा चुका है कि हमारा मस्तिष्क खरबों तंत्रिकाओं–कोशिकाओं से बना हुआ है, जिन्हें न्यूरॉन्स कहते हैं। स्मृति इन्हीं न्यूरॉन्स में सुरक्षित रहती है। दूसरी बात यह कि हमारे मस्तिष्क में सायनेप्स की संख्याएँ जितनी अधिक होंगी, वह उतनी ही अधिक मात्रा में सूचनाएँ ग्रहण कर सकेगा। फलस्वरूप मस्तिष्क एवं स्मरण- शक्ति में भी उतनी ही अधिक वृद्धि होगी। सायनेप्स ही कोशिकाओं को एक-दूसरे से जोड़ने का काम करते हैं। इसका मतलब यह हुआ कि ***परस्पर बन्धन ही स्मरण-शक्ति का मूल आधार है। हम अपने मस्तिष्क की सूचनाओं को एक-दूसरे से जितना अधिक और जितने सुदृढ़ रूप में बाँधकर रख सकेंगे, हमारी स्मरण-शक्ति उतनी ही अधिक तीव्र और लम्बे काल वाली होगी।***

आइए, स्मरण-शक्ति से जुड़े कुछ अन्य महत्त्वपूर्ण पहलुओं को जानें–

हमारा मस्तिष्क मुख्यतः छायांकन की तरह नहीं, बल्कि चित्रांकन की तरह काम करता है। यह एक प्रकार से कैमरे की रील है। जिस प्रकार कैमरे की रील पर चित्र अंकित होते हैं, ध्वनि नहीं, ठीक इसी प्रकार हमारे मस्तिष्क में भी चित्र अंकित होते हैं, ध्वनि नहीं । ***हम जो कुछ भी देखते हैं, सुनते हैं या पढ़ते हैं, उन्हें हमारा मस्तिष्क चित्र-लिपि के रूप में ग्रहण करता है।*** यदि दिमाग ऐसा नहीं कर पा रहा है, तो उसका कारण यह है कि वह उस सुनी हुई ध्वनि या देखे हुए अक्षरों का चित्र बनाने में असमर्थ है। उदाहरण के लिए आप जैसे ही 'गाय' की ध्वनि सुनते हैं या किताब में छपा हुआ 'गाय' पढ़ते हैं, वैसे ही आपके मस्तिष्क में गाय का चित्र उभर आता है और मस्तिष्क इसे अंकित कर लेता है। जबकि आप यदि 'लारेक्स' शब्द सुनते हैं या पढ़ते हैं, तो उसे समझ नहीं पाते। आप इसलिए नहीं समझ पाते, क्योंकि इस ध्वनि को सुनने या अक्षर को देखने से आपका मस्तिष्क कोई बिम्ब नहीं बना पाया है, जबकि यदि स्पेनिश भाषा का जानकार यह शब्द पढ़ेगा, तो उसे आसानी से समझ में आ जाएगा, क्योंकि उसके मस्तिष्क ने गाय का चित्र बना लिया है।

परीक्षा में आप बहुत तेजी से उत्तर लिखते जाते हैं। यदि आप यह उत्तर लिखते समय अपने दिमाग की प्रक्रिया का थोड़ी-सी गहराई से निरीक्षण करें, तो पाएँगे कि आपके दिमाग में उस पुस्तक या आपके नोट्स के पन्ने उभर रहे हैं, जिनसे आपने यह तैयारी की थी। यहाँ तक कि जब आपके नोट्स का एक पन्ना पूरा हो जाता है, तो आपका दिमाग आपको बिना बताये ही चुपके से उस पन्ने को पलटकर अगले पन्ने में दी गई जानकारियाँ देना शुरू कर देता है।

क्या ये दोनों उदाहरण इस तथ्य को सिद्ध करने के लिए पर्याप्त नहीं हैं कि हमारा मस्तिष्क चित्रों का स्मरण करता है? वह बिम्ब ग्रहण करता है। मैं समझता हूँ कि स्मरण-शक्ति के सन्दर्भ में हमारे मस्तिष्क के इस चरित्र को जानना बहुत ही अधिक जरूरी है। यदि मस्तिष्क चित्रों को ग्रहण करता है, तो फिर यह बात बिल्कुल निर्विवाद है कि चित्र जितने स्पष्ट और गहरे होंगे, उनकी स्मृति भी उतनी ही दीर्घकालीन होगी।

आखिर याददाश्त क्या है? यही न कि कोई बात मस्तिष्क में कितने समय तक बनी रहती है। विस्मृति ठीक इसके उलटा है। विस्मृति का अर्थ है-स्मृति का विलोप हो जाना यानी कि भूल जाना। यदि हम इसे चित्र के सन्दर्भ में कहें, तो हमें कहना होगा कि चित्र का धुँधला पड़ जाना या चित्र का मिट जाना ही विस्मृति है।

निराश न हों भूलने से

विज्ञान इस बात को सिद्ध कर चुका है कि हमारे मस्तिष्क पर एक बार जिस वस्तु का बिम्ब बन जाता है, वह फिर कभी नष्ट नहीं होता। ***आमतौर पर जिसे हम सब भूलना कहते हैं, वह किसी जानकारी का खत्म हो जाना नहीं होता, बल्कि उस जानकारी का गुम हो जाना होता है।*** वह जानकारी हमारे दिमाग में तो है, लेकिन फिलहाल हमें मिल नहीं रही है। मिल इसलिए नहीं रही है, क्योंकि हमने रखते समय बहुत ध्यान नहीं दिया था। मिल इसलिए नहीं रही है, क्योंकि एक बार रख देने के

बाद हमने दोबारा उसे ढूँढ़ने की कोशिश नहीं की, क्योंकि हमें उसकी जरूरत ही नहीं पड़ी।

विस्मृति ठीक उसी तरह है, जिस तरह हम अपनी कोई छोटी-सी चीज़ घर में कहीं रखकर उसे भूल जाते हैं। जब जरूरत पड़ती है, तो उसे ढूँढ़ने के लिए मारामारी मच जाती है, लेकिन वह मिल नहीं पाती। है वह चीज़ वहीं, लेकिन मिल नहीं रही है और आपने देखा होगा कि अचानक एक दिन वह मिल भी जाती है।

भूलने से निराश न हों। यह कोई बीमारी नहीं है। यह कोई अवगुण नहीं है। यह दिमाग की कमजोरी भी नहीं है। यह मुख्यतः हमारी सतर्कता से जुड़ी हुई बात है। जिन कामों को हम सतर्क होकर करते हैं, वे काम लम्बे समय तक याद रहते हैं और जिन कामों को हम यूँ ही कर देते हैं, वे यदि यूँ ही गायब भी हो जाते हैं, तो फिर भला उसका क्या दोष और दोष आपका भी नहीं है। ऐसा इसलिए, क्योंकि ऐसा होता ही नहीं है कि हम सारे ही कामों को पूरी सतर्कता के साथ कर सकें। यही कारण है कि हमारा मस्तिष्क हर दिन की लगभग 95 प्रतिशत सूचनाओं को मिटा देता है।

तो फिर सवाल यह है कि इसके लिए दोषी कौन है? असल में इसके लिए दोषी है - हमारी कार्यप्रणाली। हमसे गलती यह होती है कि पढ़ते समय जिन चीज़ों को हमें प्राथमिकता देनी चाहिए, हम उन्हें प्राथमिकता न देकर फालतू की चीज़ों को प्राथमिकता देने लगते हैं। अगर आप इतिहास पढ़ रहे हैं, तो चूँकि इतिहास के किस्से-कहानियाँ आपको अच्छे लगते हैं, इसलिए आप उसे प्राथमिकता दे देते हैं। कहानियाँ तो याद हो जाती हैं, लेकिन हम यह भूल जाते हैं कि अकबर किस सन् में शासक बना था। इसलिए आप विश्वास रखिए कि यदि ***आप पढ़ते समय या किसी की बात को सुनते समय अपनी प्राथमिकताओं को ठीक कर लें, तो भूलने के संकट से मुक्त हो जाएँगे।*** यह तो ठीक उसी तरह से है, जैसे आप अपनी अल्मारी में उन किताबों को और कपड़ों को सामने लगाते हैं, जिनकी आपको ज्यादा ज़रूरत पड़ती है। जिनकी शायद ही कभी ज़रूरत पड़ेगी, उन्हें आप अल्मारी के सबसे ऊपर के खाने के

सबसे पीछे रख देते हैं, जिन्हें निकालने के लिए आपको स्टूल पर चढ़ना पड़ता है। इसी प्रकार दिमाग को भी कम प्राथमिकता वाली बातों को याद रखने के लिए अलग से मेहनत करनी पड़ती है। विश्वास कीजिए कि विस्मृति इससे अधिक और कुछ नहीं है।

एक बात और। भूलना अभिशाप नहीं है। यह तो वरदान है, वरदान। आप खुद सोचकर देखिए कि हमारी जिन्दगी में जितनी भी बातें होती हैं, यदि वे सारी बातें हमें याद रहें, तो क्या हम सब आगरा के प्रसिद्ध पागलखाने में भेजे जाने लायक नहीं हो जाएँगे? हमारे दिमाग में बहुत-सी अच्छी बातें रहती हैं, तो बहुत-सी बुरी बातें भी। कुछ कड़ुवे अनुभव होते हैं तो कुछ मीठे भी। यदि ये सारे कड़ुवे अनुभव हमें याद रहें, तो क्या हमारा दिमाग करेले के पानी जैसा कड़ुवा नहीं हो जाएगा? निश्चित है कि ऐसा ही होगा। इस बात पर संदेह मत कीजिए कि याद रखने की अपेक्षा भूलना कहीं अधिक मुश्किल होता है और चाहकर भूलना तो और भी ज्यादा मुश्किल होता है, क्योंकि जब आप किसी बात को भूलना चाहते हैं, तो इसके लिए आप उस बात को पहले याद करते हैं और इस प्रकार भूलने की जगह उसे याद कर बैठते हैं। फलस्वरूप वह लगातार याद होती चली जाती है। प्रख्यात पार्श्व गायक स्वर्गीय मुकेश का गाया एक गीत भी है-

जिन्हें हम भूलना चाहें, वो अक्सर याद आते हैं।

हमारे दिमाग में नई चीज़ों के लिए जगह बन सके, उसके लिए जरूरी है कि हम अपने दिमाग से उन कचरों को निकालकर बाहर फेंक दें, जो बेकार में दिमाग की जगह को घेरे हुए हैं। भूलने से यही काम होता है। फालतू की चीज़ें निकल जाती हैं, लेकिन हमारी मुश्किल यह है कि उसके साथ जरूरी चीज़ें भी निकल जाती हैं। इसलिए याद रखिए कि ***भूलने की प्रक्रिया से मुक्त नहीं होना है, बल्कि आवश्यक बातों को भूलने की आदत से मुक्त होना है*** और ऐसा हम कर सकते हैं-

- पढ़ते समय अपनी प्राथमिकताओं को निर्धारित करके,
- दिमाग को फालतू की बातों से बचाकर,
- पढ़ी हुई बातों को बार-बार दोहराकर, तथा

➢ पढ़ी हुई बातों को लिखकर या किसी को सुनाकर-समझाकर।

ऐसा करने से उस बात के बारे में हमारे दिमाग में बने हुए बिम्बों पर पड़ी हुई धूल ठीक उसी तरह साफ हो जाती है, जिस तरह पालिश किए हुए जूते पर पड़ी हल्की-हल्की धूल। आप जूते पर हल्का-सा ब्रश मारते हैं, जूता फिर से झकाझक हो जाता है। हमारे दिमाग के साथ भी बिल्कुल यही होता है।

क्या है स्मरण-शक्ति ?

हमारा मस्तिष्क कम्प्यूटर की फ्लॉपी की तरह है। फ्लॉपी को आप देख सकते हैं, लेकिन स्मरण-शक्ति को आप ठीक उसी तरह नहीं देख सकते, जिस प्रकार फ्लॉपी में अंकित अक्षरों को नहीं देखा जा सकता। फ्लॉपी में जो अक्षर अंकित हैं, वही उसका ज्ञान है। स्वाभाविक है कि हमने जो कुछ पढ़ा है, वही हमारे मस्तिष्क में है, लेकिन याद रखिए कि हमारा मस्तिष्क पूरी तरह फ्लॉपी भी नहीं है। फ्लॉपी में इतनी क्षमता नहीं है कि वह अपनी तरफ से एक भी चिह्न दिखा सके, लेकिन हमारे दिमाग में यह अद्‌भुत क्षमता है कि वह पढ़े हुए का उपयोग करके न जाने कितनी नई-नई बातें लोगों के सामने रख सकता है। तभी तो इसे विलक्षण कहा गया है।

स्मरण-शक्ति का अर्थ है कि हमारा मस्तिष्क पढ़ी हुई बातों को कितने लम्बे समय तक याद रख सकता है और जरूरत पड़ने पर हमें कितनी जल्दी उसे दे सकता है। ये दोनों ही बातें स्मरण-शक्ति से जुड़ी हुई हैं। यदि आपको पढ़ी हुई बातें परीक्षा हॉल में याद नहीं आईं, तो फिर बाद में याद आना किस काम का। इसलिए स्मरण-शक्ति के साथ दोनों ही बातें जुड़ी हुईं हैं - (1) पढ़ा हुआ कितने लम्बे समय तक याद रहता है और (2) कितनी जल्दी याद आ जाता है। तो आइए, जानिए स्मरण-शक्ति की इस दुनिया के बारे में ऐसी जरूरी बातें, जो आपके लिए बहुत ही काम की होंगी।

☑ अमेरिका के न्यूयार्क यूनिवर्सिटी के स्कूल ऑफ मेडिसीन के वैज्ञानिक एन्टोनिया कनविट ने अपने शोध में यह पाया है कि ***'यदि व्यक्ति नियमित कसरत करे, तो बढ़ती हुई उम्र के साथ उसकी याददाश्त भी***

कमजोर होने की बजाय बढ़ती जाती है।' इसकी पुष्टि इस बात से भी होती है कि खिलाड़ियों में एल्जाइमर और पार्किन्सन रोग की शिकायत बहुत कम मिलती है। इसका मतलब यह हुआ कि देह की चुस्ती और तन्दरुस्ती का सीधा असर हमारे दिमाग पर होता है। कनविट का मानना है कि हमारा मस्तिष्क हमारी मृत्यु तक समान रूप से काम करता है। उन्होंने अपने हाल ही के शोध में पाया कि जो लोग शारीरिक रूप से अधिक सुडौल और गठिले थे, उनके मस्तिष्क का ग्रे मैटर अधिक सुदृढ़ रूप में मौजूद था।

इस शोध का एक रोचक पहलू यह था कि जिन व्यक्तियों का वजन शारीरिक मापदण्ड के अनुसार अपेक्षाकृत कम था, उनका ग्रे मैटर और भी अधिक सक्षम था। इस आधार पर उन्होंने निष्कर्ष निकाला कि यदि बढ़ी हुई उम्र में अपना वजन नियंत्रित रखा जाए, तो इससे स्मरण-शक्ति बढ़ती है।

शायद अब आप समझ गये होंगे कि क्यों आप अपनी कक्षा के थुलथुल मोटे लड़कों को अक्सर भोंदू कहकर चिढ़ाते हैं। साथ ही आपको अब अपने इस विचार को भी बदल देना चाहिए कि 'बूढ़े लोग सठिया जाते हैं।' यह गलत सिद्ध हो गया है और रक्त संचार की खोज करने वाले वैज्ञानिक विलियम हार्वे का मस्तिष्क तो उनके बुढ़ापे तक जितना अधिक तेज रहा, वह आपकी इस कहावत को डेढ़ सौ साल पहले ही झुठला चुका है।

☑ वैज्ञानिक एन्टोनी कनविट ने एक और शोध किया। उनके अनुसार यदि हमारे शरीर में ग्लूकोज़ की मात्रा नियंत्रित हो जाए, तो इससे भी हमारी स्मरण-शक्ति प्रभावित होती है। यहाँ तक कि इससे हमारे मस्तिष्क का महत्त्वपूर्ण भाग हिप्पोकैम्पस भी आकार में छोटा पड़ जाता है। इससे पहले आपने पढ़ा है कि हिप्पोकैम्पस हमारे मस्तिष्क का वह भाग होता है, जिसका स्मरण-शक्ति से सीधा सरोकार होता है। इसलिए खाने में ग्लूकोज़ की मात्रा नियंत्रित रूप में ही ली जानी चाहिए।

☑ इसी से जुड़ा हुआ एक शोध जॉन हॉप्किन्स यूनिवर्सिटी के वैज्ञानिक गार्डन ने किया। उन्होंने पाया कि आपराधिक गतिविधियों में लगे अधिकांश लोगों की यादाश्त कमज़ोर होती है। ऐसा इसलिए होता है, क्योंकि

उनका दिमाग हमेशा भय और तनाव से भरा होता है। वे व्यायाम भी नहीं कर पाते। इसके कारण उनके मस्तिष्क का हिप्पोकैम्पस सिकुड़ने लगता है। इसका अर्थ हुआ कि यदि हमें अपने हिप्पोकैम्पस को सिकुड़ने से बचाना है, तो हमें अपने आपको गलत काम करने से बचाना होगा।

वैसे तो गार्डन इस बात की गारंटी नहीं दे पाते कि अधिक उम्र के लोगों की याददाश्त निश्चित ही अधिक होती है, लेकिन वे इस बारे में अपने तर्क जरूर देते हैं। उनका कहना है कि इतिहास में आज तक कोई भी किशोर वय का व्यक्ति चिन्तक नहीं हो पाया। उनका मानना है कि उसमें इस तरह के लक्षण भले ही बचपन से दिखाई देने लगे, लेकिन वैचारिक दृढ़ता और सिद्धान्त प्रतिपादन करने की क्षमता उम्र की परिपक्वता के बाद ही आती है।

अब मैं आपको जो बताने जा रहा हूँ, मैं जानता हूँ कि इसे पढ़कर आपको खुशी होगी, क्योंकि इसे कर पाना आपके लिए मुश्किल नहीं है। बल्कि सच तो यह है कि आप ऐसा करते हैं, खूब करते हैं और करने के बाद आपको अफसोस होता है 'मैंने ऐसा क्यों किया।' अब शायद आपको अफसोस नहीं होगा।

नींद केवल आराम के लिए ही जरूरी नहीं है, बल्कि दिमाग के लिए भी उतनी ही जरूरी है। ***अगर याददाश्त बढ़ानी है, तो अच्छी और पर्याप्त नींद लेना आवश्यक है।*** पेन्सिलवेनिया विश्वविद्यालय की एक टीम ने अपने अध्ययन में पाया है कि किसी भी नई जानकारी को दिमाग में बनाए रखने के लिए उसे सीखने के बाद के पाँच-छह घन्टे काफी महत्त्वपूर्ण होते हैं। सीखने के बाद यदि पाँच-छह घन्टे तक नींद ले ली गई, तो उसके दिमाग में स्टोर होने की सम्भावना बढ़ जाती है। वह लम्बे समय तक बनी भी रहती है।

आइए, जानें कि आखिर नींद में होता क्या है? डॉ. ए. अब्दुल के अनुसार नई सूचना को ग्रहण करने में दिमाग को कई घन्टे लगते हैं। इस समय हमारे मस्तिष्क का विशेष भाग हिप्पोकैम्पस सक्रिय रहता है। इसके कारण सूचना दिमाग में स्टोर हो जाती है। नींद के समय शरीर की प्रतिरोधक

क्षमता बढ़ती है। उसमें ऊर्जा का संरक्षण होता है तथा कई मनोवैज्ञानिक (जैसे स्वप्न देखना) तथा जैविक क्रियायें साथ-साथ चलती रहती हैं। इसका सीधा प्रभाव हमारी याददाश्त पर पड़ता है। इसीलिए वैज्ञानिकों ने यह चेतावनी दी है कि छह घन्टे से कम सोने पर याददाश्त संबंधी समस्याएँ पैदा हो सकती हैं।

लेकिन आपके साथ संकट यह नहीं है कि आप छह घन्टे से कम सोते हैं, बल्कि समस्या तो यह है कि आप कैसे छह घन्टे ही सोएँ? यदि छह घन्टे से कम सो रहे हों, तो उसे छह घन्टे कीजिए; परीक्षा के दिन में तो विशेषकर, क्योंकि उन दिनों आप ज्यादा से ज्यादा पढ़ने के चक्कर में कम से कम सोना शुरू कर देते हैं। इस बात को तो आपने एक-दो बार नहीं, बल्कि कई-कई बार महसूस किया होगा कि जब आपकी नींद पूरी नहीं होती, तब बातें ठीक से समझ में नहीं आतीं। दिमाग भन्नाने लगता है। सम्भ्रम की स्थिति बन जाती है। इसलिए नींद लीजिए और पूरी नींद लीजिए, लेकिन याद रखिए कि एक सीमा तक ही। सात घंटे से अधिक तो किसी भी हालत में नहीं।

अब मैं आपको थोड़ी-सी अलग बात बताने जा रहा हूँ, जो मेरी नहीं, बल्कि प्रसिद्ध मनोविज्ञानी ब्लूमा जीगर्निक की है। वे अपने शोध से इस निष्कर्ष पर पहुँची कि पूरे हो जाने वाले कामों को लोग जल्दी भूल जाते हैं, क्योंकि उनके अन्दर उस काम को पूरा करने की जो प्रवृत्ति होती है, वह तृप्त हो जाती है, जबकि काम अपूर्ण रह जाने पर अतृप्त प्रवृत्ति हमारी स्मृति को जगाए रखती है।

लेकिन सोचिए कि हम करते क्या हैं? हम करते यह हैं कि अधूरे कामों को छोड़ देते हैं और जो काम पूरा करना है, उसमें ऊतावलापन दिखाते हैं। नतीजा यह होता है कि ये दोनों ही आदतें हमारी स्मरणशक्ति को कमज़ोर बना देती हैं। चाहिए यह कि हम अपने अधूरे कामों को पूरा करें, बशर्ते कि वे हमारे लिए उपयोगी हों। ये काम हमें लम्बे समय तक याद रहेंगे, क्योंकि हमने उन्हें बार-बार दोहरा जो लिया है।

मैं ऐसे बहुत से विद्यार्थियों को जानता हूँ, जो स्कूल से निकलकर

एक कोचिंग में और फिर एक कोचिंग से निकलकर दूसरी कोचिंग में जाते रहते हैं। पढ़ने के बोझ के मारे ये बेचारे यह समझ ही नहीं पाते कि ये सचमुच में कर क्या रहे हैं। आइए, मैं आपको समझाता हूँ।

कनाडा के वैज्ञानिक डॉ. अमाण्डा कोनीओम ने अपने शोध के बाद यह बताया कि हालाँकि हमारे दिमाग की स्मरण क्षमता बहुत अधिक होती है, लेकिन एक समय के बाद वह भी थकने लगता है। बहुत अधिक जानकारियों को दिमाग में सँजोने के चक्कर में हम कुछ जानकारियों को भूल जाते हैं और तभी हमें लगता है कि स्मरण-शक्ति कमजोर हो रही है। आप जानते हैं कि क्षमता से अधिक ई-मेल आने पर हमारा मेल बाक्स जाम हो जाता है। अब हम जब तक अनुपयोगी मेल को डिलीट नहीं कर देते, तब तक नई मेल नहीं आ पातीं । तो क्या इस बात को दिमाग पर लागू नहीं किया जा सकता?

तो मेरे प्रिय मित्रों, पढ़िए, खूब पढ़िए, लेकिन एक सीमा तक ही पढ़िए। इसके बाद दिमाग को आराम दीजिए और फिर पढ़िए।

एक मनोवैज्ञानिक हुए हैं- प्रो. लिन हैशर। उन्होंने अपने शोध में पाया कि बीस वर्ष से कम उम्र के बच्चे; जो सुबह उठकर पढ़ते हैं, उनकी याददाश्त रात में पढ़ने वाले बच्चों की तुलना में कहीं अधिक अच्छी होती है। चूँकि अलसुबह दिमाग खाली रहता है, इसलिए उसमें सूचनाओं के लिए अधिक स्थान रहता है। दिन चढ़ने के साथ-साथ दिमाग में ढेर सारी भली-बेसुरी बातों की भीड़ इकट्ठी होने लगती है। इसके कारण नई बातों के लिए वहाँ गुंजाइश कम रह जाती है।

नींद से ही जुड़ी एक और बात हारवर्ड मेडिकल स्कूल के वैज्ञानिकों ने खोजी है। उनके अनुसार यदि दोपहर में थोड़ी-सी झपकी ले ली जाए, तो इससे दिमाग की थकान दूर हो जाती है। इससे हमारे सीखने की गति बढ़ जाती है। उन्होंने पता लगाया कि नवजात बच्चे ज्यादा देर तक इसलिए सोते हैं, क्योंकि उन्हें नई बातों को सीखने तथा अधिक हरकत करने के लिए अपने दिमाग को तैयार करना पड़ता है।

इन वैज्ञानिकों का मानना है कि विद्यार्थी जब स्कूल में होते हैं या अपनी पढ़ाई कर रहे होते हैं, तो उनके दिमाग पर होने वाली सूचनाओं की

निरन्तर बौछार उन्हें थका देती है। इससे सूचनाएँ दिमाग की तंत्रिकाओं के जाल में फँस जाती हैं। झपकी के दौरान दिमाग को इन सूचनाओं को व्यवस्थित करने का समय मिल जाता है। फिर ये व्यवस्थित सूचनाएँ दिमाग में स्थायी रूप से जम जाती हैं। इससे याददाश्त पक्की हो जाती है, लेकिन याद रखिए कि झपकी का मतलब केवल झपकी होता है, सो जाना नहीं। यदि आपको सचमुच में मानसिक थकान लग रही है, तो 15–20 मिनट की झपकी लेने में संकोच न करें, लेकिन इतना ही। केवल इतना ही। इससे अधिक नहीं।

क्या कोई ऐसी दवा बनी है, जिससे स्मरण–शक्ति बढ़ाई जा सके? डॉक्टर इस बारे में एकमत नहीं हैं, लेकिन ज्यादातर वैज्ञानिक एवं डॉक्टर्स का यही मानना है कि स्मरण–शक्ति के लिए कोई दवा काम नहीं आती। हाँ, यदि कुछ दवाइयाँ और टॉनिक लेने से किसी को इस बात का अनुभव होता है कि उसकी स्मरण–शक्ति बढ़ गई है, तो वह दवाइयों के कारण नहीं, बल्कि उन दवाइयों के उपयोग से उसमें आने वाले आत्मविश्वास के कारण होता है। सच तो यही है कि ***जब आप अपनी स्मरण–शक्ति पर भरोसा करने लगते हैं, तो वह सचमुच में बढ़ जाती है।*** दवाई इससे अधिक कुछ नहीं करती।

लेकिन इतना जरूर है कि कुपोषण का कुछ सम्बन्ध स्मृति से ज़रूर होता है, क्योंकि स्मृति मस्तिष्क नामक जिस अंग में स्टोर होती है,उसका भी तो स्वस्थ रहना ज़रूरी है। इसलिए दवाई भले ही न सही, लेकिन हमारे आहार में कुछ ऐसी वस्तुओं का होना ज़रूर भरोसेमन्द हो सकता है, जिनका असर हमारे शरीर के साथ–साथ मस्तिष्क पर पड़ता है। इस दृष्टि से ग्लूकोज वाले पदार्थ खाने उपयोगी हो सकते हैं। फलों एवं सब्जियों में जो प्राकृतिक एन्टी–आक्सीडेन्ट होता है, वह भी मस्तिष्क की सेहत के लिए अच्छा माना जा सकता है। मछली एवं सोयाबीन की दाल को भी मस्तिष्क के लिए पौष्टिक भोजन कहा जाना गलत नहीं होगा। यदि आप लहसुन का उपयोग करते हैं, तो वह मस्तिष्क की तंत्रिकातंत्र को मजबूत और स्वच्छ बनाने में अपनी भूमिका निभाता है।

स्मरण-शक्ति का सम्बन्ध बहुत कुछ इस बात से भी होता है कि हम किसी भी सूचना को अपने दिमाग में किस तरीके से भेज रहे हैं। यह पाया गया है कि हम जो कुछ भी पढ़ते हैं, उसका लगभग 25 प्रतिशत हमारे दिमाग में रह जाता है। जो बात हम सुनते हैं, उसका 35 प्रतिशत, जो देखते हैं उसका 50 प्रतिशत और जो बोलते हैं, उसका 60 प्रतिशत भाग हमारा मस्तिष्क ग्रहण कर पाता है, लेकिन जिसे हम करते हैं, उसे हमारा दिमाग 95 प्रतिशत तक स्वीकार कर लेता है।

मैं समझता हूँ कि इस बात को आपने खुद भी अनुभव किया होगा। हमें किताबों के वाक्य याद नहीं रहते, लेकिन फिल्मों के डायलॉग्स याद रहते हैं। मैं मुम्बई के एक ऐसे व्यक्ति को जानता हूँ, जो "मुगल-ए-आज़म" फिल्म के सारे संवाद ज्यों-का-त्यों सुना सकते हैं और उन्होंने ये संवाद किताब पढ़कर नहीं, बल्कि फिल्म को देख और सुनकर याद किये हैं। यदि हम किताब में कोई कहानी पढ़ते हैं, तो वह इतना याद नहीं रहती, जितनी कि कहानी पर बनाई गई फिल्म को देखने से याद रहती है। लगभग आधी फिल्म को तो हम दोहरा ही सकते हैं। इस बात पर तो अविश्वास करने का कोई ठोस कारण नहीं है कि जब हम किसी को कोई भी बात बताते हैं, तो अपनी बताई हुई बात ज्यादा समय तक हमारे दिमाग में रहती है। चूँकि वह बात हमारी ही अपनी होती है, इसलिए उसे ग्रहण कर पाना मुश्किल नहीं होता।

आप एक बस में बैठकर आधे घन्टे तक शहर में यात्रा कीजिए और ऐसा रोज 15 दिन तक कीजिए। अब यदि आपको एक कार दे दी जाए और कहा जाए कि आप उसी यात्रा को स्वयं कार चलाकर कीजिए, तो आपके लिए मुश्किल हो जाएगी। हालाँकि आप 15 दिन तक प्रतिदिन उन्हीं सड़कों पर से गुजरे हैं, लेकिन खुद नहीं। सही रास्तों पर से गुजरना आपके लिए कठिन जो जाएगा। अब आप खुद गाड़ी चलाकर किसी प्रकार दो दिन तक रास्तों पर से गुज़र जाइये। अब आप पाएँगे कि वे सारे रास्ते आपको अच्छी तरह याद हो गये हैं। अब आप जान गये हैं कि किस मोड़ पर किधर मुड़ना है। इसका मतलब यह हुआ कि जब आप बस में बैठकर उन सड़कों पर से गुज़र रहे थे, तब आप सड़कों को केवल देख रहे थे। इसलिए आपको वे

कम याद हैं, लेकिन अब; जब आप उन सड़कों पर से गुजरने का काम खुद कर रहे हैं, तो दो दिन में ही वे सारी सड़कें आपको याद हो गई हैं। इसलिए मैं विद्यार्थियों से हमेशा कहता हूँ कि–

- ➢ क्लास के लेक्चर को ध्यान से सुनो,
- ➢ घर जाकर किताब में उसे पढ़ो,
- ➢ अगले दिन उसी विषय पर अपने मित्रों से चर्चा करो और फिर उसे लिखो।

आप पाएँगे कि अब वही विषय आपके दिमाग में कितनी मजबूती के साथ बैठ गया है। केवल बैठ ही नहीं गया है, बल्कि इस तरह पालथी मारकर बैठ गया है कि लम्बे समय तक उठने का नाम ही नहीं लेगा।

सच पूछिए तो आपसे अपने नोट्स बनाने की जो बात कही जाती है, उसका मुख्य उद्देश्य यही होता है कि आप जो कुछ पढ़ रहे हैं, उसे लिख लें। अन्यथा आप खुद सोचकर देखिए कि किसी भी टॉपिक पर नोट्स बनाने के लिए केवल उसी टॉपिक पर नहीं, बल्कि उस पूरे विषय के बारे में व्यापक और गहरी समझ होनी चाहिए। आप अभी विद्यार्थी हैं। जिस दिन आपको किसी भी विषय की व्यापक और गहरी समझ हो जाएगी, उस दिन तो आप व्याख्याता बन जाएँगे। तो इसका अर्थ हुआ कि अभी आपमें इतनी योग्यता है ही नहीं कि आप अच्छे नोट्स बना सकें। फिर भी यदि अक्सर आपसे ऐसा करने के लिए कहा जाता है, तो केवल इसलिए, ताकि आप अपने पढ़े हुए को लिखकर दोहरा लें। इससे वह विषय आपके दिमाग में ज्यादा अच्छी तरह बैठ जाएगा और अपेक्षाकृत लम्बे समय तक याद भी रहेगा।

जब आपको नींद आ रही हो, तब न पढ़ें। उनींदी मानसिकता में पढ़ना ठीक उसी तरह से है; जैसे 10 वॉट के बल्ब की रोशनी में रात में पढ़ना। इस समय आप मेहनत अधिक करते हैं, लेकिन फल उसकी तुलना में बहुत कम मिलता है, लगभग नहीं के बराबर। जब हमारा मस्तिष्क नींद की गिरफ्त में होता है, तब उसमें किसी भी नई सूचना को ग्रहण करने की क्षमता नहीं के बराबर रह जाती है।

ठीक इसी तरह खाना खाने के तुरन्त बाद भी न पढ़ें। हाँ, लेक्चर

जरूर सुन सकते हैं। यदि अपनी तरफ से बैठकर पढ़ना हो, तो खाना खाने के बाद कम से कम आधे घण्टे का अन्तर तो जरूर रखें। हमारे भोजन में स्टार्च, ग्लूकोज़ और कार्बोहाइड्रेड जैसे जो तत्त्व होते हैं, उनसे नींद आने लगती है। मैं समझता हूँ कि आपने इस बात का अनुभव ज़रूर किया होगा और यदि नहीं किया है, तो करके देखिए। यदि आप केवल फल और सलाद खाते हैं, तो खाने के बाद ताज़गी बनी रहती है। यदि दाल, रोटी, सब्जी खाते हैं, तो यह ताज़गी थोड़ी कम हो जाती है।

यह स्थिति भी एक प्रकार से उनींदेपन की स्थिति होती है। इस समय हमारा दिमाग इस बात के लिए अच्छे-से तैयार नहीं रहता कि पढ़ी गई बातों का अच्छा बिम्ब बना सके। नतीजा यही होगा कि आप पढ़ तो रहे हैं, लेकिन वह आपकी मेमोरी में नहीं जाएगा। जब जाएगा ही नहीं, तो फिर बाहर निकलने की गुंजाइश ही कहाँ रह जाएगी।

आपकी स्मृति कैसी है और आप किसी भी बात को कितने लम्बे समय तक याद रख पाते हैं, यह सबसे ज्यादा इस बात पर निर्भर करता है कि आप पढ़ कैसे रहे हैं और सच पूछिए तो यही तो है-अध्ययन की कला। यदि हमें पढ़ने का सही तरीका मालूम हो जाए, तो वह हमारे दिमाग में न केवल जल्दी ही चला जाएगा, बल्कि दूसरी ओर उसे गायब होने में बहुत देरी लगेगी। साथ ही जब कभी हमें उसकी जरूरत पड़ेगी, तब हमारा दिमाग उसे हमें बहुत जल्दी उपलब्ध करा देगा। चूँकि यह एक स्वतंत्र विषय है, इसलिए मैं इसकी चर्चा आगे करूँगा।

☑ जीवन में सफलता कर्मठता पर निर्भर करती है। इस तकनीक को माँजते रहना चाहिए, क्योंकि इसी से काम पूरे होते हैं।

- कन्फ्यूशियस

☑ कोई घोड़ा बिना चाबुक मारे आगे नहीं बढ़ता।

- हेरी इमर्सन फॉस्डीक

☑ सीखने की ललक पैदा करो। यदि तुम ऐसा कर सके, तो तुम बढ़ने से रुकोगे नहीं।

-एन्थोनी जे.डी. एंजेलो

अध्याय 5

मस्तिष्क का व्यायाम

"जब दिमाग को खंगालना पड़े,
तो हो जाती है दिमाग की कसरत।"

विकासवाद के सिद्धान्त के प्रतिपादक इंग्लैण्ड के महान वैज्ञानिक चार्ल्स डार्विन ने एक बहुत खूबसूरत बात कही थी। उन्होंने निष्कर्ष निकाला कि ***जब हम किसी वस्तु का उपयोग करना बन्द कर देते हैं, तब वह वस्तु धीरे-धीरे नष्ट हो जाती है।*** उनका मानना था कि बन्दर ही आगे चलकर आदमी बना। उस समय आदमी की पूँछ हुआ करती थी, लेकिन जब उसने अपनी पूँछ का इस्तेमाल करना बन्द कर दिया, तो धीरे-धीरे उसके शरीर पर से पूँछ गायब हो गई। इस बारे में वे यह भी कहते हैं कि कोई भी वस्तु बनी रहे, इसके लिए जरूरी है कि वह संघर्ष करे। अपने इस सिद्धान्त को उन्होंने नाम दिया था–'स्ट्रगल फार एक्ज़ीसटेंस' अर्थात् 'अस्तित्त्व के लिए संघर्ष'।

तो मित्रों, आइए, हम चार्ल्स डार्विन के इस सिद्धान्त को अपने उस मस्तिष्क के ऊपर लागू करके देखें, जो हमारे शरीर की सबसे कीमती धरोहर है।

आप व्यायाम करते हैं। सुबह जॉगिंग करते हैं, जिम जाते हैं या शाम को क्रिकेट खेलते हैं। मैं यदि पूँछूँ कि आप ऐसा क्यों करते हैं, तो आपमें से

ज्यादातर के उत्तर यही होंगे–या तो स्वास्थ्य के लिए या मनोरंजन के लिए, लेकिन यदि आप क्रिकेट मनोरंजन के लिए भी खेलते हैं, तो उससे शरीर को भी लाभ मिलता है। इसका मतलब यह हुआ कि जाने–अनजाने में आप व्यायाम करते ही हैं, ताकि आपका शरीर स्वस्थ रह सके, आप बीमार न पड़ें और आपकी कद–काठी मजबूत और सुन्दर बन सके। जो ऐसा नहीं करते, उनके बारे में आपकी राय क्या है?

अब मेरा आपसे केवल एक छोटा–सा प्रश्न है। प्रश्न यह है कि आप कसरत करते हैं, ताकि शरीर स्वस्थ रहे, लेकिन मित्रों, क्या आप बता सकते हैं कि आप ऐसा क्या करते हैं, जिससे आपका मस्तिष्क स्वस्थ रहे? मुझे नहीं लगता कि आप इसका तुरन्त ही सही–सही उत्तर दे पाएँगे । मैं जानता हूँ कि आप क्या कहने जा रहे हैं। आप कहने जा रहे हैं कि मैं पढ़ता हूँ। मैं चिन्ता करता हूँ। मैं बोलता हूँ। मैं सोचता हूँ और यही सब मेरे मस्तिष्क के व्यायाम हैं। आप पूरी तरह गलत तो नहीं हैं, लेकिन आप पूरी तरह सही भी नहीं हैं। यदि मैं गणित की भाषा में कहूँ, तो यही कह सकता हूँ कि आप एक–चौथाई सही हैं और तीन–चौथाई गलत हैं।

आप भ्रमवश जिसे मस्तिष्क का व्यायाम समझ रहे हैं, वह मस्तिष्क का व्यायाम नहीं, बल्कि वह तो मस्तिष्क का काम है। आप बैठे हुए हैं। यह शरीर का काम है। आप किताबें पढ़ रहे हैं। यह आँख और दिमाग का काम है। आप चल रहे हैं। यह पैर का काम है। ठीक इसी तरह से जब आप सोच रहे हैं, लिख रहे हैं, पढ़ रहे हैं, तो ये सब मस्तिष्क के काम हैं। ***जिस प्रकार बैठना शरीर का काम है, व्यायाम नहीं, ठीक उसी प्रकार पढ़ना भी मस्तिष्क का काम है, मस्तिष्क की कसरत नहीं।*** मस्तिष्क की कसरत तो तब होगी, जब आप कसरत के लिए कुछ करेंगे, ठीक उसी तरह; जैसे कि आप शरीर के लिए जॉगिंग करते हैं या जिम जाते हैं।

मेरे प्रिय विद्यार्थियों, आप नहीं जानते कि इस प्रकृति ने मस्तिष्क के रूप में आपको कितना अद्‌भुत और अमूल्य उपहार दिया है। आप अपनी तुलना एक ऐसे आदमी से करके देखिए, जिसका दिमाग ठीक नहीं है। आपने देखा है कि पागल आदमी कितना निरीह, दुःखी, एकाकी और

घटिया जीवन जीता है, लेकिन यदि आप इतना निरीह, घटिया, एकाकी और दु:खी जीवन नहीं जी रहे हैं, तो याद रखिए कि ऐसा इसलिए नहीं, क्योंकि आपके पास अच्छा-खासा शरीर है। ध्यान दीजिए तो आप पाएँगे कि उस पागल आदमी का शरीर आपसे भी ज्यादा अच्छा-खासा हो सकता है। सच तो यह है कि आप इतना सुन्दर, संतुलित और सुखद जीवन इसलिए जी रहे हैं, क्योंकि आपका दिमाग ठीक है। ईश्वर की कृपा से दिमाग स्वस्थ है।

लेकिन आपकी एक बड़ी विडम्बना यह है कि आप यदि एक हीरो होण्डा खरीद कर लाते हैं, तो लगभग रोज ही उसकी साफ-सफाई और धुलाई करते हैं। समय-समय पर सर्विसिंग के लिए मैकेनिक के पास ले जाते हैं, लेकिन क्या आप अपने दिमाग को तन्दुरुस्त रखने के लिए ऐसा कुछ करते हैं? सच बताइए, क्या सचमुच ऐसा कुछ करते हैं? मजेदार बात यह है कि आप उस हीरो होण्डा पर फर्राटे केवल इसलिए भर पा रहे हैं, क्योंकि आपका दिमाग ठीक है। क्या आपने कभी किसी पागल आदमी को हीरो होण्डा चलाते देखा है?

मेरे प्रिय पाठक, आपको इस बात को बहुत अच्छी तरह समझना ही होगा। आपको यह मानना ही होगा कि हम जो कुछ भी हैं, अपने दिमाग के कारण हैं। यदि यह ठीक रहा, तो हम भी ठीक रहेंगे। यदि यह मजबूत रहा, तो हम भी मजबूत रहेंगे। यदि यह उपजाऊ रहा, तो हम ही अपनी जिन्दगी में भरपूर फसल काटेंगे और यही भरपूर फसल हमारी जिन्दगी की उपलब्धि होगी, हमारी पहचान होगी और हमारा सब कुछ होगी।

तो आइए, उन बातों को जानकर उन्हें अमल में लाने की कोशिश करें, जो हमारे इस दिमाग को सही, सुदृढ़ और उपजाऊ बनाते हैं।

गणित का अभ्यास करें

मैं समझता हूँ कि आपने यूनान के महान दार्शनिक प्लेटो का नाम जरूर सुना होगा। ढाई हजार साल पहले उन्होंने अपनी अकादमी खोली थी। उस अकादमी के दरवाजे पर यह वाक्य लिखा रहता था कि 'गणित के ज्ञान

से शून्य व्यक्ति इसमें प्रवेश न करे।' क्या आपको यह बात थोड़ी अटपटी नहीं लगती कि दर्शनशास्त्र पढ़ाने वाला व्यक्ति अपने विद्यार्थियों से गणित के ज्ञान की अपेक्षा कर रहा है? अभी तो आपको यह ज़रूर अटपटा लग रहा होगा, लेकिन शायद इसको पढ़ने के बाद अटपटा न लगे।

निश्चित रूप से गणित एक विषय है, लेकिन यह केवल विषय ही नहीं है। सबसे बड़ी बात है कि यह विषय से कहीं बहुत अधिक है और यह है-दिमाग की कसरत। ***गणित हल करने का मतलब ही है-दिमाग को संघर्ष में लगाना।*** याद रखिए कि जब आप किसी भी विषय को पढ़ते हैं या दोहराते हैं, तो आपका दिमाग कसरत नहीं करता, बल्कि काम करता है। विषय को दोहराने के समय हमें अपनी स्मृति पर जोर डालना पड़ता है न कि अपने दिमाग पर। हम तो एक प्रकार से अपने दिमाग में रखी हुई चीज़ को ढूँढ़ रहे हैं। तो फिर इसमें दिमाग की कसरत कहाँ हुई? अधिकांश विद्यार्थी इस सच्चाई को भुला देते हैं।

जबकि गणित में आप किसी भी प्रश्न को दोहराते नहीं हैं। आपको गणित का फार्मूला मालूम है। आपको अलग-अलग सवाल दिये गये हैं। इस फार्मूले के आधार पर आपको प्रश्न को हल करना है। फार्मूला भले ही एक है, लेकिन हर बार गणित अलग-अलग हैं, चाहे फिर उस गणित के आँकड़े ही अलग-अलग क्यों न हों और ऐसी स्थिति में आपके दिमाग को सक्रिय होना पड़ता है, क्योंकि अब वह अपने दिमाग में पहले से ही रखी हुई किसी बात को ढूँढ़ नहीं रहा है, क्योंकि वह तो वहाँ है ही नहीं। उसे यहाँ एक नई चीज़ बनानी पड़ रही है। यह बात अलग है कि इस नई चीज़ को बनाने के बाद दिमाग उसे किसी जगह पर रख देगा। मज़ेदार बात तो यह है कि यह रखी गई चीज़ कभी काम भी नहीं आएगी। इसलिए यदि कभी गलती से आपसे कोई ऐसा गणित पूछ भी लिया गया, जिसको आपने पहले से हल किया था, तो आप उसे याद करने की कोशिश नहीं करते, बल्कि फिर से हल करने की कोशिश करते हैं। तो यही तो है दिमाग की कसरत।

पता नहीं आपको मालूम है या नहीं, दुनिया के जो बड़े-बड़े वैज्ञानिक और महान लोग हुए हैं, उनमें बहुत से ऐसे थे, जिनका प्रिय विषय गणित था,

जबकि उनका गणित से कुछ लेना-देना नहीं था। आर्किमीडिज का सबसे प्रिय विषय था-रेखागणित। यहाँ तक कि जब वे साबुन लगाकर नहाते थे, तो अपने शरीर पर लगे साबुन के झाग में ही रेखागणित की आकृतियाँ खींचने लगते थे। क्या आप जानते हैं कि इनकी मृत्यु कैसे हुई थी ? मैं आपको बताता हूँ।

किसी बात पर रोम के राजा उनसे नाराज हो गये। आर्किमीडिज को बुलाने के लिए सिपाहियों को भेजा गया। जब सिपाही आर्किमीडिज के पास पहुँचे, तो देखा कि वे कोई गणित हल कर रहे हैं। आर्किमीडिज ने सिपाहियों की तरफ ध्यान नहीं दिया। जब अपमानित सिपाहियों ने चिल्लाकर उनसे राजा के दरबार में चलने को कहा, तब गणित को हल करने में खोए हुए आर्किमीडिज ने जवाब दिया कि 'मैं अभी नहीं जा सकता। मुझे अभी समस्या हल करनी है।' यह बात सिपाहियों को नागवार गुजरी। एक सिपाही ने अपनी तलवार निकाली और वहीं आर्किमीडिज का काम तमाम कर दिया।

इतना महान वैज्ञानिक अपनी इस छोटी-सी गलती के कारण अपने जीवन से हाथ धो बैठा, लेकिन मैं समझता हूँ कि वह नहीं, बल्कि यह दुनिया ही उस महान वैज्ञानिक की देन से हाथ धो बैठी।

फ्रांस का सम्राट नेपोलियन न तो वैज्ञानिक था और न ही दार्शनिक। वह तो सेनापति था। इसके बावजूद उसे जन्मजात गणितज्ञ कहा जाता है। वह भोजन के बाद प्रतिदिन विद्वानों के साथ बैठकर गणित पर चर्चा किया करता था। वह हमेशा अपने युद्ध-सामग्री की गिनती अंकों में करता था। तभी तो उसकी स्मरण-शक्ति बहुत तेज थी और एकाग्रता की क्षमता तो आश्चर्यजनक की सीमा तक थी। वह स्वयं कहता था कि 'मुझे लगता है कि मेरे दिमाग में शतरंज की तरह अलग-अलग खाने बने हुए हैं। मुझे जब जिसकी ज़रूरत होती है, मैं उसे खोल लेता हूँ।'

यहाँ जानने लायक जरूरी बात यह है कि गणित का अभ्यास हमारे मस्तिष्क को कुछ नया सोचने और उसे संघर्ष करने के लिए बाध्य करता है। इसी से दिमाग की कसरत होती है। जिस प्रकार शरीर की कसरत के समय हमारी माँसपेशियाँ संघर्षशील होकर उसे मजबूत बना देती हैं, ठीक उसी प्रकार गणित के दौरान हमारे मस्तिष्क की कोशिकाएँ संघर्षशील होकर उसकी क्षमता को बढ़ा देती हैं।

तो मैं समझता हूँ कि आप समझ गये होंगे कि प्लेटो ने अपनी अकादमी के प्रवेश-द्वार पर क्यों यह वाक्य लिखवा रखा था कि 'गणित के ज्ञान से शून्य व्यक्ति इसमें प्रवेश न करे?' यदि आप सचमुच में ज्ञान के मन्दिर में प्रवेश करना चाहते हैं, तो गणित का अभ्यास करने की कोशिश करें। इस बात से कोई फर्क नहीं पड़ता कि गणित आपका विषय है या नहीं। न्यू इंग्लैंड जर्नल ऑफ मेडिसिन में प्रकाशित अध्ययन में यह तथ्य सामने आया है कि अपने दिमाग को बोर्ड गेम्स, वर्ग पहेली, पज़ल, पढ़ने-लिखने, वाद्ययंत्र बजाने तथा कार्ड खेलने आदि में लगाये रखने से दिमागी क्षमता पर अच्छा असर पड़ता है। बुढ़ापे में डिमेंशिया यानी याददाश्त खोने और अल्ज़ाइयर होने का खतरा कम हो जाता है।

वर्ग पहेली हल करें

अंग्रेजी के अखबारों में 'वर्ल्ड्स क्विज' आता है। अब हिन्दी के अखबारों में भी 'वर्ग पहेली' आने लगा है। हो सकता है कि आप इसे हल करने का फायदा यह समझते हों कि इससे आपका शब्द-ज्ञान बढ़ेगा। आप गलत नहीं हैं, लेकिन ऐसा करने से आपको जो फायदा मिलता है, वह इससे भी कई गुना अधिक है, जिससे आप शायद अनजान हैं। मैं उसे बताना चाहूँगा और मैं समझता हूँ कि मेरे बताने से पहले ही आप उसे जान गये हैं। क्या ऐसा नहीं है?

देखिए, बात बहुत सीधी-सी है। बात यह है कि जिस कार्य को करने से मस्तिष्क को चिन्तन करने की जरूरत पड़े (कुछ नया करने

की), याद रखिए, चिन्ता करने की नहीं, बल्कि चिन्तन करने की, वही है-दिमाग की कसरत। यदि आप वर्ग पहेली हल करते हैं, तो आपने अनुभव किया होगा कि आपको सही शब्द को पाने के लिए कितना सोचना-विचारना पड़ता है। आप एक शब्द रखते हैं। यदि वह फिट नहीं बैठता, तो दूसरा रखते हैं। यदि दूसरा फिट बैठ गया, तो पहले वाला बेकार हो जाता है। अगर ये दोनों फिट बैठ गये, तो उस शब्द का वह अर्थ नहीं निकला, जो निकलना चाहिए था। यानी कि आपको सही शब्द लाने के लिए अपने दिमाग की डिक्शनरी को न जाने कितनी बार खंगालना पड़ता है। बस यही तो है-दिमाग की कसरत। जब दिमाग को खंगालना पड़े, तो हो जाती है दिमाग की कसरत।

मैं जानता हूँ कि अब आप यह सोच रहे होंगे कि बात तो ठीक है, लेकिन समस्या यह है कि इसके लिए समय कहाँ से निकाला जाए। मैं आपकी बात से इत्तफाक नहीं रखता। इत्तफाक रखूँगा, बशर्ते कि आप यह स्वीकार कर लें कि आप भारत के प्रधानमंत्री से भी अधिक व्यस्त व्यक्ति हैं। जी हाँ, मैं आपसे बिल्कुल सही कह रहा हूँ। श्रीमती इन्दिरा गांधी बिना नागा किये प्रतिदिन सुबह वर्ग पहेली हल करती थीं और वे ऐसा तब भी करती थीं, जब वे भारत की प्रधानमंत्री रहीं। आप जानते हैं कि वे दो-चार-पाँच साल ही प्रधानमंत्री नहीं रहीं हैं, बल्कि 15 साल तक रहीं हैं। यदि वे 25 साल तक भी रहतीं, तो भी इस नियम को निभाती हीं, क्योंकि वे इसे अपने दिमाग की तन्दुरुस्ती के लिए बहुत ज़रूरी समझती थीं।

चिन्तन कीजिए, चिन्ता नहीं

यहाँ मैं जो तरीका बताने जा रहा हूँ, वह कोई नया नहीं है, लेकिन शायद उससे थोड़ा अलग हो, जैसा कि आप इसके बारे में सोच रहे हैं। चिन्तन का सामान्य-सा मतलब तो यही लगाया जा सकता है कि हम किसी भी विषय के बारे में सोच-विचार करें। स्वाभाविक है कि जब इस बारे में विषय को चुनने की बात आएगी, तो वे ऐसे ही विषय होंगे, जिसके

बारे में हम कुछ न कुछ तो जानते ही हों, क्योंकि हमें ऐसा लगता है कि तभी तो हम उसके बारे में कुछ सोच पाएँगे। मैं यहीं पर थोड़ी-सी अलग बात बताने जा रहा हूँ।

निश्चित रूप से आप अपनी रुचि का कोई भी विषय लीजिए और उस पर चिन्तन कीजिए, लेकिन आपका यह चिन्तन परम्परा से हटकर होना चाहिए। जब भी हम कोई बात सोचते हैं, तो इस बात को मत भूलिये कि हमारा दिमाग पहले से ही पढ़ी, सुनी या सोची गई बातों को ही फिर से सोचता है। वह इन चौहद्दियों को पार नहीं कर पाता। ऐसा करके हमारा दिमाग एक प्रकार से हमें फिर से याद दिला रहा है। यहीं हम धोखा खा जाते हैं। हमें इसी धोखे से बचना है, क्योंकि ***याद करना कसरत करना नहीं होता। यह काम करना होता है।***

इसलिए दिमागी कसरत की दृष्टि से चिन्तन का अर्थ होगा- कुछ बिल्कुल ही नया सोचना, ऐसा सोचना; जिसके बारे में आपने इससे पहले कभी कुछ जाना, समझा, पढ़ा, देखा, सुना न हो।

लेकिन यह काम आसान नहीं है। फिर भी मैं आपको कुछ आसान तरीके बताता हूँ ।

पहला तो यह कि रुटीन के विषय पर मत सोचिए। उटपटांग विषय पर सोचिए। ऐसे उटपटांग विषयों पर चिन्तन कीजिए, जिसे सुनकर लोग आपको पागल समझें। उदाहरण के लिए आप ऐसे जीव की कल्पना कीजिए, जिसका शरीर हाथी का हो, सिर गैण्डे का हो, दिमाग आदमी का हो, दाँत बन्दर के हों, बाल भालू के हों आदि-आदि और इस तरह से बिल्कुल ही एक नया जानवर बनाने की कोशिश कीजिए। जब यह जानवर बन जाए, तो फिर उसके स्वभाव के बारे में सोचिए। फिर उसके कार्यों के बारे में सोचिए। इस तरह सोचते चले जाइये। आप पाएँगे कि आपने एकदम एक नए जानवर की रचना कर ली है।

दूसरा यह कि आप विषयों के बारे में उलटा सोचना शुरू करें या उलटे विषयों के बारे में सोचना शुरू करें। इसे आप एक प्रकार से कबीर की उलटबासियाँ कह सकते हैं। जैसे कि इस विषय पर सोचें कि यदि पेड़ों को

पंख लग जाएँ, तो क्या होगा? इस विषय पर सोचिए कि यदि चन्द्रमा दिन में निकलने लगे, तो क्या होगा? इस विषय पर सोचिए कि यदि आदमी चौपाया बन जाए, तो क्या होगा? इस तरह के हजारों विषय हो सकते हैं।

तीसरा हो सकता है - विचारप्रधान लेखन। आप कोई भी एक विषय लीजिए और उसके बारे में अपनी ओर से विचार करके लिखिए। याद रखिए कि अपनी ओर से विचार करके। मान लीजिए कि आप जिस बस से घर लौट रहे थे, उसका एक्सीटेन्ड हो गया। अब आप इस घटना को केन्द्र में रखकर अपनी तरफ से कुछ नए विचार देने की कोशिश कीजिए। इस नए विचार के लिए सबसे पहले आपको अपने दिमाग में कुछ प्रश्न खड़े करने पड़ेंगे; जैसे कि दुर्घटना क्यों हुई? लोग घर कैसे पहुँचेंगे? घर वालों पर क्या प्रतिक्रिया होगी आदि-आदि और फिर जब आप इन प्रश्नों के उत्तर देने की कोशिश करेंगे, तो वही आपका विचारप्रधान चिन्तन बन जाएगा।

क्या आप अखबारों में (रविवार को छोड़कर) प्रतिदिन छपने वाले सम्पादकीय लेख पढ़ते हैं? मैं जानता हूँ कि आप नहीं पढ़ते। मेरी सलाह है कि आप पढ़िए। आप पाएँगे कि किस तरह एक छोटी-सी घटना को लेकर उसके बारे में विचार देने की कोशिश की जाती है। यह आपके दिमाग की सेहत के लिए बहुत अच्छा टॉनिक होगा और सोचने की क्षमता पैदा करने वाला अभ्यास भी।

चौथा तरीका हो सकता है - वाद-विवाद का। याद रखिए कि वाद-विवाद का मतलब यह नहीं है कि आप घर से तैयारी करके गये और वहाँ रटा-रटाया बोल दिया। वाद-विवाद का मतलब ही है कि वहाँ आपने कोई बात सुनी और तत्काल ही सोचकर उस बात का उत्तर दिया। आप अन्त्याक्षरी तो खेलते ही होंगे। यह एक प्रकार से वाद-विवाद के चरित्र का सही प्रतिनिधित्व करता है। हालाँकि इसमें भी हम पहले से ही रटी हुई बातों को दोहराते हैं, लेकिन इसमें तुरन्त याद आने की क्षमता का अच्छा अभ्यास हो जाता है। अन्त्याक्षरी को इस बात से कोई मतलब नहीं होता कि आपको कितने गाने याद हैं। मतलब इस बात से होता है कि जरूरत के हिसाब से आपको वह गाना तुरन्त याद आ रहा है या नहीं।

सच्चे वाद-विवाद का भी अर्थ यही होता है कि पहले के वक्ताओं ने जो बात कही है, आप उन्हीं बातों को आधार बनाकर अपनी बात कह रहे हैं। जाहिर है कि इसके लिए आपको अपने दिमाग को सतर्क रखना होगा; केवल उस समय ही नहीं, जब आप बोल रहे हैं, बल्कि उस समय भी, जब दूसरे लोग बोल रहे हैं, क्योंकि जब तक आप ध्यान से सुनेंगे नहीं, तब तक आप उनकी बातों का जवाब कैसे देंगे?

योग का अभ्यास

दिमाग की कसरत के रूप में योग के अभ्यास की भी थोड़ी-बहुत भूमिका है। यह भूमिका उसके मनोविज्ञान के क्षेत्र में उतनी नहीं, जितनी कि उसके जैविक क्षेत्र में है। जैविक क्षेत्र कहने का मतलब यह है कि हमारे शरीर में मस्तिष्क नाम का जो अंग है, उसको चुस्त-दुरुस्त बनाने में यह ठीक उसी प्रकार सहयोगी होता है, जिस प्रकार पौष्टिक भोजन। तो इसे आप एक प्रकार से मस्तिष्क का प्रत्यक्ष आहार (Direct Diet) कह सकते हैं।

जिस प्रकार हमारे शरीर में कोशिकाओं, तंत्रिकाओं, माँसपेशियों और हड्डियों का संजाल फैला हुआ है, ठीक उसी प्रकार हमारे मस्तिष्क में भी असंख्य छोटी-छोटी कोशिकाएँ (न्यूरान्स) मौजूद हैं और वे महीन धागों से एक-दूसरे से जुड़ी हुई हैं। आप पहले ही पढ़ चुके हैं कि मस्तिष्क की जैविक संरचना किस प्रकार की है।

हमारी माँसपेशियाँ दिखाई देती हैं। हड्डियाँ दिखाई देती हैं। हमारे शरीर के जोड़-जोड़ दिखाई देते हैं। इसलिए हम इनका व्यायाम श्रम के द्वारा करके अपने इन अंगों को संघर्ष की स्थिति में ला देते हैं, ताकि वे मजबूत बन सकें, लेकिन प्रकृति ने हमारे मस्तिष्क को हमारी खोपड़ी के अन्दर इतने अधिक सुरक्षित स्थान पर रखा है कि बाहरी तरीकों से उस तक पहुँच पाना बहुत कठिन है। तो स्वाभाविक है कि यदि उस तक पहुँचना है, तो उसके लिए कोई अन्दरुनी तरीका अख्तियार करना पड़ेगा। योग का अभ्यास इसी तरह का एक आन्तरिक तरीका है।

विद्यार्थी अक्सर मुझसे पूछते हैं कि "हम एकाग्रता कैसे लाएँ। हम बिना घबराहट के कैसे परीक्षा दें तथा कैसे पढ़े हुए को याद रखें?" मैं यहाँ इन्हीं प्रश्नों का उत्तर देने जा रहा हूँ और इस समस्या के समाधान के केन्द्र में है- भारत की योग की पद्धति।

हमारे मस्तिष्क में ज्ञान के तीन भाग होते हैं। इनमें पहला है- स्मृति, दूसरा है-तर्क तथा तीसरा है-समझ। विद्यार्थियों को इन तीनों के बीच संतुलन बनाना पड़ता है।

हमारे पूर्वजों ने इस बारे में बहुत सोचा है कि किस प्रकार शरीर और मस्तिष्क की गुणवत्ता को बढ़ाया जाए। इसके लिए योग की पद्धति लाई गई और इसका विकास शरीर के प्राकृतिक सिद्धांत के आधार पर किया गया। यानी कि शरीर के स्वभाव के अनुकूल इसे तैयार किया गया।

आप जानते ही हैं कि हमारे शरीर में कई ग्रंथियाँ (ग्लैण्ड्स) हैं। इन्हीं में से एक ग्रंथी है- पीनल ग्रंथी। यह सिर के मध्य भाग में स्थित है। इसी ग्रंथी से हमारे मस्तिष्क के सेलेब्रल भाग का निर्माण होता है। आठ वर्ष की उम्र के बाद इस ग्रंथी का नष्ट होना शुरू हो जाता है। योग का मानना है कि यदि हम अपनी इस पीनल ग्रंथी को स्वस्थ रख सकें, तो हमारे सीखने की प्रक्रिया, उसे याद रख पाने की समयावधि तथा स्मरणशक्ति बढ़ जाती है।

पीनल ग्रंथी को स्वस्थ बनाए रखने के लिए योग में तीन तरीके बताए गए हैं। इनमें पहला है- सूर्य नमस्कार, दूसरा है- मस्तिष्क के दोनों हिस्सों में संतुलन बनाए रखने के लिए प्राणायाम तथा तीसरा है- एकाग्रता को विकसित करने के लिए- त्राटक।

अब मैं यहाँ संक्षिप्त में इन तीनों की चर्चा करना चाहूँगा।

1. सूर्य नमस्कार

सूर्य नमस्कार मुख्यतः शरीर के पाँच अलग-अलग मुद्राओं पर आधारित हैं और ये पाँचों मुद्राएँ हमारे शरीर के अलग-अलग अवयवों और ग्रंथियों को प्रभावित करते हैं। जैसा कि नाम से ही स्पष्ट है, इसका अर्थ होता है- सूर्य को सलाम करना। अब मैं सूर्य नमस्कार करने की पद्धति के बारे

में कुछ बताना चाहूँगा।

इसे भोर में ही किया जाना चाहिए, क्योंकि इस समय चारों ओर शांति का माहौल रहता है और आप भी पूरी तरह से तरोताजा और तनाव से मुक्त रहते हैं। सूर्य नमस्कार करने के पीछे मुख्य उद्देश्य होता है– हमारे शरीर के रक्त संचरण को ठीक करना, शरीर के विभिन्न भागों और अवयवों को ऊर्जस्वित करना तथा साँस पर नियंत्रण पाना।

हमारे जीवन में साँस की बहुत बड़ी भूमिका होती है। आपको यह जानकर आश्चर्य नहीं होना चाहिए कि हम अपने साँस को नियंत्रित करके न केवल अपने दिमाग की अनेक गतिविधियों को नियंत्रित कर सकते हैं, बल्कि हम अपने मस्तिष्क की स्थिति को भी बदल सकते हैं, हम अपने तनाव को कम कर सकते हैं तथा हम अपने को अंदर से बहुत ही शांत और संतुलित महसूस कर सकते हैं।

2. प्राणायाम

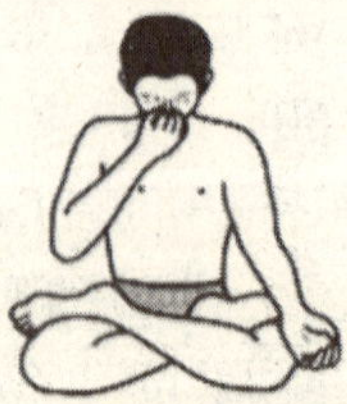

वैसे तो प्राणायाम के बहुत से रूप हैं, लेकिन विद्यार्थियों के लिए मुख्य रूप से तीन प्राणायामों की सलाह दी जा सकती है। ये तीन प्राणायाम हैं– (1) ओम का उच्चारण, (2) भ्रामरी प्राणायाम तथा (3) अनुलोम-विलोम प्राणायाम।

(i) **ओम का उच्चारण**– 'ॐ' दुनिया की किसी भी भाषा की सबसे अनोखी ऐसी ध्वनि है, जो पाँच ध्वनियों से मिलकर बनी है। आप जानते हैं कि ***स्वर का निर्माण एक ध्वनि से होता है और व्यंजन का निर्माण दो ध्वनियों से, जिसमें एक स्वर होता और दूसरा व्यंजन।*** जैसे– 'अ'। इसमें केवल एक ही ध्वनि है। इसलिए यह स्वर है। दूसरी ध्वनि है– 'क'। इसमें 'क'– भी है और 'अ' भी है। इस प्रकार इसमें दो ध्वनियाँ हैं। इसलिए यह व्यंजन हुआ, लेकिन 'ॐ' एक ऐसी अद्‌भुत ध्वनि है, जिसमें पाँच ध्वनियाँ शामिल हैं, लेकिन इसे लिखा एक ही अक्षर से जाता है। ये पाँच ध्वनियाँ हैं – अ+ऊ+ओ+म+अ। अपनी इस अनोखी संरचना के

कारण ही यह ध्वनि बहुत अधिक शक्तिशाली बन गई है।

जब हम पालथी मारकर शान्त मन से, आँखें बन्द करके साँस को धीरे-धीरे खींचते हुए उसके साथ-साथ 'ॐ' का उच्चारण करते हैं और ठीक इसी तरह साँस को छोड़ते हुए धीरे-धीरे 'ॐ' का उच्चारण करते हैं, तो इससे हमारे गले में ध्वनि की तरंगें पैदा होती हैं। ध्वनि की ये तरंगें हमारे पूरे शरीर में फैलकर हमारे पूरे तंत्रिकातंत्र को झंकृत कर देती हैं। ये ही तरंगें हमारे मस्तिष्क में पहुँचकर उसकी सारी कोशिकाओं की एक प्रकार से मालिश कर देती हैं।

भौतिकशास्त्र में आपने ध्वनि की शक्ति के बारे में ज़रूर पढ़ा होगा। इसलिए आप ध्वनि की इस ताकत से परिचित ही होंगे। यदि कहीं बम विस्फोट होता है, तो आसपास के घरों की काँच की खिड़कियाँ टूट जाती हैं। याद रखिए कि ये खिड़कियाँ विस्फोट की ज्वाला से नहीं टूटतीं, बल्कि विस्फोट की ध्वनि के आघात से टूटती हैं। इतनी अधिक ताकत होती है-ध्वनि में और 'ॐ' का उच्चारण करके हम ध्वनि की इसी शक्ति का उपयोग अपने मस्तिष्क की कसरत के लिए करते हैं।

यहाँ यह बात बहुत महत्त्वपूर्ण है कि जब आप 'ॐ' का उच्चारण करें, तब कोशिश करें कि बन्द आँखों से वह ध्वनि दिखाई दे। याद रखिए कि वह दिखाई नहीं देगी। आपको देखने का केवल बहाना करना है। साथ ही यह कोशिश करें कि आपका मन उस ध्वनि पर केन्द्रित हो, यानी कि आप उस ध्वनि को सुनने का आनन्द लें।

(ii) भ्रामरी प्राणायाम- यह भी एक प्रकार का ध्वनि-योग ही है। 'भ्रमर' का अर्थ होता है-भँवरा। आपने भँवरे को गुंजार करते हुए सुना होगा। आपको इसी गूँज का उपयोग अपने दिमाग के लिए करना है।

इसकी पद्धति बहुत सरल है और इसे आप कभी भी कर सकते हैं। करना केवल यह है कि पालथी मारकर शान्त भाव से बैठ जाएँ। आँखें बन्द कर लें। अपने दोनों हाथों की तर्जनी उंगलियों से अपने कानों को बन्द कर लें। मुँह बन्द कर लें और गले में गूँज पैदा करने की कोशिश करें। यह गूँज साँस को धीरे-धीरे छोड़ते हुए पैदा करें। ऐसा एक बैठक में 5-7 बार तो करें ही। इसे एक दिन में एक बार करना ही पर्याप्त होगा।

इसका भी प्रभाव लगभग वैसा ही होता है, जैसा कि 'ॐ' की ध्वनि के उच्चारण का होता है। मूल फर्क केवल यह है कि जहाँ 'ॐ' के उच्चारण का बहुत अच्छा प्रभाव पूरे शरीर पर पड़ता है, वहीं भ्रमर गुँजार का सबसे अधिक प्रभाव हमारे मस्तिष्क और गले के स्वर-यंत्रों पर पड़ता है। इससे भी हमारे मस्तिष्क के सेल्स एक्टीवेट (सक्रिय) होकर मजबूत हो जाते हैं।

लेकिन आप इन दोनों में से किसी एक को न चुनें। बेहतर होगा कि इन दोनों को साथ-साथ लेकर चलें।

मेरा विश्वास है कि इन उपायों के ज़रिए आप अपने मस्तिष्क को अधिक सक्षम बना सकेंगे। आपकी यह शिकायत दूर हो जाएगी कि 'मुझे कोई बात देरी से समझ में आती है या यदि समझ में आ जाती है, तो मैं उसे बहुत जल्दी भूल जाता हूँ। लेकिन आपको धैर्य रखना होगा। यह एक-दो दिन या एक-दो महीनों में नहीं होगा। लगातार करते रहना होगा। बल्कि मैं तो यह कहना चाहूँगा कि तब तक करते रहना होगा, जब तक कि आप चाहते हैं कि आपका दिमाग ठीक रहे। इसमें तो कोई दो राय नहीं कि हर कोई यही चाहेगा कि वह जब तक जीवित रहे, तब तक दिमाग भी ठीक रहे।

(iii) ***अनुलोम-विलोम प्राणायाम*** - मैंने पहले बताया है कि हमारा मस्तिष्क दो भागों में विभाजित है- दाहिना भाग और बायाँ भाग। सामान्यतया हमारे मस्तिष्क में इन दोनों भागों में खलबली मचती रहती है। इसलिए हम किसी एक बिंदु पर अपने-आपको एकाग्र नहीं कर पाते। मस्तिष्क के इन दोनों हिस्सों में समन्वय और संतुलन स्थापित करने के लिए ही अनुलोम-विलोम प्राणायाम की व्यवस्था की गई है।

इसे करने का तरीका यह है कि पालथी मारकर बैठ जाएँ। अपनी दोनों आँखें बंद कर लें। अपने बाएँ हाथ को बाएँ घुटने के ऊपर रखें। आपके हाथ की हथेली छत की ओर हो। अपने दाहिने हाथ के अंगूठे से दाहिनी ओर की नाक को बंद करें और बाईं नाक से धीरे-धीरे साँस को ऊपर की ओर खींचें। जब साँस भर जाये तो उसे थोड़ी देर के लिए अंदर ही रखें। अब आप अपने दाहिने हाथ की बीच की ऊँगली से बाईं नाक को दबाएँ। अब अँगूठे को हटाएँ तथा दाहिनी नाक से साँस लें। इसी प्रकार दाईं और बाईं नाक से

साँस लेने, साँस को थोड़ी देरे के लिए रोकने और छोड़ने की क्रिया को कम से कम पाँच बार अवश्य करें। याद रखें कि ऐसा करते समय अपनी हथेली को नाक के सामने आने न दें।

3. त्राटक

यह एकाग्रता लाने का सबसे प्रभावशाली तरीका है। यदि आप परीक्षा के दिनों में पढ़ाई शुरू करने से पहले इसे पाँच मिनट के लिए करेंगे, तो यह आपको बहुत उपयोगी लगेगा।

इसका तरीका यह है कि एक मोमबत्ती जला लें और इसे इस तरह से रखें कि उसकी लौ और आपकी आँख की ऊँचाई लगभग समान हो। लगभग आधे मिनट तक बिना पलक झपकाये सीधे इस लौ को देखें। यदि इससे भी अधिक समय तक देख सकते हैं, तो ऐसा करें। जैसे ही आपको तकलीफ महसूस हो, वैसे ही अपनी आँखें बंद कर लें और अपनी बंद आँखों से लौ की छवि को देखने की कोशिश करें। आप पाएँगे कि थोड़ी देर बाद आपके दिमाग से लौ की वह छवि गायब हो गई है और वहाँ बिल्कुल अंधेरा छा गया है। जैसे ही यह हो, फिर से अपनी आँखें खोल लें और फिर से बिना पलक झपकाये लौ को देखें। जैसे ही आपको लगे, वैसे ही फिर आँखें बंद कर लें। अब बंद आँखों से उस लौ की छवि को देखने की कोशिश करें। आप पाएँगे कि लौ की छवि स्थिर न होकर धीरे-धीरे हिल रही है। कभी यह ऊपर की तरफ जाएगी, तो कभी नीचे, तो कभी बाईं, तो कभी दाईं ओर। अब आपको कोशिश यह करनी है कि आप किस तरह से इस हिलती-डुलती छवि को एक ही बिंदु पर स्थिर रख पाते हैं। इस क्रिया को पढ़ाई करने से पहले या सोने जाने से पहले पाँच मिनट के लिए करें। कुछ ही दिनों बाद आप महसूस करेंगे कि जो कुछ भी आप पढ़ रहे हैं, उसे समझने में आसानी हो रही है और यहाँ तक कि याद रख पाने में भी अधिक सरलता हो गई है। इससे एकाग्रता भी बढ़ जाएगी। महत्त्वपूर्ण बात यह भी है कि आपको जिंदगी में कभी चश्मा भी नहीं लगाना पड़ेगा, क्योंकि इससे आँखों की रोशनी बढ़ जाती है।

मैं यहाँ बताना चाहूँगा कि यदि आप योग की इन क्रियाओं को साल भर तक पूरी ईमानदारी से करेंगे, तो आप अपने को एक अलग ही विद्यार्थी के रूप में पाएँगे। इससे आपके मस्तिष्क की क्षमता बढ़ेगी और निश्चित रूप से आपकी एकाग्रता की समस्या या उत्कृष्टता की समस्या का समाधान निकल सकेगा, लेकिन जरूरी यह है कि इसे आप प्रतिबद्धता के साथ करें।

मैं यहाँ इस बात के प्रति सचेत करना चाहूँगा कि बेहतर होगा कि पहले आप इन पद्धतियों को एक या दो महीने के लिए किसी अच्छे प्रशिक्षित योग शिक्षक से सीखें। ऐसा करने से आप योग की मूलभूत बातों को समझ सकेंगे। एक बार मूलभूत बातों को समझने के बाद आप इसे नियमित तौर पर अपने घर पर कर सकते हैं। मैं किसी भी विद्यार्थी को यह सलाह नहीं दूँगा कि वह किताब से पढ़कर या टीवी में कार्यक्रम देखकर ही योग करना शुरू कर दे।

आइंस्टाइन बनें

इसी के साथ ही एक बात और। वह यह कि ***क्या आप आइंस्टीन की तरह मेधावी होना चाहते हैं?*** ऐसे प्रश्न के उत्तर में भला किसका जवाब ''हाँ'' में नहीं होगा। निश्चित रूप से 'हाँ' कहने वालों में आप भी शामिल होंगे। इस बारे में आइंस्टीन की जीवनी से मैंने जो तथ्य निकाले हैं, उन्हें मैं आपके सामने रख रहा हूँ। यदि चाहें तो आप भी इन पर अमल करके अपनी मेधा का विकास कर सकते हैं। ये उपाय हैं –

- यदि रोज सम्भव न हो, तो कभी-कभी एकाग्रता का अभ्यास करें।
- ऐसी किताबें जरूर पढ़ें, जो आपके चिन्तन को उद्वेलित करे और आपकी आत्मा को प्रेरित करे। ये किताबें उत्साहवर्द्धक होनी चाहिए।
- कोई नई भाषा सीखें या नई चीज़ें याद करें। इससे भी दिमाग की कसरत होती है।
- गुमसुम रहना ठीक नहीं है। अधिक एकान्त से भी बचना चाहिए।

प्रयास यह करें कि मित्रों से बातचीत हो, खासकर पढ़ाई के बारे में। किसी भी विषय पर परिचर्चा हो।

- जब भी करने को कोई नया काम मिले, तो उसे बिल्कुल न टालें। उसे करें और यहाँ तक कि यदि पुराने काम को नए तरीके से करने को कहा जाता है, तो नया तरीका इस्तेमाल करें। यदि नया तरीका नहीं बताया जाता, तो अपनी तरफ से नया तरीका ढूँढ़ें। इससे दिमाग की क्षमता बढ़ती है। आखिर आइंस्टीन ने समय और प्रकाश के बारे में नए सिद्धान्त ही तो दिये थे। निश्चित रूप से नयापन हमारे दिमाग को तेज बनाने में बहुत मदद करता है। इसलिए आइंस्टीन की तरह आप भी कुछ नया करने के लिये आगे आते रहें।
- घूमने के लिए पुरानी ही जगह पर बार-बार न जाकर नई-नई जगहों पर जाएँ।
- अपनी आदतों और रुचियों को बदलें। पुराने में ही जकड़े न रहें। यानी कि नये-नये शौक अपनाएँ। जॉन हॉपकिंस विश्वविद्यालय के प्रोफेसर कोंस्टेंटीन लाइकेट्सोस का कहना है कि एक ही तरह का काम करने की बजाय अलग-अलग तरह की गतिविधियों में संलग्न रहना चाहिए। इससे मस्तिष्क के हर भाग को सक्रिय रखने में मदद मिलती है। उदाहरण के लिये यदि आप दाएँ हाथ से ब्रश करते हैं, तो बाएँ हाथ से भी कीजिए। इससे मस्तिष्क का दूसरा हिस्सा भी इस काम में लग सकेगा।
- कोशिश करें कि बाग-बागीचों में घूमने के लिए जा सकें क्योंकि ये हमेशा नये-नये होते रहते हैं। कभी सूख गये हैं, तो कभी हरे हो जाते हैं। कभी फूल खिले हुए हैं, तो कभी फूल गिर गये हैं। इस तरह बाग और बागीचे वही-वही होने के बावजूद नए-नए हो जाते हैं।
- इस बात का ध्यान रखें कि आपके दिमाग पर काम का बोझ हावी न होने पाए। यदि ऐसा हुआ, तो आपके दिमाग की कमर झुक जाएगी। वह इतना बोझ बर्दाश्त नहीं कर पाएगा। नतीजा यह होगा कि वह

जितना बर्दाश्त कर पाता, अब उसके लायक भी नहीं रह गया है।

- मस्त रहें। आइंस्टाइन मस्त रहते थे। बच्चों से तो वे खूब हिल-मिल जाते थे। क्या आपको विश्वास होगा कि जब वे बहुत बड़े वैज्ञानिक हो गये थे, तब भी अपने पड़ोस के एक छोटे-से बच्चे को गणित का ट्यूशन पढ़ाया करते थे।
- सरल और सहज रहें- आइंस्टीन की तरह। इससे दिमाग की ग्रहण क्षमता कई गुना बढ़ जाती है। आइंस्टीन उन लोगों में थे, जो नहाने के साबुन का इस्तेमाल शेविंग क्रीम की तरह कर लेते थे और अपनी टाई को बेल्ट बना लेने में उन्हें कोई झिझक नहीं होती थी। स्पष्ट है कि वे अपने दिमाग को फालतू की बातों से मुक्त रखते थे, ताकि उसमें ज़रूरी बातों के लिए जगह बची रह सके।
- शारीरिक मेहनत जरूर करें। आइंस्टाइन को पहले सैर पसंद थी। बाद में उन्होंने नौकायान को अपना लिया था।
- कुछ समय गीत-संगीत को दें। आइंस्टाइन गिटार बजाने के शौकीन थे। वह यह तकरीबन रोज़ ही करते थे।
- एक बात और कि आहार पर ध्यान दें। भोजन पौष्टिक हो, लेकिन गरिष्ठ नहीं। तीज-त्यौहारों पर आप छूट ले सकते हैं, लेकिन ऐसा मत कीजिएगा कि हर दिन को ही तीज-त्यौहार बना दें।

तो देखा आपने कि किस प्रकार आइंस्टाइन एक सरल, सहज जीवन के जरिए असाधारण सफलताएँ प्राप्त कर सके। आइंस्टीन असाधारण प्रतिभा लेकर पैदा नहीं हुए थे। वे बाद में असाधारण बने। आप भी बन सकते हैं, बशर्ते कि बनने की कोशिश करें।

☑ पुस्तक के समान निष्ठावान मित्र दूसरा कोई नहीं होता।

- अर्नेस्ट हेमिंग्वे

☑ पुस्तक को पढ़ने से आसान है उसे खरीदना तथा पचाने से आसान है उसे पढ़ना।

- सर विलियम ऑसलेर

☑ लोग भूल जाते हैं कि आपने कितनी तेजी से काम किया। लेकिन वे याद रखते हैं कि आपने कितने अच्छे से किया।

- रावर्ड डब्ल्यू न्यूटन

☑ निराशावादी प्रत्येक अवसर में कठिनाई देखते हैं, जबकि आशावादी को प्रत्येक कठिनाई में एक अवसर दिखाई देता है।

- विन्स्टन चर्चिल

अध्याय 6

पढ़ो तो ऐसे पढ़ो

"विषय के कन्सेप्ट को जान लेने का अर्थ है- इससे जुड़े छोटे-छोटे तथ्यों को किसी एक बड़े खूँटे से बाँध लेना।"

आप अभी तक अपने तरीके से पढ़ते रहे हैं और हर विद्यार्थी अपने-अपने तरीके से ही पढ़ता है, लेकिन इसके बावजूद इन सभी तरीकों में कुछ ऐसी आम बातें हो सकती हैं, जिन्हें पढ़ने का वैज्ञानिक तरीका माना जा सकता है। मैं यहाँ आपके सामने इसी प्रकार की कुछ व्यावहारिक बातें रखने जा रहा हूँ।

यहाँ यह बताना भी सही होगा कि यहाँ मैं पढ़ने के जिस तरीके की चर्चा करने जा रहा हूँ, वह मुख्यत: विद्यालयों, महाविद्यालयों तथा प्रतियोगी परीक्षाओं की तैयारी करने वाले विद्यार्थियों के लिए है। यानी कि यह उन लोगों के लिए है, जो इस उद्देश्य से पढ़ रहे हैं कि उन्हें विषय को याद रखना है और समय आने पर उसका उपयोग करना है।

तो इससे पहले कि मैं अध्ययन की कला पर आऊँ, मैं आपको अध्ययन के उद्देश्य के उन तीन स्तरों के बारे में जानकारी देना चाहूँगा, जो आपको अपनाने ही चाहिए। ये स्तर हैं –

(1) सूचना, (2) ज्ञान (3) प्रज्ञा।

(1) सूचना (Information)

जब हम किसी भी विषय को पहली बार पढ़ते हैं, तो वह हमारे दिमाग में एक सूचना के रूप में आता है। हर तरह की जानकारी शुरू-शुरू में सूचना ही होती है; फिर चाहे आपको यह जानकारी पढ़ने से मिले, सुनने से मिले या देखने और करने से मिले। हम पढ़ते जाते हैं और हमारे दिमाग में सूचनाओं का ढेर लगता चला जाता है। इसे ही हम पढ़ना समझ लेते हैं।

लेकिन यह सही नहीं है। यहीं हम सबसे बड़ी भूल कर बैठते हैं। जब भी हम पढ़ते हैं; खासकर समाज विज्ञान संबंधी विषयों के बारे में, तो उनके तथ्य बहुत कठिन नहीं होते। इसलिए हमारा दिमाग उन्हें जल्दी से समझ लेता है। इस स्थिति में हमें लगने लगता है कि यह तो सरल बात है और हम आगे बढ़ जाते हैं। इसी तरह आगे बढ़ते जाते हैं। चूँकि बातें सरल थीं और ताजी-ताजी भी थीं, इसलिए अभी सब कुछ हमारी स्मृति में मौजूद रहता है, लेकिन आपने अनुभव किया होगा कि कुछ ही दिनों के बाद –

- या तो वह धुँधली पड़ जाती है,
- या वह गड्डमड्ड हो जाती है,
- या फिर गायब ही हो जाती है।

सच पूछिए तो हमारे पढ़ने का जो संकट है, वह यही तो है। क्या आपको मालूम है कि ऐसा क्यों हुआ? मैं बताता हूँ। ऐसा इसलिए हुआ, क्योंकि आपने पढ़ी हुई बातों को केवल सूचना के स्तर पर ग्रहण करके उसे छोड़ दिया। आपको उसे यहीं नहीं छोड़ना है, बल्कि आगे तक ले जाना है। अब ***मैं बताता हूँ कि आगे तक ले जाने का मतलब क्या है।***

(2) ज्ञान (Knowledge)

आगे तक ले लाने का मतलब है-उस सूचना को ज्ञान में परिवर्तित कर देना। ***हमसे गलती यह होती है कि हम सूचना को ही ज्ञान समझने की भूल ठीक उसी तरह कर जाते हैं, जैसे किसी बीज के अंकुरण को***

देखकर उसे पौधा समझ लेना। इसमें कोई दो राय नहीं कि बिना अंकुरण के पौधा नहीं बनेगा, लेकिन इसमें भी कोई दो राय नहीं है कि अंकुरण ही पौधा नहीं है। वह अभी अंकुरित हुआ है। उसे सींचना पड़ेगा। उसकी देखभाल करनी पड़ेगी तब कहीं जाकर वह पौधा बनेगा, तभी हमें इससे फूल-फल मिलेंगे।

ठीक इसी तरह सूचना को भी हमें सींचना पड़ता है। उसकी देखभाल करनी पड़ती है। जब हम पढ़ी हुई बातों को दोहराते हैं, उसे समझने की कोशिश करते हैं, उस पर चिन्तन-मनन करते हैं, उसके बारे में अपने दोस्तों से चर्चा करते हैं, तब कहीं जाकर सूचना का वह टुकड़ा ज्ञान के टुकड़े में परिवर्तित हो पाता है और जैसे ही यह हो जाता है, वह हमारे दिमाग की गहराई में बैठ जाता है। हमारे मस्तिष्क -पटल पर उसकी छाप गहरी हो जाती है। इसे आप इस तरह भी समझ सकते हैं कि ***सूचना का मतलब है- रेत पर पड़े हुए पैर के निशान, जो बहुत जल्दी गायब हो जाते हैं और ज्ञान का मतलब है- चट्टान पर गड़े हुए पैर के निशान, जिन्हें गायब होने में सदियाँ लग जाती हैं।***

मैं जानता हूँ कि अब आपको यह लग रहा होगा कि फिर सूचना को ज्ञान में बदला कैसे जाए? मैं बताता हूँ। मत सोचिए कि यह काम बहुत कठिन और जटिल है या यह बहुत कड़ी साधना की माँग करता है। यह सही मायने में आपसे केवल श्रम की माँग करता है। मैं समझता हूँ कि वह आप दे सकते हैं और आपको देना ही चाहिए।

यहाँ श्रम का अर्थ है- उस टॉपिक को, उस विषय को बार-बार दोहराना और ध्यान रखिए कि केवल दोहराना ही नहीं, बल्कि बहुत ध्यान के साथ सतर्क होकर दोहराना। यदि आप सतर्क होकर नहीं दोहराएँगे, तो आप एक प्रकार से घिसे हुए रिकार्ड पर दोहराई जाने वाली एक ही लाइन की तरह बेसुरी आवाज बार-बार निकाल रहे होंगे। जब आप उस टॉपिक को दोहराएँ, तो आपको मालूम रहना चाहिए कि आप उसे दोहरा रहे हैं। हालाँकि आप दोहरा रहे हैं, लेकिन आप यही मानकर चलिए कि आप उसे पहली बार पढ़ रहे हैं। जब आप किसी भी विषय को पहली बार पढ़ते हैं, तो सतर्क रहते हैं।

उसमें रुचि बनी रहती है और जिज्ञासा भी। यदि आप दोहराते समय भी ऐसा ही अनुभव नहीं करेंगे, तो निश्चित जानिए कि आप गलतफहमी में हैं कि आप दोहरा रहे हैं। हाँ, आप दोहरा रहे हैं। आप समय भी लगा रहे हैं और श्रम भी कर रहे हैं। श्रम होता हुआ दिखाई तो दे रहा है, किन्तु श्रम हो नहीं रहा है। आप स्वयं को इस गलतफहमी से जितना अधिक बचा पाएँगे, स्वयं को सफलता के उतने अधिक करीब ले जाएँगे।

दोहराने के काम को आप एक प्रकार से झाड़ू लगाने वाला काम ही समझिए। आप एक कमरे में झाड़ू लगा दीजिए। अच्छे से लगा दीजिए। थोड़ी देर बाद फिर झाड़ू लगाइए, तो क्या कचरा नहीं निकलेगा? थोड़ी देर बाद फिर ऐसा ही कीजिए, तो क्या अब नहीं निकलेगा? निकलेगा और हर बार निकलेगा। इसका कारण यह नहीं है कि पहली बार उस कमरे की सफाई नहीं हो पाई थी, बल्कि कारण यह है कि नया कचरा आ गया था। ***दोहराना एक प्रकार से अपने दिमाग के अध्ययन कक्ष में बार-बार झाड़ू लगाने जैसा ही है।***

अब शायद आप यह भी जानना चाह रहे होंगे कि पढ़ने को इतना सारा रहता है कि कब, किसको, कितना-कितना दोहराएँ। आपकी यह जिज्ञासा बिल्कुल सही है। निश्चित रूप से दोहराना इसलिए पड़ता है, ताकि जहाँ आप एक ओर उसे भूलें नहीं, वहीं दूसरी ओर उस विषय की समझ बढ़ती जाए। जहाँ तक भूलने का सम्बन्ध है, वैज्ञानिक एविंग हॉस ने इस पर अध्ययन करके यह निष्कर्ष निकाला है कि हम किसी विषय को निम्न प्रतिशत में भूलते जाते हैं -

- 20 मिनट बाद 47 प्रतिशत।
- 1 घन्टे बाद 53 प्रतिशत।
- 1 दिन बाद 66 प्रतिशत।
- 7 दिन बाद 75 प्रतिशत।
- 1 महीने बाद 79 प्रतिशत।

और निश्चित रूप से एक वर्ष बाद लगभग 95 प्रतिशत। हमें उसकी केवल धुंधली स्मृति ही रह पाती है, लेकिन इसके साथ यह भी याद रखें कि

भूलने का यह प्रतिशत सूचना के साथ है, ज्ञान के साथ नहीं। यदि आप सूचना को ज्ञान में परिवर्तित कर देते हैं, तो भूलने का यह प्रतिशत बहुत ही कम रह जाता है।

वैज्ञानिक एपिंग के इस अध्ययन के आधार पर किसी भी पढ़े, याद किए या समझे गये विषय को दोहराने के लिए निम्न समयावधि बताई जा सकती है :-

- ➢ एक ही दिन में एक ही टॉपिक को कम से कम चार बार पढ़ें।
- ➢ 24 घन्टे बाद उसे दोहराइए। अभी इस तरह दोहराएँ, मानो कि उसे पहली बार पढ़ रहे हैं।
- ➢ सुबह आप उसे फिर से पढ़ें और ध्यान से पढ़ें, लेकिन पढ़ने की रफ्तार थोड़ी अधिक हो सकती है।
- ➢ एक महीने बाद इसी टॉपिक को फिर से दोहराएँ और ध्यान से दोहराएँ।

ऐसा करने के बाद आप पाएँगे कि वह सूचना आपके दिमाग में ज्ञान के रूप में तब्दील हो चुकी है। चूँकि एक महीने के अन्दर अब यह बीज अंकुरित होकर एक पौधा बन चुका है, इसलिए अब इसकी बहुत ज्यादा देखरेख की ज़रूरत नहीं है, लेकिन इसका अर्थ यह भी नहीं है कि इसे देखरेख की ज़रूरत ही नहीं है और उसे यूँ ही छोड़ दिया जाए। अब यह आपकी अपनी क्षमता पर निर्भर करता है कि उसे आगे कब दोहराना चाहेंगे- दो महीने बाद, तीन महीने बाद या चार महीने बाद, लेकिन यहाँ मैं एक व्यावहारिक सुझाव देना चाहूँगा। सुझाव यह है कि आप उस विषय को बीच-बीच में दोहराते ही रहिए, लेकिन अब आपके दोहराने का तरीका बदल जाना चाहिए। अब दोहराने का मतलब उसे पहले की तरह पढ़ना नहीं होगा, बल्कि एक प्रकार से सरसरी निगाह से देख लेना ही पर्याप्त होगा। इसमें आपका बहुत कम समय लगेगा, लगभग नहीं के बराबर। आपको इस क्रम को तब तक बनाये रखना चाहिए, जब तक कि आपकी परीक्षा नहीं हो जाती।

(3) प्रज्ञा (Wisdom)

यह ग्रहण की गई किसी भी सूचना की अन्तिम स्थिति होती है। हम जो कुछ भी पढ़ते हैं, उसका तात्कालिक उद्देश्य तो यही होता है कि परीक्षा में अधिक से अधिक नम्बर लाएँ, लेकिन व्यापक उद्देश्य यह होता है कि वह हमें जीने लायक बनाये और हमें हमारे उद्देश्यों को प्राप्त करने में मदद करे। उदाहरण के लिए यदि आप केमिस्ट्री-फिजिक्स पढ़ते हैं, तो उसका अन्तिम उद्देश्य इंजीनियर या वैज्ञानिक बनना हो सकता है। जीवशास्त्र आपको डॉक्टर बनाएगा तथा समाजशास्त्र समाजशास्त्री। इस प्रकार आप पाएँगे कि जो भी विषय हम पढ़ते हैं, उसका अन्त इसी उद्देश्य में होता है कि हम उस विषय में अपना कोई नया योगदान दे सकें। आखिर विषय का विकास इसी तरह से तो हुआ है। आइंस्टाइन गणित जानते थे और इसी के आधार पर उन्होंने समय और ऊर्जा के सिद्धान्त स्थापित कर दिये। एडीसन फिजिक्स के बहुत ही सामान्य सिद्धान्तों को जानते थे। उन्हीं सिद्धान्तों को पढ़ते-पढ़ते उन्होंने इतने आविष्कार किये। आइंस्टाइन ने इस बारे में बच्चों से जो बात कही थी, उसे मैं यहाँ आपको बताना चाहूँगा। उन्होंने कहा था 'बच्चों, यह ध्यान रखो कि तुम अपने स्कूल में जो नई बातें सीखते हो, वे कई पीढ़ियों की देन हैं। ये सब तुम्हें इसलिए बताई जाती हैं कि तुम इन्हें समझो और ढंग से सँजोकर रखो। इनका सम्मान करो और इसमें कुछ और अधिक जोड़ो।'

तो इसका मतलब यह हुआ कि हम स्कूल और कॉलेज में जो कुछ भी पढ़ते हैं, वह एक प्रकार से कच्चे माल की तरह होता है। फैक्ट्री में चीनी बनती है और उसका कच्चा माल होता है-गन्ना। आप गन्ने को देखकर अन्दाजा नहीं लगा सकते कि इससे शक्कर बन सकेगी। तो यहाँ गन्ना ही सूचना है। फैक्ट्री है-उस सूचना का ज्ञान में परिवर्तित होने की प्रक्रिया तथा शक्कर है-प्रज्ञा। इस प्रकार जब हम अपने सूचना और ज्ञान के आधार पर कोई एक नई चीज़ रचते हैं, तो वह नई चीज़ प्रज्ञा से निकलकर आती है।

निश्चित रूप से विद्यार्थी के रूप में आपको इसकी इतनी जरूरत नहीं होती। इसकी जरूरत आपको तब पड़ेगी, जब आप कॉलेज से निकलकर

जीवन के क्षेत्र में पहुँचेंगे और अपने पढ़े हुए ज्ञान का उपयोग करेंगे। इसलिए इसके बारे में अभी चिन्तित होने के ज़रूरत नहीं है, लेकिन इतना जरूर है कि आप स्वयं को सूचना तक ही सीमित न रखें। यदि आप उसे ज्ञान तक नहीं पहुँचाएँगे, तो जब आप कॉलेज से निकलेंगे, वे सारी की सारी सूचनाएँ गायब हो चुकी होंगी। तब तो ऐसी स्थिति में आप प्रज्ञा को पा ही नहीं सकेंगे।

तो इस प्रकार ***पढ़ने की कला का पहला बिन्दु हुआ-सूचना को ज्ञान में परिवर्तित करना।*** ऐसा आप कैसे करेंगे, इसके बारे में मैं बता चुका हूँ। मुझे विश्वास है कि यह बात अच्छी तरह आपकी समझ में आ गई होगी। यदि नहीं आई हो, तो किसी से समझने की कोशिश करें, क्योंकि इसको समझे बिना बात बनेगी नहीं।

तो, अब मैं आपको किसी पुस्तक को पढ़ने का सरल, सही और एक पुख्ता वैज्ञानिक तरीका बताता हूँ।

(क) लेखक के बारे में जानिए

मुझे पूरा विश्वास है कि किसी भी किताब को पढ़ते समय आप इतना तो जानते ही हैं कि आप किस लेखक की किताब पढ़ रहे हैं, लेकिन आप निश्चित रूप से यह नहीं जान रहे होंगे कि यह लेखक कौन है? यहाँ आपसे एक छोटी-सी चूक हो रही है। मेरा कहना है कि आप पुस्तक के पढ़ने की शुरुआत लेखक का परिचय प्राप्त करने से कीजिए। यदि आप यह सोच रहे हैं कि लेखक का परिचय परीक्षा में पूछा नहीं जाता, तो आप बिल्कुल सही सोच रहे हैं, लेकिन मैं भी भला आपको गलत सलाह क्यों दूँगा।

असल में लेखक के बारे में जानने से दो सबसे बड़े फायदे होते हैं। पहला तो यह कि लेखक का जीवन-वृत्त, उसकी डिग्रियाँ और उसको प्राप्त पुरस्कार तथा सम्मान की जानकारी मिलने से हमारे मन में लेखक के प्रति श्रद्धा का भाव पैदा होता है। आपने यह तो देखा ही होगा कि जब आप किसी का व्याख्यान सुनने जाते हैं, तो व्याख्यान के पहले उस व्यक्ति का परिचय दिया जाता है। असल में यह परिचय श्रोताओं को यह विश्वास दिलाने के लिए दिया जाता है कि यहाँ आप जिस व्यक्ति को सुनने जा रहे हैं, वह विषय

के अच्छे जानकार हैं। इससे श्रोताओं के मन में उस वक्ता के प्रति सम्मान का भाव पैदा हो जाता है। आपने पहले पढ़ा है कि यदि हमारे मन में अपने शिक्षक और वक्ता के प्रति श्रद्धा का भाव आता है, तो इसका अर्थ यह हुआ कि हमने अपने दिमाग में उसकी बातों के लिए जगह बना ली है। इससे हमारे मस्तिष्क की ग्रहण क्षमता बढ़ जाती है। हमारे मन को यह संकेत मिल जाता है कि यह व्यक्ति चूँकि हमसे अधिक जानता है, इसीलिए इसे सुनना या पढ़ना लाभदायक होगा।

इसका दूसरा फायदा यह होता है कि हमें लेखक की विचारधारा का पता लग जाता है। यह बात कला सम्बन्धी पुस्तकों के लेखकों पर अधिक लागू होती है। हर लेखक का अपना दृष्टिकोण होता है। वह किसी घटना और विषय को अपने इसी नज़रिए से देखकर उसका विश्लेषण करता है। यदि हम लेखक के इस नजरिए को समझ लेते हैं, तो इससे हमें उसकी पूरी पुस्तक को समझने की चाबी मिल जाती है। लेखक का यह नजरिया उसके अपने जीवन की पृष्ठभूमि से बनता है। यदि लेखक किसान का बेटा हुआ, तो उसका दृष्टिकोण अलग होगा। यदि उसकी शिक्षा-दीक्षा विदेश में हुई है, तो उसका नजरिया कुछ और ही होगा। यदि वह जे.एन.यू. में पढ़ा है, तो वह किसी भी घटना को मार्क्सवादी तरीके से देखेगा।

याद रखिए कि किसी लेखक के नजरिए को जान लेना छोटी-मोटी बात नहीं होती। यह तो ठीक उसी तरह है जैसे कि कोई एक बहुत बड़ा महल है और उसके प्रवेश द्वार पर एक बहुत बड़ा ताला लटका हुआ है। आपको महल में प्रवेश करना है। यदि आपको इस ताले की चाबी मिल जाती है, तो आपका प्रवेश बहुत आसानी से हो जाएगा। लेखक का नज़रिया किताब के उस महल में प्रवेश करने की कुँजी होती है। अगर आपको यह मिल गई, तो समझिए कि बात बन गई।

(ख) इसके बाद भूमिका पढ़िए

मेरा यह मानना है कि भूमिका तो शायद ही कोई विद्यार्थी पढ़ता हो। यदि आप पढ़ते हों, तो आप मुझे मेरे इस वाक्य के लिए क्षमा करेंगे।

असल में आपकी सबसे बड़ी गड़बड़ी आपकी इस सोच से निहित है कि परीक्षा में क्या आता है और क्या नहीं आता, जबकि आपकी सोच यह होनी चाहिए कि इस विषय के बारे में मुझे क्या आता है, क्या नहीं आता। यदि सोच इस तरह की है, तो फिर परीक्षा में आपका सफल होना बाएँ हाथ का खेल हो जाएगा और तभी भूमिका का महत्त्व समझ में आने लगेगा। क्या आपने कभी यह सोचने की कोशिश की है कि यदि भूमिका उपयोगी नहीं है, तो वह लिखी ही क्यों जाती है। क्यों बेकार में दो-चार पेज खराब किये जाते हैं। विश्वास कीजिए कि ऐसा बिल्कुल नहीं है। आप अपने घर में दरवाजे से घुसते हैं, खिड़की से नहीं। फिर भी कमरों में खिड़कियाँ होती हैं। भूमिका भी एक प्रकार से आपकी किताब में बनाई गई एक ऐसी खिड़की है, जिससे देखने पर पूरी किताब दिखाई देती है या यह कह लीजिए कि यह एक दरवाजा ही है, जिससे होकर ही आपको पुस्तक में प्रवेश करना चाहिए।

भूमिका पढ़ने से आपको दो बातें पता लगती हैं। पहली तो यह कि लेखक ने यह किताब क्यों लिखी है। दूसरी यह कि लिखी किस तरीके से है। इसके पढ़ने से आपको लेखक के दृष्टिकोण का अनुमान लग जाता है। साथ ही आपको इस बात का भी पूर्वाभास हो जाता है कि जो बातें आप पढ़ने जा रहे हैं, उसे जानने की उपयोगिता क्या है। ये सभी बातें आपके दिमाग की जमीन को भुरभुरा बनाने का काम करती हैं, ताकि जब उसमें सूचना के बीज डल जाएँ, तो उन्हें अंकुरित होने में कठिनाई न हो। आप एक किताब के साथ ऐसा करके देखिए। मेरा विश्वास है कि इसके बाद से आप सभी किताबों के साथ ऐसा करने लगेंगे। इसके लिए ज्यादा नहीं, अधिक से अधिक आधे घन्टे का ही सवाल है।

(ग) विषय सूची को भी पढ़िए

अब तो आप पक्का मुझे सिरफिरा समझते हुए रिजेक्ट करने की स्थिति में आ गये होंगे। आप सोच रहे होंगे कि भला विषय-सूची भी कोई पढ़ने की चीज़ होती है। उसका उपयोग तो केवल यही है कि हम यह जानें

कि कौन-सा टॉपिक किस पेज पर मिलेगा।

निश्चित रूप से विषय-सूची का मुख्य काम यही है, लेकिन क्या आपने कभी नक्शे का उपयोग किया है? आप दिल्ली घूमने जाइये और वैसे ही घूमकर आ जाइए। यह एक तरीका हुआ। दूसरा तरीका यह है कि आप दिल्ली घूमने जाइए। घूमने से पहले दिल्ली का नक्शा लेकर दिल्ली को समझने की कोशिश कीजिए। अब आप दिल्ली घूमिए। इन दोनों अनुभवों में जो आपको अन्तर दिखाई देगा, लगभग वही अन्तर आपको विषय-सूची पढ़े बिना किताब पढ़ने तथा विषय सूची पढ़ने के बाद किताब पढ़ने में महसूस होगा।

असल में ***विषय-सूची को पढ़ने का अर्थ है- इस बात को पहले ही जान लेना कि इस किताब में हम क्या-क्या पढ़ने जा रहे हैं।*** इससे हमारा दिमाग स्वयं को उन बातों के लिए पहले से ही तैयार कर लेता है। आप नक्शे को देखकर अपने घूमने की योजना को व्यवस्थित कर लेते हैं कि यदि मैं पश्चिम दिशा में जाऊँगा, तो वहाँ एक ही साथ इन-इन स्थानों को देख लूँगा। तब ऐसा नहीं होगा कि पहले आप पश्चिम का कोई स्थान देखेंगे, फिर उत्तर की तरफ आ जाएँगे। फिर पूर्व की तरफ या इसके बाद फिर से उत्तर की तरफ। नक्शे को जान लेने के बाद आप अपने इसी भ्रमण को व्यवस्थित तरीके से, कम समय में, कम खर्च करके पूरा कर लेंगे। पुस्तक की विषय-सूची आपके व्यवस्थित अध्ययन के लिए यही भूमिका निभाती है।

(घ) अब आइए किताब पर

इतना सब पढ़ने के बाद अब आप किताब को पढ़िए। लेखक का परिचय, भूमिका और विषय-सूची को पढ़ने के बाद किताब को पढ़ने का नम्बर आता है। अब तक आपके दिमाग की जमीन इस बात के लिए पूरी तरह तैयार हो चुकी होती है कि उसमें क्या बोया जाना है। अब उसमें जो भी बोया जाएगा, वह उसे अनजाना नहीं लगेगा। पूरी तरह भले ही न सही, लेकिन कुछ-कुछ तो जाना-पहचाना सा लगेगा ही।

यही बात आपके दिमाग की ग्रहणशीलता को बहुत अधिक बढ़ा देगी। आपने यह तो महसूस किया ही होगा कि जब आप किसी भी नए शहर में जाते हैं, तो पुराने शहर की अपेक्षा थोड़ा असहज महसूस करते हैं। ऐसा इसलिए, क्योंकि आप उसके बारे में कुछ नहीं जानते । इसलिए नए शहर में जाते समय आपकी कोशिश रहती है कि वहाँ अंधेरा होने से पहले ही घर पहुँच जाएँ, क्योंकि अंधेरा होने से शहर और भी अधिक अजनबी लगने लगेगा। ध्यान दीजिए कि यह सब आप नहीं कर रहे हैं, बल्कि आपकी ओर से आपका मस्तिष्क कर रहा है। मस्तिष्क इसी तरह काम करता है, फिर चाहे उसे शहर जाना हो या किताब पढ़नी हो।

यदि आपको किताब इसलिए पढ़नी है कि उसे समझ सकें, याद रख सकें तो यह पक्का जानिए कि केवल एक बार पढ़ने से बात नहीं बनेगी। जो विद्यार्थी अच्छे होते हैं और ढेर सारे नम्बर लाते हैं, यदि आप उनसे पूछें तो वे बताएँगे कि वे उस किताब को या फिर नोट्स को कई-कई बार पढ़ते हैं, लेकिन यह कई-कई बार पढ़ना हमेशा एक ही तरह का नहीं होता। यह हर बार अलग-अलग तरीके का होता है, ठीक वैसे ही; जैसे गर्मी के दिनों में आप तीन बार नहाते हैं तथा हर बार एक ही जैसा नहीं नहाते। सुबह खूब साबुन लगाकर रगड़-रगड़कर नहाते हैं, जबकि दोपहर और शाम को शरीर पर पानी डालकर वैसे ही हाथ फेर लेते हैं।

अब मैं आपको बताता हूँ कि किसी भी किताब को कब और किस तरह पढ़ने से अधिक लाभ होता है।

☑ किताब चाहे कोई भी हो, पहली बार आप उसे इस तरह पढ़ जाइये, जैसे कि आप कोई जीवनी, उपन्यास या कहानी की किताब पढ़ रहे हों। इस समय आप इस बात की बिल्कुल भी चिन्ता न करें कि किताब आपकी समझ में आ रही है या नहीं। अभी आपको इसे याद नहीं करना है। केवल सामान्य रूप से पढ़ते जाना है। आपने अखबारों में यह खबर पढ़ी होगी कि किसी क्षेत्र में बाढ़ आने पर राजनेता उसका हवाई सर्वेक्षण करते हैं। इससे उन्हें बाढ़ का एक मोटा अन्दाज़ा लग जाता है। आपको भी पहली बार में एक प्रकार से इस किताब का हवाई सर्वेक्षण ही करना है।

☑ पढ़ें और अपनी नियमित गति से पढ़ें। न तो इतना तेज़ पढ़ें कि जल्दी से जल्दी किताब समाप्त करनी है और न ही इतने धीमे पढ़ें कि ऊब ही होने लगे। इस तरह पढ़ें कि किताब के बारे में आपके मन में कुल-मिलाकर एक सामान्य-सा परिचय बन सके। इससे अधिक कुछ नहीं।

☑ आप यहाँ इस बात की भी चिन्ता मत कीजिए कि यह पुस्तक अभी तक आपकी कक्षा में पढ़ाई गई है या नहीं। कक्षा में पढ़ाई जाने को आप अपनी निजी पढ़ाई का आधार न बनाएँ। वहाँ पढ़ाई अपने ढंग से होती रहेगी। उसे आप करते रहिए, लेकिन यदि आपको कुछ हटकर नम्बर लाना है और एक अच्छे विद्यार्थी के रूप में पहचान बनानी है, तो निश्चित रूप से उसके लिए कक्षा से कुछ हटकर कुछ विशेष तो करना ही पड़ेगा। इसलिए कक्षा में जो हो रहा है, उसे होने दीजिए। आप जो पढ़ाई कर रहे हैं, वह कक्षा में पढ़ाये गये से ज्यादा है। इसलिए कक्षा की पढ़ाई से आपको दिक्कत नहीं आएगी।

☑ किताब को इस तरह एक बार पूरा पढ़ने से आपको दो सबसे बड़े फायदे होंगे। पहला यह कि विषय के बारे में जो जानकारी मिलेगी, वह सम्पूर्णता में होगी। आगे चलकर इससे आपको इस विषय को समझने में बहुत मदद मिलेगी और तभी आप सूचना को ज्ञान में परिवर्तित कर सकेंगे। दूसरा फायदा यह होगा कि आपके मस्तिष्क को पहले ही उस रास्ते का आभास हो जाएगा, जिस पर उसे चलना है। यह उसी तरह है, जैसे यदि आप किसी रास्ते पर दूसरी बार जा रहे हैं, तो आपके लिए चलना अपने उस मित्र की तुलना में अधिक आसान होगा, जो उसी रास्ते पर पहली बार जा रहा है।

☑ अब आपको किताब का द्वितीय वाचन करना है। निश्चित रूप से अब आप पहले की तुलना में गम्भीर होकर पढ़ेंगे और टुकड़ों-टुकड़ों में पढ़ेंगे। अब आपको पूरी पुस्तक को उपन्यास की तरह नहीं पढ़ना है, बल्कि उसे एक कहानी संकलन की तरह पढ़ना है और इन सभी कहानियों को एक ही दिन में न पढ़कर, एक दिन में केवल एक कहानी पढ़नी है। अब आपको रोज किताब का केवल एक अध्याय पढ़ना है।

☑ अब केवल पढ़ना ही नहीं है, बल्कि उसे समझने की कोशिश

भी करनी है। अब आपकी गति काफी धीमी हो जाएगी। पढ़ने के इस दौर में आप निम्न बातों का विशेष रूप से ध्यान रखें –

1. पढ़ते समय आवश्यक और महत्त्वपूर्ण अंशों को पेन्सिल से चिन्हित करते जाएँ। इससे ये महत्त्वपूर्ण तथ्य आपके दिमाग में अपने-आप रेखांकित हो जाएँगे। साथ ही आगे चलकर जब भी आप पुस्तक को दोहराना चाहेंगे, इससे आपको मदद मिलेगी।

2. यदि आप ठीक समझें, तो पुस्तक के हाशिए पर अपनी ओर से कुछ टिप्पणियाँ भी लिख सकते हैं। जैसे यदि आपको कोई पैराग्राफ पढ़ने के बाद यह लगता है कि इस पूरे पैराग्राफ को इस अमुक शब्द के द्वारा याद किया जा सकता है, तो आप वह पेन्सिल से लिख सकते हैं।

3. यदि आपको इसी से जुड़ी हुई कोई दूसरी बात याद आ रही हो, तो आप हाशिए पर लिख लें। यदि किसी अन्य किताब में इसी से जुड़ा कोई नया तथ्य दिया गया है, लेकिन इस किताब में नहीं है, तो उसे भी हाशिए पर लिख सकते हैं। इससे अनजाने में ही आप अपने टॉपिक को अधिक व्यापक और सम्पूर्ण बना रहे हैं। इसे यूँ कह लीजिए कि आप अपने नोट्स तैयार कर रहे हैं। अब; जबकि आप किताब को दूसरी बार पढ़ रहे हैं तथा सबसे महत्त्वपूर्ण काम कर रहे हैं, न तो आलस्य कीजिए और न ही लापरवाही। यदि इस समय आप किताब को वैज्ञानिक तरीके से पढ़ लेते हैं, तो इसका मतलब यह होगा कि आप अपने-आपको भविष्य की परेशानी और अनावश्यक मेहनत से बचा लेंगे और हाँ, यहाँ हड़बड़ी से भी अपने आपको बचाये रखें।

4. यदि पढ़ते समय कोई बात समझ में नहीं आ रही है, तो उसे समझने की कोशिश कीजिए। उसे रटकर या उसे छोड़कर आगे मत बढ़िए। या तो खुद समझिए या किसी के जरिए समझिए, लेकिन समझिए ज़रूर। यदि आप नहीं समझेंगे, तो आगे की चीज़ों को समझने की कड़ी टूट जाएगी। जिस तरह यदि एक जंजीर सौ कड़ियों से बनी है और उसकी एक कड़ी कमज़ोर है, तो इसका मतलब यह नहीं हुआ कि जंजीर मजबूत है। इस एक कड़ी की कमजोरी पूरी जंजीर की कमजोरी बन जाएगी। इसी प्रकार यदि आप किसी एक बात को नहीं समझेंगे, तो शेष बातों की समझ भी

कमज़ोर हो जाएगी।

5. पढ़ते समय आपका पाला बहुत से ऐसे नए शब्दों से पड़ेगा, जिनके अर्थ आप नहीं जानते। ज्यादातर विद्यार्थी, 'क्या फर्क पड़ता है', सोचकर आगे बढ़ जाते हैं। वे यह नहीं जान पाते कि सारा फर्क इसी से तो पड़ता है। यदि आप किसी शब्द का अर्थ नहीं जान रहे हैं, तो फिर उस वाक्य का अर्थ कैसे जान पाएँगे। जब आप उस वाक्य का अर्थ नहीं जान पाएँगे, तो फिर उस विषय को समझ कैसे पाएँगे। यानी कि सारा का सारा मामला गड़बड़ा जाएगा।

उस शब्द का अर्थ जानना केवल विषय को समझने के लिए ही जरूरी नहीं है, बल्कि अपने विचार और भावों को सटीक तरीके से प्रस्तुत करने के लिए भी जरूरी है। इससे नम्बर भी उतने ही अधिक मिलेंगे। आखिर परीक्षा अपने विचारों को प्रभावशाली भाषा के जरिए दूसरों को बताने का ही तो खेल है। इसलिए भी उस शब्द के अर्थ को जानिए और उसे प्रयोग में लाना भी शुरू कर दीजिए।

6. अब मुझे आपसे धैर्य की अपेक्षा है। मैंने अनुभव किया है कि यदि आप एक दिन में किसी एक विषय का एक ही टॉपिक पढ़ते हैं, तो वह आपके दिमाग में बहुत अच्छी तरह बैठ जाता है- स्पष्ट भी और गहरा भी। यदि हम उसी दिन उसी विषय का दूसरा टॉपिक भी पढ़ लें, तो चूँकि इन दोनों विषयों की बातें थोड़ी- बहुत तो एक-दूसरे से मिल ही जाती हैं, इसलिए उनके गड्डमड्ड होने की आशंका रहती है और ऐसा हो भी जाता है। यह ठीक इसी तरह से है, जैसे कि यदि आप एक ही दिन में प्रेम कहानी वाली दो फिल्में देखें। अगले ही दिन आप पाएँगे कि पहली फिल्म की कुछ कहानी दूसरी में मिल रही है और दूसरी फिल्म की पहले में। जैसे-जैसे दिन बढ़ते चले जाएँगे, फिल्मों की कहानियों के एक-दूसरे में मिलने की स्थिति भी बढ़ती चली जाएगी, लेकिन यदि आप एक ही दिन में दो फिल्में देखें, लेकिन एक प्रेम कहानी हो और दूसरी जासूसी या स्टंट फिल्म हो, तो पाएँगे कि ऐसा संकट नहीं हो रहा है। चूँकि इन दोनों फिल्मों की विषयवस्तु एक-दूसरे से बिल्कुल अलग है, इसलिए एक-दूसरे में घुलने-मिलने की गुंजाइश

ही नहीं रहती। हमारे दिमाग को इस बात से कुछ लेना-देना नहीं रहता कि वह पर्दे पर चित्र देख रहा है या पन्नों पर अक्षर। वह सभी के साथ एक ही जैसा बर्ताव करता है।

7. मैं जानता हूँ कि मेरी इस बात से आपको थोड़ी निराशा हुई होगी। आप यही चाहते हैं कि एक दिन में एक ही विषय के कई-कई टॉपिक्स पढ़कर उस विषय को खत्म कर दिया जाए, लेकिन एक व्यवस्थित अध्ययन के लिए मैं आपको ऐसा करने की गलत सलाह नहीं दे सकता। हाँ, आप यह जरूर कर सकते हैं कि एक ही दिन में तीन टॉपिक्स पढ़ें, लेकिन वे तीनों अलग-अलग विषय के हों, एक ही विषय के न हों।

8. पुस्तक के एक टॉपिक को पढ़ने के बाद पूरे दिन उसे जब-जब हो सके, दोहराएँ। केवल टेबल पर बैठकर ही न दोहराएँ, बल्कि टहलते हुए, बस में बैठे हुए भी मन ही मन दोहरा सकते हैं। इससे उस टॉपिक पर आपकी पकड़ मजबूत हो जाएगी।

9. उस टॉपिक को मन ही मन दोहराएँ ही नहीं, बल्कि उसके बारे में सोच-विचार भी करने की कोशिश करें। देखें कि आप कुछ क्या नया सोच सकते हैं और यदि नहीं सोच पा रहे हैं, तो निराश बिल्कुल भी न हों। यह सचमुच में एक कठिन काम है, लेकिन यदि आप ऐसा करने लगेंगे, तो धीरे-धीरे ऐसा कर लेंगे। आपके दिमाग को इसका अभ्यास हो जाएगा। इसलिए शुरू में असफलता हाथ लगने के बावजूद यह आपको करना ही चाहिए, ताकि भविष्य में सफलता हाथ लग सके।

10. अब आपको पुस्तक का तृतीय वाचन करना है। यह वाचन एक प्रकार से पहले वाचन जैसा ही होगा। अब आप किताब को सिलसिलेवार उपन्यास की तरह पढ़ डालिए, लगभग वैसा ही, जैसा कि आपने पहली बार पढ़ा था। आप पाएँगे कि हालाँकि किताब को पढ़ा तो पहली बार जैसा है, लेकिन आपको लग पहली बार जैसा नहीं रहा है। अब आपको मजा आ रहा है, क्योंकि चीज़ें आपकी समझ में आ रही हैं, जबकि पहली बार में ऊब हो रही थी और कभी-कभी तो खीझ भी। अब आपको मजा आ रहा है। आत्मविश्वास भी बढ़ रहा है और यदि सचमुच में ऐसा हो रहा है, तो आप

यह मानकर चलिए कि आपने विषय को जीत लिया है और आप एवरेस्ट की चोटी पर पहुँच गये हैं।

11. मैंने तीसरी बार पढ़ने की बात इसलिए कही है, क्योंकि इससे उस विषय के बारे में हमारी 'ओवरआल' धारणा बन जाती है। यह ठीक वैसा ही है, जैसे कि हमने पहली बार में एक गट्ठर खोला, दूसरी बार में उस गट्ठर में बँधी हुई एक-एक कतरनों को जाना और समझा। ऐसा करने के बाद तीसरी बार हमने उन कतरनों को फिर से एक गट्ठर में बाँध दिया, ताकि वे गायब न होने पाएँ।

क्या आपको यह तरीका अधिक वैज्ञानिक, अधिक विश्वसनीय और यहाँ तक कि मजेदार भी नहीं लगा? हो सकता है कि शुरुआत में ऐसा न लगे, लेकिन धैर्य रखें, आगे चलकर ऐसा लगने लगेगा।

इस तरह से तीन बार पढ़ने के बाद आप निश्चित जानिए कि उस विषय ने आपके दिमाग में अपनी जड़ें अच्छी तरह जमा ली हैं। अब वे आसानी से नहीं निकल सकेंगी, लेकिन यह सोचकर आपको उदासीन नहीं हो जाना है। जड़ें कितनी भी गहरी क्यों न हों, उसे नमी चाहिए ही चाहिए। यानी कि आपको बीच-बीच में दोहराते रहना होगा। अब जब आप दोहराएँगे, तब आप उस तरह नहीं पढ़ेंगे, जिस तरह अब तक पढ़ते रहे थे। अब तो यदि आप किताब पर एक सरसरी निगाह भी डाल देंगे, तो भी आपको सारी पढ़ी हुई बातें याद आ जाएँगी और ऐसा समय-समय पर करते रहें।

(ङ) बीच से न पढ़ें

आपने किताब की विषय-सूची पढ़ ली है। विषय-सूची पढ़ने के बाद हो सकता है कि आपको लगे कि बीच के किसी टॉपिक को पढ़ा जाए, लेकिन आप ऐसा करने से बचें। चाहे उस टॉपिक के प्रति आपका कितना भी लगाव और आकर्षण क्यों न हो, लेकिन फिलहाल उसे बीच से न पढ़ें। इससे उस पुस्तक की तारतम्यता खत्म हो जाएगी। उस पूरी किताब के बारे में जो बिम्ब सिलसिलेवार आपके दिमाग में बनने चाहिए थे, वे आगे-पीछे हो जाएँगे। क्या आप किसी फिल्म को बीच से देखना चाहेंगे? यदि ऐसा

करते हैं, तो पाएँगे कि फिल्म देखने का सारा मजा ही खत्म हो गया है। किताब के साथ भी लगभग यही होता है।

मुझे लगता है कि किसी भी पुस्तक को ऊपर बताये गये तरीके से पढ़कर आप उस किताब के साथ अधिक और सच्चा न्याय कर सकेंगे। आपने इस किताब को पढ़ने में जितना समय लगाया है, उस समय के साथ भी न्याय कर सकेंगे और आप जिस उद्देश्य से इस किताब को पढ़ रहे हैं, उस उद्देश्य के साथ भी न्याय कर सकेंगे।

(च) कैसे पढ़ें कि याद रहे

अब मैं यह मानकर चल रहा हूँ कि आपको इस बात का यकीन तो हो ही गया होगा कि कोई बात कब तक याद रहेगी, इसका बहुत कुछ सम्बन्ध इस बात से होता है कि उस बात को किस तरह पढ़ा और सुना गया है, उसकी कितनी देखभाल की गई है और उसको कितना सम्हालकर रखा गया है। यहाँ मैं आपको पढ़ने के कुछ वे तरीके बताने जा रहा हूँ, जिन्हें अपनाकर आप बातों को अपेक्षाकृत लम्बे समय तक याद रख सकते हैं। मैं यहाँ जो कुछ बताने जा रहा हूँ, उसमें वे बातें भी शामिल हैं, जो इससे पहले बताई जा चुकी हैं। इसीलिए आप इसके साथ उन्हें भी लेकर चलें।

(i) विषय की धारणा बनाएँ

विज्ञान में तो हर विषय की अपनी धारणा (कन्सेप्ट) होती ही है, लेकिन इसका अर्थ यह नहीं कि विद्यार्थी को इसका ज्ञान रहता है। ज्यादातर विद्यार्थी रटने के फेर में रहते हैं और यही उन्हें धोखा दे जाता है।

हाँ, कला के विषयों में लोग यही मानकर चलते हैं कि इसकी कोई धारणा नहीं होती। यह सोचना अपने-आपमें गलत ही नहीं, बल्कि बहुत अधिक गलत है। ***जिस तरह कोई मकान बिना खम्बों के नहीं बन सकता, कोई दीवार बिना नींव के टिकी नहीं रह सकती, हर शरीर में रीढ़ की हड्डी होती है, इसी तरह कोई भी विषय या उस विषय का कोई भी टॉपिक बिना कन्सेप्ट के हो ही नहीं सकता।*** यह बात अलग है कि

शिक्षक उस विषय की रीढ़ की हड्डी से विद्यार्थियों का परिचय करा पाते हैं या नहीं या विद्यार्थी स्वयं ही उस विषय के कन्सेप्ट को पकड़ पाते हैं या नहीं। याद रखिए कि विषय का कन्सेप्ट समझने की चीज़ उतनी नहीं है, जितना पकड़ने की है। यह एक ऐसे खम्बे की तरह होता है, पेड़ के पीड़ की तरह होता है कि यदि एक बार पकड़ में आ गया, तो फिर छोटी-छोटी पत्तियों के लिए आपको भटकना नहीं पड़ता। जिस तरह ध्रुव तारा हमें हमेशा उत्तर दिशा का ज्ञान कराकर हमें भटकने से बचाता रहता है, ठीक इसी प्रकार विषय की धारणा हमें इधर-उधर भागने से बचा लेती है। आपको यह मानना ही पड़ेगा कि इस मूल अवधारणा के चारों ओर ही किसी भी विषय का ताना-बाना बुना जाता है। ***बिना धारणा के किसी विषय को आगे बढ़ा पाना सम्भव ही नहीं है।***

धारणा से मेरा मतलब क्या है? विश्वास रखिए कि यह बहुत सरल है। कठिन बिल्कुल भी नहीं, बशर्ते कि आप उसे कठिन न समझें। उदाहरण के लिए आपको वैदिक काल की संस्कृति के बारे में पढ़ना है या अकबर की नीतियों के बारे में जानना है। इन पर पढ़ने के लिए तथ्यों का ढेर लगा हुआ है। इन तथ्यों में से ही आपको अपने उत्तर का ताना-बाना बुनना है। मुझे लगता है कि यदि आप इसकी रीढ़ की हड्डी को पकड़ लें, तो यह ताना-बाना बुनना आपके लिए आसान हो जाएगा। जैसे वैदिक काल के लिए रीढ़ की हड्डी होगी- यह प्रगतिशील समाज था। अकबर के लिए रीढ़ की हड्डी होगी- वह उदारवादी शासक था। हालाँकि ये दोनों ही वाक्य आप इन टॉपिक्स को पढ़ते समय पढ़ते हैं, लेकिन ध्यान नहीं देते। यूँ ही पढ़ते हुए आगे निकल जाते हैं, ठीक वैसे ही; जैसे हम अपने शरीर की रीढ़ की हड्डी पर ही कौन-सा ध्यान देते हैं। नतीजा यह होता है कि हम उस टॉपिक के सत्त्व से ही वंचित हो जाते हैं।

अब यदि हम यह जानते हैं कि प्रगतिशील समाज किसे कहा जाता है, तो आप अपनी इस पूरी जानकारी को पूर्व वैदिककालीन संस्कृति पर लागू कर सकते हैं। विश्वास रखिए कि आप गलत नहीं होंगे। हाँ, यदि इसके कुछ अपवाद हों, तो हमें उसे अलग से जान लेना चाहिए। ठीक इसी

तरह यदि आपको मालूम है कि उदारवादी शासक किसे कहा जाता है, तो आप इसी के आधार पर अकबर के समय को ध्यान में रखते हुए, उसके चरित्र और नीतियों के बारे में आसानी से बता सकते हैं। आप भटकेंगे नहीं और गलत भी नहीं होंगे।

मैंने अक्सर पाया है कि जब भी हम किसी टॉपिक को पढ़ते हैं, तो उस टॉपिक के या तो शुरू के पैराग्राफ में या उसके अंतिम पैराग्राफ में उस टॉपिक की अवधारणा दी हुई होती है, लेकिन हम करते यह हैं कि अक्सर इन दोनों ही पैराग्राफ्स के बारे में लापरवाही बरतते हैं। हमें लगता है कि ये तो मूँछ और पूँछ की तरह बेकार की चीज़ें होंगी। नतीजा यह होता है कि स्वयं को महत्त्वपूर्ण जानकारी से ही महरूम कर लेते हैं।

विषय के कन्सेप्ट को जान लेने का अर्थ है-इससे जुड़े छोटे-छोटे तथ्यों को किसी एक बड़े खूँटे से बाँध लेना। चूँकि अब वे बड़े और मजबूत खूँटे से बँध गये हैं, इसलिए अब वे भागकर कहीं जाएँगे नहीं। मतलब यह कि वे आपके दिमाग में बने रहेंगे। वे बने ही नहीं रहेंगे, बल्कि बहुत चटकदार रंग के साथ बने रहेंगे।

(ii) एक-दूसरे से जोड़कर पढ़ें

कोई भी विषय या उस विषय के टॉपिक्स 'आयलैण्ड' की तरह नहीं होते। यानी कि एक-दूसरे से बिल्कुल अलग-थलग नहीं होते। उनका एक-दूसरे से सम्बन्ध रहता ही है, चाहे फिर वह कितना भी महीन क्यों न हो। इसलिए हमारे पढ़ने का तरीका इस तरह से होना चाहिए कि हम जिस टॉपिक को पढ़ रहे हैं, उसे उसके पीछे वाले टॉपिक से जोड़कर आगे बढ़ें। जैसे यदि आप कार्ल मार्क्स को पढ़ रहे हैं, तो आप सीधे केवल कार्ल मार्क्स को पढ़कर उन्हें नहीं समझ सकते। उनको समझने के लिए जरूरी होगा कि आप हीगल को समझें और उनसे भी पहले के विचारक प्लेटो को समझें। यदि आप आइंस्टाइन को समझना चाहते हैं, तो आपको न्यूटन को भी समझना होगा।

मेरा यह विचार इस मूल सिद्धान्त पर आधारित है कि ज्ञान के क्षेत्र में

जो कुछ भी होता है, वह एकान्त में नहीं होता। वह एकांगी हो ही नहीं सकता। वह तो पीछे से चले आ रहे ज्ञान की परम्परा का ही एक रूप होता है। कोई चीज़ धीरे-धीरे बढ़ रही थी। उसी को किसी ने गढ़ दिया और वह गढ़न उसी के नाम से जानी जाने लगी।

याद रखिए कि वह केवल परम्परा से जन्म ही नहीं लेती, बल्कि एक नई परम्परा को जन्म देकर ज्ञान को आगे बढ़ाती भी है। इसी तरह से हम ज्ञान की वर्तमान स्थिति तक पहुँचे हैं। यदि कार्ल मार्क्स को जानने के लिए प्लेटो और हीगल को जानना ज़रूरी है, तो फिर लेनिन और माओत्से तुंग को जानने के लिए कार्ल मार्क्स को जानना ज़रूरी है। मतलब यह कि जिस प्रकार कार्ल मार्क्स का विकास प्लेटो और हीगल की परम्परा से हुआ है, ठीक उसी प्रकार लेनिन और माओत्से तुंग ने कार्ल मार्क्स की परम्परा को आगे बढ़ाया। या इसे यूँ कह लीजिए कि कार्ल मार्क्स ने लेनिन और माओत्से तुंग को जन्म दिया।

इसे ही मैं कहता हूँ-'इन्टरलिंकिंग' तरीके से पढ़ना। चाहे आप विज्ञान का विषय पढ़ रहे हों, वाणिज्य के या कला के, उन्हें अलग-थलग करके मत पढ़िए। उन्हें आगे-पीछे की बातों से जोड़कर पढ़िए। जानकारियों के इस तरह से जुड़ जाने का नतीजा यह होता है कि वे दिमाग से गायब नहीं हो पाएँगी। यदि कोई एक गायब होने की कोशिश करेगी भी तो चूँकि वह चैन से बँधी हुई है, इसलिये दूसरा उसे खींचकर अपने पास ले आएगा। इस प्रकार सभी एक-दूसरे को खींचते हुए एक-दूसरे को गायब होने से रोके रखेंगी।

(iii) दिमाग में मॉडल लाएँ

किसी भी विषय को समझने का और समझकर लम्बे समय तक याद रखने का एक अच्छा तरीका यह हो सकता है कि हम उस विषय के बारे में अपने दिमाग में कोई मॉडल ले आएँ और उस मॉडल के अनुसार उस विषय की व्याख्या करें। जैसे मान लीजिए कि आपको सामन्तवाद को समझना है, तो आप अपने दिमाग में अपने गाँव के जमींदार का मॉडल ले आइए। आपको प्रशासन को समझना है, तो अपने दिमाग में किसी भी सरकारी दफ्तर का मॉडल ले आइए। मैं यह तो नहीं कहता कि ये मॉडल विषय के

अनुरूप बिलकुल फिट बैठेंगे, लेकिन ज्यादातर मामलों में ये फिट ही बैठते हैं। कला के विषयों को जानने और समझने के लिए तो यह पद्धति बहुत ही अधिक उपयोगी है। याद रखिए कि ये मॉडल कहीं के भी हो सकते हैं, किसी के भी हो सकते हैं और किसी भी तरह के हो सकते हैं। यहाँ तक कि फिल्म में देखी गई कहानियाँ और पात्र भी मॉडल का काम कर सकते हैं। हमारे चारों तरफ की दुनिया हमारे लिए मॉडल हो सकती है। यदि आप सभी टॉपिक्स के बारे में ऐसा नहीं कर पाते, तो कम से कम उन महत्त्वपूर्ण टॉपिक्स के बारे में तो कीजिए ही, जो परीक्षा की दृष्टि से बहुत महत्त्वपूर्ण हैं। आप पाएँगे कि ऐसा करके आपने कितना बड़ा काम कर लिया है।

(iv) आँकड़ों से ऐसे निपटें

हमें जब भी अपनी बात कहनी होती है, यदि हम उन्हें आँकड़ों के साथ कह सकें, तो निश्चित रूप से कही गई बात का वजन बढ़ जाता है। इससे सुनने वाला न केवल बताने वाले के ज्ञान से ही प्रभावित होता है, बल्कि उसे बताई गई बात अधिक विश्वसनीय भी लगती है। जैसे हम यह कहें कि भारत के अधिकांश लोग खेती पर निर्भर हैं। यदि इसे ही हम इस तरह कहें कि भारत के 58 प्रतिशत लोग खेती पर निर्भर हैं, तो बात वही होने के बावजूद बात वही नहीं रहती। पहले की तुलना में दूसरे का वज़न अधिक हो जाता है।

विषय चाहे कोई भी हो, अपनी बात को यथासम्भव प्रामाणिक रूप में प्रस्तुत किया जाना चाहिए और प्रामाणिकता के बहुत बड़े आधार होते हैं - तथ्य (फैक्टस्), समय-समय पर किए गये अध्ययनों की रिपोर्ट विषय के विशेषज्ञों के वक्तव्य तथा विश्वसनीय आँकड़े। विद्यार्थियों को तथ्य की रिपोर्ट और वक्तव्य तो अक्सर याद रह जाते हैं, क्योंकि वे एक-दूसरे से बहुत ज्यादा नहीं मिलते, लेकिन आँकड़े अक्सर याद नहीं रह पाते, क्योंकि वे एक-दूसरे से ठीक उसी तरह मिलते रहते हैं, जैसे भैसों के चेहरे। सबसे बड़ा संकट यह है कि गलत आँकड़े देने के बजाय आँकड़े न देना अधिक लाभदायक होता है। यदि आपको सही आँकड़े नहीं मालूम, तो आप अनुमान

के आधार पर बिलकुल मत लिखिए। यदि दूसरी बातों के लिए अनुमान लगाएँगे, तो शायद चल जाएगा, लेकिन गणित में अनुमान नहीं चलता और आँकड़े गणित होते हैं।

आँकड़ों को याद रखने के मुख्य तीन तरीके हैं। पहला यह कि अपने दिमाग में आँकड़ों का जमघट न लगाएँ। जो बहुत प्रमुख और ज़रूरी हैं, केवल उन्हें ही याद रखें, अन्यथा गड़बड़ी होने की आशंका रहेगी। उदाहरण के लिए भारत की जनसंख्या पर हजारों तरह के आँकड़े हैं- कितने मकान हैं, गाड़ी वालों की संख्या कितनी है, किस जाति के लोग कितने हैं। शहरों की जनसंख्या, आर्थिक स्थिति के अनुसार जनसंख्या, शिक्षा के अनुसार जनसंख्या और भगवान जाने किन-किन के अनुसार जनसंख्या। अब आप इनमें से कितनों को याद रखेंगे? और यदि ज्यादा से ज्यादा याद करने के चक्कर में पड़ेंगे, तो सब कुछ भूल जाएँगे।

इसलिए यहाँ हमें 'ना' कहने की आदत डालनी चाहिए। 'हाँ' कहने का मतलब है कि जो भी सामने आया, उसे याद कर लो। 'ना' कहने का मतलब है कि जो भी सामने आया, उसमें ज्यादातर को 'ना' कह दो और केवल कुछ को ही याद करो। हमें केवल उन थोड़े-से ही आँकड़ों को दिमाग में जगह देनी चाहिए, जो हमारे लिए उपयोगी हैं और जिनका हम कई तरह से उपयोग कर सकते हैं। जैसे जनसंख्या की ही बात को लें, तो हमें मालूम होना चाहिए कि भारत की कुल आबादी कितनी है। इसमें शहरी और ग्रामीण आबादी कितनी है। कुल साक्षरता कितनी है। कितने प्रतिशत पुरुष और कितने प्रतिशत महिला साक्षर हैं। भारत की औसत आयु कितनी है। औसत आय कितनी है। जनसंख्या का घनत्व कितना है। महिला और पुरुष का अनुपात क्या है, आदि-आदि। इन मूलभूत आँकड़ों को जानना ही पर्याप्त है। ये मूलभूत आँकड़े हैं और इनका प्रयोग आप कहीं भी अपने को प्रभावशाली तरीके से व्यक्त करने के लिए कर सकते हैं।

दूसरा यह कि आँकड़ों को 'इन्टरलिंक्ड' करके याद करने की कोशिश करनी चाहिए। यदि आप किसी एक ही आँकड़े को पढ़कर उसे याद रखना चाहेंगे, तो वह लम्बे समय तक दिमाग में नहीं टिकता, लेकिन यदि उसे ही

कुछ अन्य आँकड़ों के साथ जोड़कर पढ़ेंगे, तो लम्बे समय तक याद रहेगा। यह ठीक उसी तरह है, जैसे मैंने किसी भी विषय को अन्तर्सम्बन्धित करके पढ़ने के बारे में बताया था।

तीसरे यह अच्छा होगा कि आँकड़ों को आँकड़ों की तरह याद न करके गद्य की तरह याद करने की कोशिश की जाए। जैसे कि बजाय यह याद करने के कि भारत 3214 किलोमीटर लम्बा और 2933 किलोमीटर चौड़ा है, हम इसे इस तरह याद कर सकते हैं कि भारत लगभग 3200 किलोमीटर लम्बा और लगभग 2900 किलोमीटर चौड़ा है। इसी आँकड़े को इस प्रकार भी दोहरा सकते हैं कि भारत की लम्बाई चौड़ाई से लगभग 300 किलोमीटर अधिक है। यदि आँकड़ों को इस तरह का आधार दे दिया जाए, तो वे गड्डमड्ड नहीं होते।

निश्चित रूप से यह तो है ही कि यदि आँकड़ों को सही-सही याद रखना है, तो समय-समय पर उन्हें उपयोग में लाना होगा- या तो बोलचाल में या लिखने में या फिर पढ़कर दोहराने में। जिन आँकड़ों का उपयोग हम बार-बार करते हैं, वे चमक के साथ हमारे दिमाग में बने रहते हैं।

मैं समझ नहीं पा रहा हूँ कि मैं किन शब्दों में विश्वास दिलाऊँ कि यदि आप पढ़ने के लिए और याद करने के लिए इन तरीकों का इस्तेमाल करेंगे, तो निश्चित रूप से आपकी क्षमता दोगुनी और तिगुनी ही नहीं, बल्कि कई गुनी बढ़ जाएगी। वैज्ञानिक तरीके से पढ़कर जिस तथ्य को आप पाँच घण्टे में याद करते हैं, उसी को इस तरीके से पढ़कर एक घण्टे में याद कर सकते हैं और यदि इस तरीके से पढ़ने में भी पाँच घण्टे लग रहे हों, तो भी यह आपके लिए आगे चलकर लाभदायक ही होगा, क्योंकि अवैज्ञानिक तरीके से पढ़ी गई बात कुछ दिनों बाद गायब हो जाएगी। आपको उसे फिर से पढ़ने के लिए समय लगाना पड़ेगा, लेकिन वैज्ञानिक तरीके से पढ़ी गई बातें आपसे दोबारा समय नहीं माँगती। तो इस प्रकार आपका वह समय बचा या नहीं?

☑ हम क्या बनते हैं, यह इस बात पर निर्भर करता है कि प्रोफेसर के द्वारा पढ़ाए जाने के बाद हम क्या पढ़तें हैं?

- थामस कार्लाइल

☑ शक्ति और बुद्धिमत्ता नहीं, बल्कि सतत प्रयास हमारी क्षमता को उन्मुक्त करता है।

- लीयन कोडस

☑ मैं जानता हूँ कि मैं क्या जान सकता हूँ, और मैं उसके लिए परेशान नहीं हूँ, जो मैं नहीं जान सकता।

- जॉन फिशे

अध्याय 7

कक्षा में बैठने का मतलब

"पढ़ने की सबसे बड़ी जरूरत केवल यह है कि आप सतर्क होकर पढ़ें।"

अभी; जबकि यह पुस्तक आपके हाथ में है, आप या तो कक्षाओं में जा रहे होंगे या जा चुके होंगे। स्कूलों में स्थिति बेहतर है, किन्तु कॉलेजों में बदतर। स्कूलों की कक्षाओं में विद्यार्थी इसलिए जाते हैं, क्योंकि जाना उनकी मजबूरी है। कॉलेज में ऐसा नहीं होता, क्योंकि लगता है कि 'न जाना' जाने से बेहतर है, लेकिन मैं समझता हूँ कि ये दोनों ही स्थितियाँ ठीक नहीं हैं, क्योंकि अन्ततः इससे आपका समय तो खराब होता ही है। हाँ, यदि आप कक्षाओं में जाने के लिए घर से ही न निकलें और घर में ही रहकर तैयारी करें, तो बात अलग है।

सामान्यतया जब आप कक्षाओं में जाने का अर्थ सीधे-सीधे पढ़ाई करने से लगाते हैं, तो मेरी दृष्टि में आप उसका आधा-अधूरा ही अर्थ लगा रहे हैं। इसमें कोई दो राय नहीं कि आप वहाँ पढ़ने ही जा रहे हैं, लेकिन सच यह है कि आप पढ़ने कम, सुनने और समझने ज्यादा जा रहे हैं। ***कक्षा पढ़ने की जगह नहीं है। वह सुनने की जगह होती है*** और मैं आपको पहले बता चुका हूँ कि देखने से अधिक लाभदायक होता है-सुनना और यह सुनना भी केवल सीधे-सीधे सुनना नहीं होता, बल्कि समझना भी होता है, क्योंकि

शिक्षक आपको समझाने की कोशिश करते हैं।

देखिए, यह दो तरफा होता है। आप सिर्फ शिक्षक को ही दोष नहीं दे सकते कि वे समझा नहीं पा रहे हैं। हाँ, उनकी अपनी समझ और समझा पाने की क्षमता में फर्क हो सकता है, लेकिन आपको यह तो मानकर चलना ही चाहिए कि वे आपसे तो अधिक ही जानते हैं। इसलिए वे जो कुछ भी बता रहे हैं, वह आपके लिए उपयोगी ही होगा; फिर चाहे वह थोड़ा ही उपयोगी क्यों न हो।

इसलिए मैं आपकी इच्छा के विरुद्ध इस बात का समर्थन करूँगा कि आपको कक्षाएँ अटेण्ड करनी चाहिए। हाँ, यदि आप मुझसे यह पूछते हैं कि तो फिर ऐसी कक्षाओं से फायदा कैसे उठाया जाए, तो मैं वह बताने को तैयार हूँ और अब मैं वही बताने जा रहा हूँ।

कक्षा में जाने का मतलब केवल अटेन्डेन्स लगवाना नहीं है, ताकि आपको परीक्षा में बैठने की अनुमति मिल जाए। यह उससे बहुत अधिक है। बहुत अधिक इस मायने में है कि वहाँ आप एक जीवन्त वातावरण में रहते हैं। वहाँ कई विद्यार्थी हैं। वह पढ़ने का एक स्थल है। आप घर में भी पूजा करते हैं, लेकिन मन्दिर भी जाते हैं। बताइये कि क्यों ? घर में भी पूजा हो सकती है, लेकिन आप मन्दिर इसलिए जाते हैं, क्योंकि आपको लगता है कि वहाँ पूजा ज्यादा अच्छे से हो जाएगी। ऐसा वहाँ के वातावरण के कारण होता है, जो आपकी भावनाओं को बदल देता है।

यदि आप चाहें तो अपनी कक्षा को भी इसी तरह का एक मन्दिर मान सकते हैं। याद रखिए कि ऐसा मानना पूरी तरह आपके ऊपर निर्भर करता है, किसी दूसरे के ऊपर नहीं। बहुत ही पिछड़े गाँव के बहुत ही उजड़े जैसे स्कूल में पढ़ने वाला विद्यार्थी; अर्थात मैंने हमेशा अपनी कक्षा को इसी रूप में माना और मुझे इसका बहुत फायदा मिला। यहाँ तक कि जब मैं एम.ए. में था और कुछ व्याख्याता ऐसे थे, जिनकी कक्षाओं में जाने का कोई विशेष मतलब नहीं था, मैं कक्षाओं में निरन्तर जाता रहा, क्योंकि मैंने वहाँ जाने का मतलब निकाल लिया था। मैंने उनसे बहुत लाभ उठाया। आप भी उठा सकते हैं। कक्षा में जब भी आप बैठें, इसलिए नहीं कि सुनकर बाहर आ

जाना है, बल्कि आपको इसकी भी एक क्रमबद्ध तैयारी करनी चाहिए। मैं जो करता था और जिससे मुझे बहुत ज्यादा फायदा हुआ, बहुत ही अधिक फायदा, यहाँ मैं अपने उन्हीं अनुभवों को आपके साथ बाँटना चाहूँगा।

मैं कक्षा में बिल्कुल कोरे कागज की तरह जाना पसन्द नहीं करता था। जिस विषय को पढ़ाया जाना है, मैं घर पर पहले उसे पढ़ लेता था। हालाँकि वह मेरे बहुत ज्यादा समझ में नहीं आता था और बिना समझ के पढ़ने में ऊब भी होती थी, फिर भी मैं नियम से ऐसा उसी तरह करता था, जैसे कि आप मन्दिर जाने से पहले नहाना-धोना पसन्द करते हैं।

मुझे इसके सबसे बड़े दो फायदे होते थे। पहला तो यह कि जब शिक्षक टॉपिक के बारे में बताते थे, तो वह टॉपिक मुझे एकदम अनजाना नहीं लगता था। मुझे ऐसा महसूस होता था, जैसे किसी को देखने के बाद आपको लगे कि "मैंने इसे पहले भी कहीं देखा है"। इसके कारण मैं शिक्षक की बातों को दूसरों की अपेक्षा जल्दी तथा थोड़ा अधिक भी समझ जाता था।

मुझे दूसरा फायदा यह होता था कि शिक्षक जब प्रश्न पूछने को कहते थे, तो मैं इस स्थिति में रहता था कि सबसे ज्यादा प्रश्न पूछ सकूँ। इससे कक्षा में मेरी धाक तो जम ही जाती थी, लेकिन इससे भी बड़ी बात यह होती थी कि मुझे जो भी बात समझ में नहीं आई थी, उसे मैं यहाँ स्पष्ट कर लेता था। यानी कि अब मुझे यह करने की जरूरत नहीं रहती थी कि मैं घर जाऊँ। फिर इस टॉपिक को पढ़ूँ और फिर जो समझ में नहीं आएगा, उसे अगले दिन पूछूँ।

कक्षा में जो कुछ पढ़ाया गया, उसे मैं घर लौटने के बाद दोहराता था। दोहराने में मुझे बड़ा मजा आता था, क्योंकि अब वह टॉपिक मुझे बहुत तेजी से समझ में आ जाता था। दोहराते समय मुझे बीच-बीच में अपने शिक्षक के द्वारा बताई गई बातें याद आती जाती थीं। उनके कुछ शब्द और वाक्य मेरे दिमाग के कानों में गूँजने लगते थे। मैंने महसूस किया कि जब मैं परीक्षा में इसी विषय पर लिखता था, तो मुझे फिर से वही गूँज सुनाई देने लगती थी। इस पर मुझे आश्चर्य होता था। मैंने महसूस किया कि यदि किसी कारण से मैं किसी कक्षा में नहीं जा पाया और वही टॉपिक परीक्षा में पूछ लिया गया, तो मैं स्वयं को उस गूँज के आनन्द से

वंचित पाता था। इससे मुझे निश्चित रूप से नुकसान होता होगा।

क्या आप भी ऐसा ही करते हैं? यदि कर रहे हों, तो आपके भी अनुभव लगभग मेरे जैसे ही होंगे। यदि नहीं कर रहे हों, तो मेरा सुझाव है कि आपको ऐसा करना चाहिए। आप पाएँगे कि ऐसा करने के बाद वह टॉपिक आपके दिमाग में बड़े अच्छे से बैठ गया है और वह आपको लम्बे समय तक याद भी रहेगा। इससे आपको विषय को समझने में आसानी होगी।

आपकी कोशिश होनी चाहिए कि कक्षाओं में नागा न करें। इससे ज्ञान का लिंक टूट जाता है। फिर भी कुछ कक्षाएँ तो छूट ही जाती हैं। ऐसी स्थिति में आपको चाहिए कि आप अपने मित्र से जितना सम्भव हो सके, कक्षा में बताई गई बातों की जानकारी ले लें।

किस तरह पढ़ें

हिन्दी के प्रसिद्ध साहित्यकार मुंशी प्रेमचन्द से एक बार पूछा गया था कि 'आप किस तरह की कलम और किस तरह के कागज पर लिखना पसन्द करते हैं।' प्रेमचन्द जी ने बहुत खूबसूरत जवाब दिया था कि 'वह कलम, जो लिख सके और वह कागज, जिस पर कुछ लिखा हुआ न हो।' किस तरह पढ़ें का जवाब प्रेमचन्द के इस उत्तर में शामिल है।

यह आपकी अपनी आदत पर निर्भर करता है। मेरी दृष्टि में पढ़ने की सबसे बड़ी जरूरत केवल यह है कि आप सतर्क होकर पढ़ें। अब यह आपके ऊपर है कि आप टेबल-कुर्सी पर बैठकर स्वयं को सतर्क रख सकते हैं या टहलकर सतर्क रख सकते हैं या जमीन पर बैठकर सतर्क रख सकते हैं या लेटकर सतर्क रख सकते हैं। हाँ, यह जरूर है कि जब हम टेबल-कुर्सी पर बैठकर पढ़ते हैं, तब हमारा शरीर इस तरह की स्थिति में रहता है कि हम अधिक से अधिक सतर्क रह सकते हैं। ठीक इसके विपरीत ***जब हम लेटकर पढ़ते हैं, तो चूँकि शरीर की माँसपेशियों को आराम मिलने लगता है, इसलिए दिमाग भी शरीर की नकल करते हुए आराम की तरफ चला जाता है*** और इस सच्चाई से तो भला कैसे इंकार किया जा सकता है कि परीक्षा के लिए पढ़ने का काम बहुत रोचक काम तो

नहीं है। इसलिये जब हम लेटकर इस अरुचिकर काम को करते हैं, तो पहले तो हमारी आँखें भारी होकर कसैली होने लगती हैं और बाद में धीरे-धीरे बन्द हो जाती हैं। किताब सीने पर है, लाइट जल रही है, आँखें बन्द हैं और हम खर्राटे ले रहे हैं।

मुझे लगता है कि पढ़ने में इन सभी का 'कॉम्बिनेशन' लाया जा सकता है। जब पढ़े हुए को दोहराना हो, तो यह काम टहलते हुए करना ठीक रहेगा। इससे शरीर की जकड़न भी टूटेगी। जब हमें हल्की-फुल्की चीज़ पढ़नी हो, तो यह काम लेटकर किया जा सकता है, लेकिन निश्चित रूप से यदि आप कोई गम्भीर चीज़ पढ़ रहे हों और पढ़ते समय उस पर निशान भी लगाने हैं, हाशिए पर कुछ नोट भी करना है, तो यह सब टेबल-कुर्सी पर बैठकर ही किया जाना सम्भव हो सकेगा। फिर भी मैं यही कहूँगा कि यह पूरी तरह आपके अपने ऊपर निर्भर करता है। क्या आप विश्वास करेंगे कि हिन्दी के प्रसिद्ध लेखक फणीश्वरनाथ रेणु सुबह तीन बजे उठकर उल्टे लेटकर अपने सीने के नीचे तकिया रखकर लिखने जैसा काम किया करते थे?

कितने घन्टे पढ़ें

यह एक ऐसा विचित्र प्रश्न है, जो मुझसे लगभग हर विद्यार्थी के द्वारा पूछा जाता है। यह प्रश्न इसलिए पूछा जाता है, क्योंकि सभी के दिमाग में यह गलत धारणा बना दी गई है कि ***'जितना पढ़ोगे, उतने ही सफल होवोगे'।*** इसलिए यदि आपके मन में भी यह प्रश्न है, तो कुछ गलत नहीं है, लेकिन यह सोचना गलत जरूर है।

विश्वास कीजिए कि इस बात का आपकी सफलता से कोई लेना-देना नहीं है कि आप कितने घन्टे पढ़ते हैं। यहाँ गणित का सिद्धान्त काम नहीं करता कि 'यदि एक विद्यार्थी साल भर प्रतिदिन दो घन्टे पढ़कर चालीस प्रतिशत नम्बर लाता है, तो वही विद्यार्थी साल भर चार घन्टे पढ़कर कितने प्रतिशत नम्बर लायेगा?' आप इस गणित को हल कीजिए तो उत्तर आएगा- अस्सी प्रतिशत, लेकिन क्या व्यवहार में ऐसा सम्भव है? जब मैं नौवीं कक्षा में पढ़ता था, तो मेरा एक मित्र था- जीतेन्द्र सिंह। वह कक्षा में मेरा प्रतिस्पर्धी

था। उसके घर वालों की शिकायत थी कि वह बिलकुल भी नहीं पढ़ता। उनकी शिकायत गलत नहीं थी, क्योंकि वह सही में हमेशा घूमता हुआ ही नज़र आता था। जबकि मैं खूब तो नहीं, लेकिन काफी कुछ पढ़ता था, किन्तु मजेदार बात यह रही कि मैं लाख कोशिश करने के बाद भी कक्षा में प्रथम नहीं आया और वह न पढ़ने के बावजूद कभी प्रथम से नीचे नहीं रहा।

फिर भी चूँकि यह प्रश्न लगभग प्रत्येक विद्यार्थी का प्रश्न है, इसलिए मैं यहाँ कुछ बातें तो बताना ही चाहूँगा –

☑ यदि आप स्कूल में पाँच-छह घण्टे ईमानदारी के साथ गुजार रहे हैं, तो घर पर दो-तीन घण्टे ही पढ़ना पर्याप्त है।

☑ यदि आप कॉलेज में तीन-चार घण्टे गुजार रहे हैं, तो घर पर तीन-चार घण्टे पढ़ना ही पर्याप्त होगा।

☑ लेकिन यदि आप स्कूल-कॉलेज नहीं जा रहे हैं और घर पर ही रहकर तैयारी कर रहे हैं, तो प्रतिदिन पाँच-छह घण्टे पढ़ना ही पर्याप्त होगा।

मैं जानता हूँ कि आपके दिमाग में घन्टों की गिनती बहुत अधिक है। आप सफल लोगों के इन्टरव्यू में यह पढ़-पढ़कर भयभीत हो गये हैं कि वे 15-16 घण्टे पढ़ते थे। आप इससे बिल्कुल मत डरिए। सच यह है कि वे 15-16 घण्टे नहीं पढ़ते थे। कोई भी नहीं पढ़ता। ये 15-16 घण्टे के आँकड़े 2-4-5 दिन पढ़ने के होते हैं, साल भर पढ़ने के नहीं। मैंने पढ़ने के जो घण्टे बताये हैं, वे साल भर पढ़ाई करने के घण्टे हैं, न कि परीक्षा से दो महीने पहले पढ़ाई करने के।

मैं यहाँ एक बार फिर से इस बात को दोहराना चाहूँगा, जो मैं इस पुस्तक के द्वितीय अध्याय में पहले ही बता चुका हूँ कि ***अध्ययन की निरन्तरता बेमिसाल होती है। यह लाजवाब है। इसका कोई जवाब नहीं होता। कोई विकल्प नहीं है इसका।*** इस निरन्तरता को कायम रखिए। चमत्कार हो जाएगा।

हाँ, परीक्षा के दिनों में यानी कि परीक्षा के लगभग एक महीने पहले आप पढ़ने के इन घन्टों में अपनी क्षमता, अपनी स्थिति और अपनी जरूरत के अनुसार कुछ और घण्टे जोड़ सकते हैं, बल्कि जोड़ ही लेना चाहिए।

एक बार एक विद्यार्थी ने मुझसे एक प्रश्न किया था कि "सर, परीक्षा के दिनों में तो हममें जोश रहता है और हम अपनी पढ़ाई की निरन्तरता को बनाए रखते हैं, लेकिन ऐसा उससे पहले क्यों नहीं कर पाते? ऐसा कैसे करें?" मैंने उसे जो बहुत छोटा-सा उत्तर दिया था, उसे शायद आप भी जानना चाहेंगे। मैंने उससे कहा था 'तो यह मानकर चलो कि अगले ही दिन परीक्षा है, सचमुच यह बहुत छोटा उत्तर है और शायद सही भी। ऐसा मानकर ही आप अपने उत्साह को बनाए रख सकते हैं और इससे आपकी पढ़ाई की निरन्तरता बनी रहेगी। इस बात की कतई जरूरत नहीं है कि आप रात-रात भर जागकर पढ़ें। जब बहुत तेज़ बारिश होती है, तो बाढ़ आती है। जब इतनी ही मिलीमीटर वर्षा एक महीने में होती है, तो फसल लहलहा जाती है। एक फसल को बर्बाद करती है तो दूसरी आबाद। आप क्या चाहते हैं, यह आपके ऊपर है।

कितनी किताबें पढ़ें

विद्यार्थियों के दिमाग में; खासकर ऊँची कक्षाओं और प्रतियोगी परीक्षाओं की तैयारी करने वाले युवकों के दिमाग में भी यह बात कूट-कूटकर भर दी गई है कि खूब सारी किताबें पढ़ो। एक ही विषय पर कई-कई लेखकों की किताबें पढ़ो।

यह भी गलत है, पूरी तरह गलत। ***ज़रूरत बहुत-सी किताबें पढ़ने की नहीं है, बल्कि जरूरत कुछ ही किताबों को बार-बार पढ़ने की है।*** हाँ, यह ज़रूर है कि ये किताबें बहुत विश्वसनीय और अच्छे लेखकों की होनी चाहिए।

जब आप किसी एक विषय पर कई-कई किताबें पढ़ते हैं, तो उस विषय के बारे में आपके दिमाग में बनने वाले बिम्ब बिगड़ जाते हैं। आप कन्फ्यूज़्ड हो जाते हैं। मैं समझता हूँ कि ऐसा अनुभव मेरी तरह आपका भी रहा होगा। यदि नहीं है, तो करके देखिए, हो जाएगा। तो क्या आप कन्फ्यूज्ड होना चाहते हैं?

पढ़ते समय आपको हमेशा किसी एक विषय पर या एक टॉपिक पर एक मास्टर पुस्तक चुन लेनी चाहिए। यह आपकी मुख्य पुस्तक होगी। अब यदि आप इसी टॉपिक पर कोई दूसरी पुस्तक पढ़ रहे हैं, तीसरी पुस्तक पढ़ रहे हैं, तो उनमें मिली नई जानकारियों को अपनी इस मास्टर पुस्तक में नोट कर लीजिए। इसके बाद इन पुस्तकों को भूल जाइए। अच्छे नम्बर लाने के लिए इतना ही पर्याप्त है और मुझे नहीं लगता कि किसी भी एक विषय या टॉपिक पर तीन से अधिक पुस्तकें पढ़नी चाहिए। वैसे तो दो ही बहुत हैं, लेकिन यदि आपको ज्यादा लेखकों को पढ़ने का क्रेज ही है, तो उसे तीन कर लीजिए। इससे अधिक नहीं। याद रखिए कि आपको उस विषय का विशेषज्ञ नहीं बनना है। जब बनना होगा, तब उस पर कई-कई नहीं, बल्कि सारी किताबें पढ़नी होंगी, लेकिन अभी नहीं। ज़रूरत से अधिक खाना भी अपच का कारण बनता है।

और क्या-क्या पढ़ें ?

यदि यह प्रश्न सचमुच आपके दिमाग में उठ रहा है, तो मैं आपकी प्रशंसा करना चाहूँगा। जब हम विद्यार्थी रहते हैं, तब हमारी पढ़ाई को पाठ्यक्रम की पढ़ाई तक सीमित कर दिया जाता है। सचमुच, यह बहुत दुःखद है। क्या ऐसा होना चाहिए, बिल्कुल भी नहीं। पढ़ाई का अर्थ ज्ञान से है, प्रज्ञा से है। केवल सूचना से नहीं। पढ़ाई का मतलब केवल परीक्षा पास करने से भी नहीं है। यह बहुत बड़ी चीज़ है, बहुत ही बड़ी; शायद सबसे बड़ी।

आपको चाहिए कि आप अपने विषय की पुस्तकों के साथ-साथ अन्य विषयों की पुस्तकें भी पढ़ें; भले ही वे आपके विषय से प्रत्यक्ष-अप्रत्यक्ष रूप से जुड़ी हुई हों या नहीं। आप न्यूटन के तीन सिद्धान्त जानते हैं, लेकिन क्या आप न्यूटन के बारे में जानते हैं ? क्या आपको न्यूटन के बारे में नहीं जानना चाहिए ? आपको हिटलर की नीतियाँ मालूम हैं, लेकिन क्या हिटलर का जीवन मालूम है ? आपको स्वतंत्रता संग्राम की जानकारी है, लेकिन उससे जुड़े कितने किस्से-कहानियाँ जानते हैं आप ? आपको कभी-कभी निराशा होती है। आपको ही नहीं, बल्कि सभी को होती है। तो इस

निराशा को दूर करने के लिए क्या आप प्रेरणास्पद पुस्तकें पढ़ते हैं? विषय को पढ़ते-पढ़ते ऊब होने लगती है। तो क्या इस ऊब को तोड़ने के लिए कुछ अन्य तरह की किताबें नहीं पढ़नी चाहिए?

असल में अन्य विषयों की किताबों को पढ़ने के बारे में आपका ख्याल है कि इससे समय खराब होता है। आप गलत सोच रहे हैं, एकदम गलत। आपको मैंने बताया है कि ***ज्ञान अलग-थलग वस्तु नहीं है। यह एक-दूसरे से जुड़ी हुई है।*** जो वस्तु जितनी ज्यादा एक-दूसरे से जुड़ती है, वह उतनी ही स्थाई होती है और बड़ी भी। क्या आप जानते हैं कि इस धरती पर कई-कई महासागर हैं। कोई हिन्द महासागर है, कोई अंध महासागर, तो कोई प्रशान्त महासागर है, लेकिन शायद आप यह नहीं जान रहे होंगे कि सभी महासागर आपस में एक-दूसरे से जुड़े हुए हैं। ये अलग-अलग होकर भी अलग-थलग नहीं हैं।

यह विश्वास रखिए कि आप अन्य विषयों की जो भी पढ़ाई करेंगे, वे आपके लिए मददगार सिद्ध होंगी। ऐसा आपको भले ही अभी महसूस न हो, लेकिन आगे जाकर होगा। इसलिए क्या यह बेहतर नहीं होगा कि आप अभी से ही उसके लिए सतर्क हो जाएँ?

स्कूल और कॉलेज के दौरान विद्यार्थी अपनी किताबों में इतने अधिक खोए रहते हैं कि वे उसके पन्नों के बाहर जाकर कुछ अन्य देख ही नहीं पाते। इसका नतीजा यह होता है कि लगातार प्रथम श्रेणी में पास हुए विद्यार्थी जब प्रतियोगी परीक्षाओं में बैठते हैं, तो सफल नहीं हो पाते। जब वे जीवन की परीक्षाओं में उतरते हैं, तब तो वहाँ उन्हें बार-बार मुँह की खानी पड़ती है। ऐसा इसलिए होता है, क्योंकि न तो उनके पास किताबी ज्ञान से हटकर व्यावहारिक समसामयिक ज्ञान होता है और न ही उनके पास जानकारी होती है। अपने समय की जानकारी रखने को ही कहा जाता है-व्यावहारिक ज्ञान और सच पूछिए तो सामान्य ज्ञान की जानकारी ही यह सिद्ध करती है कि आप सचमुच में एक पढ़े-लिखे व्यक्ति हैं। साथ ही एक जिम्मेदार व्यक्ति भी हैं, क्योंकि आप अपने समय के प्रति सतर्क हैं। इसके लिए आपको बहुत ज्यादा कुछ नहीं करना है। आपको केवल 3-4

बातों को ध्यान में रखना है –

- रोज़ रेडियो का समाचार सुनें; विशेषकर रात 8.45–9.00 बजे का।
- रोज अखबार पढ़ें। अखबार में केवल वह ही न पढ़ें, जो आपको पसन्द आते हों, बल्कि उन्हें भी पढ़ें, जो समाचार की दृष्टि से महत्वपूर्ण हैं। इसके लिए अखबार का पहला पृष्ठ, आखरी पृष्ठ और बीच का सम्पादकीय पृष्ठ जरूर पढ़ा जाना चाहिए। संपादकीय पृष्ठ के संपादकीय लेख पढ़ें और सम्पादकीय टिप्पणियाँ भी पढ़ें। इससे न केवल आपके ज्ञान के क्षेत्र का विस्तार होगा, बल्कि आपकी विश्लेषण करने की क्षमता भी बढ़ेगी।
- कुछ पत्रिकाएँ पढ़ें।

ऐसा करके आप अपने को भविष्य के लिए मजबूत नींव बना सकेंगे। क्या यह अच्छा नहीं होगा कि प्यास लगने पर कुँआ खोदने की शुरुआत करने के बजाय पहले ही कुँआ खोद लिया जाए?

भाषा कैसी हो?

आप पढ़ते हैं। खूब पढ़ते हैं। पढ़ने में लगे रहते हैं, ताकि ज्यादा से ज्यादा ज्ञान मिल सके। मैंने ऐसे विद्यार्थी बहुत देखे हैं, लेकिन ऐसे विद्यार्थी बहुत ही कम देखने में आए हैं, जो अपनी भाषा को लेकर सतर्क और चिन्तित थे। यहाँ जब मैं भाषा की बात कर रहा हूँ, तो उसका सम्बन्ध दोनों ही बातों से है- भाषा की सुन्दरता से और भाषा की शुद्धता से। आप स्वयं सोचकर देखिए कि आप जो कुछ भी जानते हैं, यदि आप उसे दूसरे तक पहुँचा नहीं सकते, तो उसका ठीक उसी तरह से कोई अर्थ नहीं है, जैसे कि जमीन के अन्दर दबा हुआ हीरा या राख से ढँकी हुई चिंगारी। ज्ञान का उपयोग तभी है, जब आप उसे दूसरों तक पहुँचाएँ और एक विद्यार्थी के रूप में ज्ञान का लाभ तभी है, जब आप अपनी जानकारी को कॉपी में उतारकर परीक्षक को बता सकें और यह काम भाषा के जरिए होता है, केवल भाषा के जरिए। यदि आपकी भाषा कमजोर है और गलत है, तो फिर चाहे आपकी जानकारी कितनी भी अधिक और शुद्ध क्यों न हो, वह बेकार हो जाएगी और

दुर्भाग्य की बात यह है कि ज्यादातर विद्यार्थी इस पर ध्यान नहीं देते।

भाषा पर ध्यान दीजिए। हर विषय की अपनी भाषा होती है। आपको उस विषय की भाषा की जानकारी होनी चाहिए। भौतिकशास्त्र की भाषा अलग है, तो समाजशास्त्र की अलग। अर्थशास्त्र की भाषा कुछ है, तो साहित्य की भाषा कुछ और है। हर विषय की भाषा होती है और आपको उस भाषा का ज्ञान होना ही चाहिए, जिस विषय के बारे में आप लिखने जा रहे हैं। यह अभी की ही नहीं, बल्कि आपके जीवन भर की पूँजी होगी। इसलिए अपना कुछ समय भाषा को भी दीजिए।

भाषा के बारे में मैं आपको निम्न कुछ सलाहें देना चाहूँगा :-

- आप विभिन्न तरह की जितनी किताबें पढ़ेंगे, आपकी भाषा उतनी ही समृद्ध होती जाएगी। पढ़ने के दौरान शब्द अपने आप हमारे ज़ेहन में इकट्ठे होते जाते हैं।
- केवल पढ़ना ही पर्याप्त नहीं है, बल्कि उस भाषा का उपयोग भी करना होगा। आप बोलकर, चर्चा करके और लिखकर भाषा का प्रयोग कर सकते हैं।
- पढ़ते समय जो भी शब्द और वाक्य आपको अच्छे लगते हैं, उन्हें नोट कर लें। इससे आपके पास न केवल आपकी शब्दावली बढ़ेगी, बल्कि आपकी अभिव्यक्ति भी प्रभावशाली हो सकेगी।
- वर्तनी पर विशेष ध्यान दें। इससे वर्तनी की गलतियाँ कम होनी शुरू हो जाएँगी।
- शुद्ध लेख लिखें और उसे किसी दूसरे से जँचवाएँ। जाँचने पर जो गलतियाँ पाई जाती हैं, उनका बार-बार लिखकर अभ्यास करें, ताकि वे दूर हो सकें। मैंने पाया है कि वर्तनियों की बहुत अधिक गलतियाँ करने वाला विद्यार्थी भी मूल रूप से 25-30 गलतियाँ ही करता है, लेकिन चूँकि वे इन 25-30 प्रकार की गलतियों को बार-बार करता रहता है, इसलिए कुल-मिलाकर 250-300 गलतियाँ हो जाती हैं। इससे लगने लगता है कि बाप रे, वह इतनी गलतियाँ कर रहा है! यदि आप अपनी ये 25-30 प्रकार की गलतियाँ सुधार लेते हैं, तो आप अपनी 25-30 हजार गलतियाँ सुधार लेते हैं।

गति भी जरूरी है

मैं कई ऐसे विद्यार्थियों को जानता हूँ, जो पढ़ने में अच्छे हैं। इनमें से एक की स्मरणशक्ति अच्छी है और राईटिंग के तो कहने ही क्या, लेकिन उनका दुर्भाग्य यह है कि वह कभी भी फर्स्ट डिवीजन नहीं आया, क्योंकि परीक्षा में वह कभी भी पाँच प्रश्न बनाकर नहीं आ सका और आय.ए.एस. की परीक्षा में तो उसका बुरा ही हाल हो गया, क्योंकि उसमें एक ही दिन में 3–3 घण्टे के दो पेपर करने होते हैं। पहला पेपर तो ले-देकर थोड़ा ठीक हो गया, लेकिन दूसरे पेपर का हाल बहुत बुरा रहा। इससे उस लड़के को भी बहुत बुरा लगा और नतीजा वही निकला, जो निकलना चाहिए था।

इस लड़के के बारे में सोचकर आज भी मुझे बहुत खराब लगता है। सफल होने के सारे गुण उसमें थे, केवल एक गुण को छोड़कर और वह यह कि उसकी लिखने की गति बहुत कम थी। वह स्पीड से लिख ही नहीं पाता था। वह जब भी लिखने की कोशिश करता था, उसके अक्षर बिगड़ जाते हैं, लेकिन इतने भी नहीं बिगड़ते थे कि पढ़े न जा सकें। मैंने कहा कि कोई बात नहीं। प्रश्न को छोड़ने की बजाय बिगड़े हुए अक्षरों में सभी प्रश्न हल करना अधिक फायदेमन्द है। उसे मेरी बात ठीक लगी। वह कोशिश करने लगा, लेकिन अब उसके सामने दो तरह के संकट आ खड़े हुए। पहला तो यह कि उसके अँगूठे के पास वाला हिस्सा थोड़ी ही देर बाद काफी दर्द करने लगा । दूसरा यह कि जल्दी-जल्दी लिखने के चक्कर में उसका दिमाग उत्तर के बारे में व्यवस्थित रूप से सोच ही नहीं पाता था। उसने बहुत कोशिश की। वह पूरी तरह असफल तो नहीं हुआ, लेकिन सफल भी नहीं हो सका। आखिर में उसने कोशिश करनी ही छोड़ दी। उसे लगा कि वह अपनी लम्बे समय से चली आ रही इस आदत से मुक्त नहीं हो पाएगा।

कहीं ऐसा तो नहीं कि आपके साथ भी कुछ इसी तरह का संकट है? यदि है, तो आज से ही नहीं, बल्कि अभी से सतर्क हो जाएँ। लिखने की धीमी गति की आदत को अभ्यास के द्वारा तेज़ गति में बदलने की कोशिश करें। ***इसे न भूलें कि लिखने की गति का सम्बन्ध केवल हाथ के***

चलने से ही नहीं है, बल्कि दिमाग के चलने से भी है। यदि इन दोनों में सही तालमेल नहीं है, तो आपके लिए मुसीबत हो जाएगी। आप इस बात से भला कैसे इंकार कर सकते हैं कि यदि दूसरा विद्यार्थी आपकी तुलना में ज़्यादा लिख रहा है, बशर्ते कि ज्यादा लिखने के लिए सामग्री हो, तो फिर वह आपसे आगे निकल ही जाएगा। आखिर तेज़ गति से लिखने को भी तो अपने-आपमें एक अच्छा गुण माना ही जाना चाहिए।

हैण्ड राइटिंग का महत्व

अच्छे नम्बर लाने के लिए हैण्ड राइटिंग कैसी होनी चाहिए, मुझसे यह प्रश्न एक सामान्य स्तर के विद्यार्थी ने किया। मैंने प्रश्न का उत्तर न देकर उससे उसकी हैण्ड राइटिंग दिखाने को कहा। उसने अपनी हैण्ड राइटिंग दिखाई और मुझे भारी मन से यह कहना पड़ा कि 'कम से कम ऐसी तो नहीं।' सचमुच,उसकी हैण्ड राइटिंग ऐसी थी कि उसे अल्लाह लिखे और खुदा बाँचे।

यह ठीक है कि हैण्ड राइटिंग कोई इतनी बड़ी चीज़ नहीं है कि वही आपको अधिक नम्बर दिला दे। इतिहास, भूगोल, अकाउन्टेसी और रसायनशास्त्र आदि विषयों में विषय का ज्ञान जरूरी है, सधी हुई हैण्ड राइटिंग का नहीं, लेकिन आखिर उसे ऐसी तो होनी ही चाहिए कि परीक्षक के पढ़ने में आ जाए। यदि उसे परीक्षक को पढ़ने में मेहनत करनी पड़ी, तो स्वाभाविक है कि परीक्षक उससे बहुत जल्दी ऊब जाएगा। ऐसी स्थिति में वह विद्यार्थी का एक सामान्य-सा मूल्यांकन करके दूसरी कॉपी जाँचने लगेगा। अब यदि आपने उत्तर में बहुत कुछ लिखा है, वह सब कुछ लिखा है, जो लिखा जाना चाहिए, तो उन सबका मूल्य बहुत कम हो जाएगा, क्योंकि परीक्षक से उसका सामना हुआ ही नहीं। जब सामना ही नहीं हुआ, तो फिर मूल्यांकन कैसे होगा और जब मूल्यांकन ही नहीं हुआ, तो फिर नम्बर कैसे मिलेंगे?

इसलिए उनके लिए यह बहुत ज़रूरी है, जिनकी हैण्ड राइटिंग बहुत खराब है। उन्हें चाहिए कि वे इसके लिए अभ्यास करना शुरू कर दें। एक-

एक अक्षर को लिखकर अभ्यास करें और जब अक्षर सही बनने शुरू हो जाएँ, तो फिर तेजी से लिखने का अभ्यास करें। आप यह बिल्कुल न सोचें कि यह छोटी-सी बात है। बात तो यह छोटी-सी ही है, लेकिन इसके परिणाम के बड़े होने का खतरा रहता है।

इसका एक पक्ष और है। हैण्ड राइटिंग का सम्बन्ध कहीं न कहीं व्यक्तित्त्व से भी होता है। आपकी हैण्ड राइटिंग को देखकर आपके व्यक्तित्त्व के बारे में काफी कुछ बताया जा सकता है। स्वाभाविक है कि ऐसी खराब हैण्ड राइटिंग; जिसे पढ़ने के लिए उसके लिखने वाले को भी सोचना पड़े, एक जटिल, दुर्बोध, अस्पष्ट तथा भ्रमित व्यक्तित्त्व का प्रमाण प्रस्तुत करती है। इसलिए हैण्ड राइटिंग सुधारें, ताकि आपके प्राप्तांकों का जोड़ सुधर सके।

शान्त माहौल का संकट

हमारे देश में अभी भी एकल परिवार के स्थान पर अधिकांशतः संयुक्त परिवार ही हैं। पढ़ने-लिखने वाली तीन-चौथाई आबादी उन मध्यम, निम्न-मध्यम तथा निम्न वर्ग की है, जो अधिक से अधिक दो कमरों के मकान में रह रही है। ऐसी हालत में अधिकांश विद्यार्थियों के दिमाग में स्टडी रूम, उसमें लगे टेबल-कुर्सी और टेबल पर रखा हुआ एक स्टडी लैम्प बहुत ही मनमोहक सपने की तरह लगता है। इसी में यदि घर के बहुत शान्त वातावरण को शामिल कर लिया जाए, तब तो वह आसमान में खिले हुए फूलों की तरह एक ख्याली पुलाव मालूम पड़ने लगेगा। आपके साथ क्या है, मैं नहीं जानता, लेकिन मैंने पाया है कि बहुत से विद्यार्थी अपनी पढ़ाई नहीं होने के लिए इन्हीं बातों को जिम्मेदार ठहराते हैं। ठहरा लीजिए। इससे आपके मन को सन्तोष मिल जाएगा। सुनने वाले की भी आपके प्रति सहानुभूति हो जाएगी, लेकिन क्या इससे वह बात बन जाएगी, जो बननी चाहिए थी? क्या परीक्षा में यदि आप इस समस्या का उल्लेख कर देंगे, तो परीक्षक आप पर तरस खाकर आपको कुछ अधिक नम्बर दे देगा? कम से कम इस बारे में तो आपको कोई गलतफहमी नहीं होनी चाहिए।

घर का शान्त, स्वच्छ और मनभावन माहौल पढ़ाई में मदद तो करता

है, लेकिन इसका अभाव आपकी पढ़ाई में बाधक नहीं बन सकता। मैं इस विचार का हूँ कि ***पढ़ने वाला कहीं भी पढ़ सकता है*** – सीढ़ियों के मोड़ के नीचे, छूटी हुई जगह में घुसकर, स्ट्रीट लाइट के नीचे खड़े होकर, लायब्रेरी में बैठकर, दोस्त के घर जाकर और यहाँ तक कि अपने घर में ही एक छोटा-सा कोना निकालकर। कहीं भी पढ़ा जा सकता है और बड़े आराम से पढ़ा जा सकता है। मैं यह मानकर चलता हूँ कि हम जैसे वातावरण में रहते हैं, हमारी आदत भी वैसी ही पड़ जाती है। ग्राहम बेल ने तो टेलीफोन जैसा आविष्कार शोरगुल भरे चौराहे के पास स्थित बिजली की दुकान के ऊपर बने कमरे के सीलन और अंधेरे भरे माहौल में किया था। हेनरी फोर्ड ने जमीन के चारों ओर बेकार-सी दीवारें खड़ी करके उसके अन्दर बैठकर कार बना डाली। एडिसन की जिन्दगी उस समय बदली, जब उसने चिल्लाती हुई भीड़ के बीच में घुसकर बिगड़ी हुई टेलीग्राफ मशीन को ठीक कर दिया। इससे प्रभावित होकर इस मशीन के मालिक ने एडिसन को बुलाया और उसी दिन से उसकी जिन्दगी महानता की यात्रा पर निकल पड़ी।

मुझे लगता है, खूब लगता है और बिना किसी सन्देह के लगता है कि यदि आप पढ़ना चाहते हैं, तो किसी भी माहौल में पढ़ सकते हैं। माहौल इतनी बड़ी चीज़ नहीं है, जो आपके पढ़ने के संकल्प को डिगा सके। यदि वह डिगा रही है, तो पक्का जानिए कि यह आपके संकल्प के कमजोर होने का प्रमाण है।

तो मित्रों, मैंने यहाँ पढ़ने से जुड़े आपके कुछ आम प्रश्नों का उत्तर देने की कोशिश की है। मेरा विश्वास है कि ये उत्तर आपकी समस्याओं का समाधान करके आपको एक व्यवस्थित अध्ययन की यात्रा पर ले जाएँगे।

☑ संतोष प्राप्ति में नहीं, प्रयास में होता है। पूर्ण प्रयास ही पूर्ण विजय है।

- महात्मा गाँधी

☑ परिशुद्धता (परफैक्शन) हमारा लक्ष्य होना चाहिए। उत्कृष्टता (एक्सीलेन्स) को बर्दाश्त किया जाना चाहिए।

- जे. याल

☑ कुछ लोग सफलता का सपना भर देखते हैं, जबकि अन्य जागकर उसमें जुट जाते हैं।

- अज्ञात

☑ जो एक बार अच्छे से कर दिया जाता है, वह हमेशा के लिए हो जाता है।

- हेनरी डेविड थोरो

अध्याय 8

परीक्षा की तैयारी

"सबसे अच्छे मार्गदर्शक होते हैं - अनसॉल्वड पेपर।"

विद्यार्थी के रूप में आप जो कुछ भी पढ़ते हैं, वह सब अन्तत: परीक्षा के लिए ही तो पढ़ते हैं। इसलिए आप सोच सकते हैं कि फिर अलग से परीक्षा की तैयारी के बारे में बताने का भला क्या तुक है? लेकिन मैं समझता हूँ कि बताया जाना चाहिए । आप सही सोच रहे हैं कि आप जो कुछ भी पढ़ते हैं, परीक्षा के लिए ही पढ़ते हैं, लेकिन परीक्षा को ध्यान में रखकर नहीं पढ़ते। मैं इसी की तरफ आपका ध्यान दिलाना चाहता हूँ। यहाँ इस बारे में मैं आपको कुछ व्यावहारिक बातें बताना चाहूँगा।

मैं इस बात का प्रबल समर्थक हूँ कि एक विद्यार्थी को अपना पूरा पाठ्यक्रम पढ़ना चाहिए, इस बात की परवाह किए बिना कि इसमें से परीक्षा में क्या पूछा जाएगा और क्या नहीं। यदि सचमुच आपको अपने विषय को समझना है और उसे लम्बे समय तक याद रखना है, तो इसके सिवाय आपके पास दूसरी कोई रामबाण औषधि नहीं है कि आप अपने पूरे पाठ्यक्रम को पढ़ें। यहाँ जब मैं पूरे पाठ्यक्रम को पढ़ने की बात कह रहा हूँ, तो यह पढ़ा जाना टेक्स्टबुक से होना चाहिए न कि गाइड से और न ही क्लास में लिखाए गए नोट्स से या खुद के द्वारा बनाये गये नोट्स से। आप यह सब भी

कीजिए, लेकिन यह करना न भूलें कि टेक्सबुक को पढ़ें, पूरा पढ़ें और इत्मीनान से एक-एक पंक्ति पढ़ें। इसका बहुत महत्त्व होता है।

लेकिन जब आप परीक्षा के लिए विशेष रूप से तैयारी करें, तब आपको चाहिए कि आप अपने इस पूरे पाठ्यक्रम में से कुछ महत्त्वपूर्ण चेप्टर्स को चुन लें और उन्हें बहुत अच्छी तरह तैयार करें। यहाँ तक कि उन्हें लिखकर भी तैयार कर सकते हैं। इन चेप्टर्स के बारे में ज्यादा से ज्यादा पढ़ें, ताकि ये आपके दिमाग में बहुत अच्छी तरह बैठ जाएँ। उनके प्वाइंट्स बना लें और उन्हें रट डालें। प्वाइंट्स बना लेने से सबसे बड़ा फायदा यह होता है कि परीक्षा में जल्दी-जल्दी लिखने के दौरान आप बहुत ज्यादा चीज़ें नहीं भूलेंगे। प्वाइंट्स के ज़रिए याद की गई बातों को पकड़े रहने में ज्यादा आसानी होती है।

अब आपके सामने एक व्यावहारिक परेशानी यह हो सकती है कि पूरे पाठ्यक्रम में से महत्वपूर्ण अध्यायों का चयन कैसे करें? मेरा यह अनुभव रहा है कि इसके लिए सबसे अच्छे मार्गदर्शक होते हैं-अनसाल्वड पेपर्स। आप उसी विषय के पिछले 5-7 सालों में पूछे गये प्रश्नों को पढ़ें। इन पूछे गये प्रश्नों का वर्गीकरण कर लें। यह जानने की कोशिश करें कि हर साल किस-किस चैप्टर से कितने-कितने प्रश्न आए हैं और किस-किस तरह के प्रश्न आए हैं। इस प्रकार का वर्गीकरण करने से आपके दिमाग में यह बात बहुत स्पष्ट हो जाएगी कि परीक्षा की दृष्टि से कौन-से अध्याय महत्वपूर्ण हैं। आप यह भी समझ सकेंगे कि कौन-से अध्याय ऐसे हैं, जिनमें से हर साल प्रश्न पूछे जाते हैं। आप जान सकेंगे कि कौन-से टॉपिक्स ऐसे हैं, जिनसे एक-एक साल छोड़कर प्रश्न पूछे जाते हैं। आप ऐसे अध्यायों की भी पहचान कर सकेंगे, जिनसे या तो प्रश्न ही नहीं पूछे जाते या पूछे भी जाते हैं तो कभी-कभार। निश्चित रूप से ऐसे अध्याय आपके लिए बहुत मायने नहीं रखेंगे।

अच्छी तैयारी के लिए अध्यायों का चयन करते समय आप उस तथ्य से घबराएँ नहीं; जिसकी अब मैं चर्चा करने जा रहा हूँ। अक्सर किसी भी प्रश्न-पत्र से यदि पाँच प्रश्न हल करने हों, तो सामान्यतया उसके लिए दस

प्रश्न दिए जाते हैं। यानी कि आधे प्रश्नों को छोड़ने की गुन्जाइश रहती है। जब आप अनसाल्ड पेपर पढ़ेंगे, तब आप इस चक्कर में मत पड़िए कि आपसे दसों प्रश्न हल हो रहे हैं कि नहीं। यदि हो भी रहे होंगे, तो उससे आपको तो कोई फायदा होने वाला है नहीं। जो कुछ भी होना है, वह केवल पाँच प्रश्नों के आधार पर होगा। इसलिए पाँच प्रश्नों से अधिक जो कुछ भी बन रहा है, वह परीक्षा की दृष्टि से अर्थहीन है।

इस प्रकार जब आप अपनी परीक्षा की तैयारी के लिए प्रश्नों का चयन करें, तब आपके दिमाग में यही बात रहनी चाहिए कि मुझे अपने लिये पाँच प्रश्नों की जरूरत है। यदि आप दसों प्रश्नों की जरूरत को लेकर चलेंगे, तो आपके लिए चयन करना मुश्किल हो जाएगा। चयन करने का अर्थ ही है-थोड़े से ऐसे महत्त्वपूर्ण प्रश्नों को छाँटना, जिनकी तैयारी आपको बहुत अच्छी तरह से करनी है। यदि इन छाँटे गये प्रश्नों में से ही परीक्षा में प्रश्न आ गये, तो आपके प्राप्तांक बढ़ जाएँगे। वस्तुतः चयनात्मक अध्ययन का मूल उद्देश्य यह नहीं होता कि हम जितने प्रश्नों का चयन करेंगे, उन्हीं में से प्रश्न पूछे जाएँगे और हम उन्हीं में से बनाएँगे। इसका मुख्य उद्देश्य यह होता है कि यदि इनमें से दो-तीन प्रश्न भी पूछ लिये गये, तो उनके उत्तर हम बहुत अच्छी तरह देकर अपने नम्बरों का टोटल बढ़ा लेंगे।

लेकिन इसके साथ ही मैं यह हिदायत भी देना चाहूँगा कि आप पूरी तरह से चयनात्मक अध्ययन पर ही निर्भर न रहें। आपको अपने सम्पूर्ण पाठ्यक्रम में से परीक्षा की तैयारी किस तरह करनी चाहिए, इसकी योजना आप इस प्रकार बना सकते हैं -

- टेक्स्ट बुक को पूरी तरह पढ़ें।
- अनसाल्ड पेपर का सहारा लेकर, आप चाहें तो एक तिहाई पाठ्यक्रम को बिल्कुल छोड़ दें, लेकिन ध्यान रहे कि इसे एक-दो बार पूरी तरह पढ़ना ही है। हाँ, इसे याद नहीं करना है।
- पूरे पाठ्यक्रम से लगभग 15 टॉपिक्स ऐसे निकालें, जिनकी परीक्षा में पूछे जाने की सबसे अधिक सम्भावना है। इसे लिखकर तैयार कर लें। प्रतिशत की दृष्टि से यह पूरे पाठ्यक्रम का 15-20 प्रतिशत होगा।

- ठीक इसी तरह लगभग 15 टॉपिक्स ऐसे निकालें, जिन्हें आप अच्छे से पढ़ेंगे, याद करेंगे, लेकिन लिखकर नहीं। यदि आप इन्हें भी लिखकर याद करना चाह रहे हैं, तो कोई बुरी बात नहीं है, लेकिन यदि आप चाहें, तो ऐसा नहीं भी कर सकते हैं। यह आपके द्वितीय श्रेणी का चयन रहेगा। यह भी आपके पूरे पाठ्यक्रम का 15 से 20 प्रतिशत होगा।
- शेष पाठ्यक्रम को सामान्य रूप से पढ़ें। इसके बारे में हल्की-फुल्की जानकारी ही पर्याप्त होगी। इसे आप स्टेपनी भी कह सकते हैं। यह एक प्रकार से सुरक्षा का काम करेगी। खुदा न खास्ता ऐसा हो जाए कि अच्छे से तैयार किये गये प्रश्न नहीं आए, तो प्रश्न छोड़ना न पड़े, इसके लिए यह व्यवस्था करनी पड़ती है।

मैं समझता हूँ कि इस पद्धति का सहारा लेकर आप अपनी परीक्षा की बहुत अच्छी तैयारी कर सकते हैं। मैं एक बार फिर से दोहराना चाहूँगा कि ***पढ़ना अलग बात है, लेकिन परीक्षा को ध्यान में रखकर विशेष तैयारी करना अलग बात है।*** मुझे लगता है कि परीक्षा की विशेष तैयारी की जानी चाहिए।

☑ जब हम किसी काम को इतने अच्छे से करते हैं, जितने अच्छे से कर सकते हैं, तब हम नहीं जानते कि इसमें हमारी या अन्य लोगों की जिन्दगियों में कितना चमत्कार छिपा हुआ है।

- हेलेन केलर

☑ प्रयास और प्राप्ति में जो अंतर है। वह 'उफ' का है।

- मार्विन फिलिप्स

☑ हमेशा शतप्रतिशत दो। तुम्हें कभी दुबारा सोचना नहीं पड़ेगा।

- टॉनी जान

☑ अपनी उत्कृष्टता के लिए किसी अन्य को दोषी ठहराने की बजाय खुद को दोषी ठहराओ। स्वयं को कभी माफ मत करो।

- हेनरी वार्ड बीनर

अध्याय 9

परीक्षा के दिनों में

"सवाल पृष्ठों का नहीं होता,
बल्कि लिखी गई सामग्री का होता है।"

पढ़ने के बाद अब बारी है इस बात का प्रमाण देने की कि 'मैंने पढ़ा है और अच्छी तरह से पढ़ा है।' अभी तक आपने जो कुछ भी पढ़ा था, किया था, वह अपनी इच्छा से किया था। अब आपको 'पर' की इच्छा से करना है, दूसरे की इच्छा से करना है और ऐसा आप परीक्षा के हॉल में बैठकर करते हैं। तो आइये, अब जानें कि तब क्या करें, जब परीक्षा हॉल में पहुँच जाएँ।

कैसे हों उत्तर

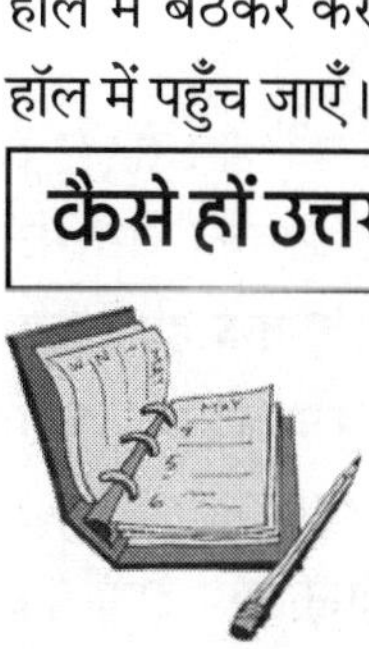

किसी विषय को पढ़ना एक बात है। उसे पढ़कर समझना एक अलग बात है। विद्यार्थियों के साथ अक्सर यह समस्या देखी गई है कि वे विषय को तो अच्छी तरह जानते हैं, लेकिन जब प्रश्न पूछा जाता है, तब भ्रम में पड़ जाते हैं कि उसमें क्या लिखें, क्या छोड़ें और कैसे लिखें। जैसा कि अधिकांशत: प्रतियोगी परीक्षाओं में होता है, यदि उत्तर की शब्द सीमा दे दी गई है, तब तो विद्यार्थी और भी अधिक संकट में पड़ जाता है। कभी तो उसे लगता है कि

शब्द–सीमा बहुत अधिक दी गई है। लिखने के लिए तो उसके पास इतना कुछ है ही नहीं और कभी लगता है कि इतने कम शब्दों में वह अपनी बात कैसे पूरी करे। वस्तुतः यहीं उत्तर लिखने की तकनीक की समस्या पैदा होती है। आप यह मानकर चलें कि ***उत्तर लिखने की तकनीकी ही नम्बर प्राप्त करने की तकनीक होती है।***

आपको यह स्वीकार करना चाहिए कि यदि आपके सामने इस तरह का कोई संकट उठ खड़ा हुआ है, तो उसका एकमात्र कारण है– आपके पास विषय की स्पष्ट समझ का न होना। जिनके पास विषय की साफ समझ होती है, उनके सामने कभी यह द्वन्द्व खड़ा नहीं होता। ऐसा इसलिए, क्योंकि उसकी दृष्टि बिलकुल स्पष्ट होती है।

प्रत्येक परीक्षार्थी कमोवेश एक जैसी पुस्तकें पढ़ते हैं। कमोवेश एक जैसे ही नोट्स पढ़ते हैं। इसके बावजूद यदि उनके अंकों में काफी अन्तर होता है, तो उसका एकमात्र कारण होता है–उत्तर लिखने की कला का अलग–अलग होना। हो सकता है कि एक विद्यार्थी के पास विषय का ज्ञान काफी हो, लेकिन वह अच्छे अंक प्राप्त न कर पा रहा हो, जबकि दूसरी ओर अपेक्षाकृत कम जानकारी वाला विद्यार्थी अच्छे अंक प्राप्त कर रहा हो। यदि ऐसा होता है, तो इसमें दोष परीक्षक का नहीं, बल्कि परीक्षार्थी का ही है। परीक्षक के लिए तो केवल यही बात मायने रखती है कि परीक्षार्थी ने कॉपी में क्या लिखा है और किस तरह लिखा है।

आपने अनुभव किया होगा कि आप किसी व्यक्ति की बात से बहुत अधिक प्रभावित होते हैं, जबकि दूसरे व्यक्ति की बात आपको जरा भी प्रभावित नहीं करती। आपने यह भी अनुभव किया होगा कि एक ही विषय को जब शिक्षक पढ़ाते हैं, तो कैसे एक शिक्षक तो आपको प्रभावित कर जाता है, जबकि दूसरे शिक्षक की कक्षा में आप जाना तक पसन्द नहीं करते। ये दोनों ही शिक्षक मुगल शासक अकबर के बारे में पढ़ाते हैं, लेकिन आप दोनों का मूल्यांकन भिन्न–भिन्न तरीके से करते हैं। ठीक यही स्थिति आपके उत्तर लिखने की भी होती है। एक ही विषय पर लिखे गए भिन्न–भिन्न उत्तरों का मूल्यांकन भिन्न–भिन्न हो जाता है।

वस्तुतः ***उत्तर कैसे लिखें, इसके लिए पहली और सबसे महत्त्वपूर्ण बात यह है कि आप प्रश्न को समझें।*** आपको शायद यह जानकर आश्चर्य होगा कि 90 प्रतिशत विद्यार्थियों के मामले में यह पाया गया है कि वे प्रश्न को ही अच्छी तरह नहीं समझ पाते और उत्तर लिखना शुरू कर देते हैं। आप सोचिए कि ऐसे में भला अच्छे अंक प्राप्त कर पाना कैसे सम्भव होगा?

मज़ेदार बात यह है कि ऐसे विद्यार्थियों को यह लगता ही नहीं कि वे प्रश्न को गलत समझ रहे हैं, क्योंकि यदि ऐसा लगता, तो वे स्वाभाविक रूप से उस प्रश्न को हल ही नहीं करते। वे तो यह मानकर चलते हैं कि वे प्रश्न को समझ गए हैं और उसी के अनुसार उत्तर लिख रहे हैं। हाँ, यह अवश्य है कि वे जो भी उत्तर लिखते हैं, उसमें पूछे गए प्रश्नों की कुछ बातें जरूर शामिल हो जाती हैं। इसीलिए उन्हें 45 से 50 प्रतिशत के लगभग अंक भी मिल जाते हैं। चूँकि उन्हें द्वितीय श्रेणी के अंक मिलते रहते हैं, इसलिए उनके मन में कभी यह सवाल ही नहीं उभरता कि उन्होंने दिए गए प्रश्न को अच्छी तरह नहीं समझा था। फलस्वरूप वे परम्परागत ढंग से ही प्रश्न को समझते चले जाते हैं, जिसके कारण उनके प्राप्तांकों में पर्याप्त बढ़ोतरी नहीं हो पाती।

अब आप देखें कि परीक्षार्थी किस प्रकार प्रश्नों को ठीक से न समझने की गलती कर जाते हैं? मान लीजिए कि एक प्रश्न पूछा गया है, ***'स्वतंत्रता आन्दोलन के संदर्भ में चम्पारण सत्याग्रह के महत्त्व की विवेचना कीजिए?'***

विद्यार्थी जैसे ही इस प्रश्न को पढ़ता है, वह यह मान लेता है कि यह प्रश्न चम्पारण सत्याग्रह के बारे में है। वह जल्दबाजी में या कि सही जानकारी न होने के कारण इस बात की उपेक्षा कर जाता है कि प्रश्न चम्पारण सत्याग्रह के बारे में तो है, लेकिन इसमें केवल उसके महत्त्व के बारे में ही पूछा गया है और इस महत्त्व का सम्बन्ध भी केवल स्वतंत्रता आन्दोलन के सन्दर्भ में है। इतना ही नहीं, बल्कि आपको स्वतंत्रता आन्दोलन के सम्बन्ध में चम्पारण सत्याग्रह के महत्त्व को ही नहीं बताना है, बल्कि उसकी विवेचना भी करनी है। यानी कि उसके महत्व की समीक्षात्मक प्रस्तुति करनी है।

अब यदि विद्यार्थी इसके स्थान पर यह लिखने लगे कि चम्पारण

सत्याग्रह कब हुआ, कहाँ हुआ, क्यों हुआ, क्या-क्या हुआ उसकी क्या कमियाँ थीं, उसके क्या लाभ थे, तब यह उत्तर एक भटका हुआ उत्तर माना जाएगा। इसको पढ़ते ही परीक्षक समझ जाएगा कि परीक्षार्थी ने प्रश्न को अच्छी तरह समझा नहीं है। वह यह भी अनुमान लगा लेगा कि परीक्षार्थी के पास चम्पारण सत्याग्रह की अच्छी समझ नहीं है, लेकिन चूँकि आपने जो कुछ भी लिखा है, उसमें उत्तर के कुछ बिन्दु शामिल हो ही गए हैं, इसलिए परीक्षक आपको लगभग 45-50 प्रतिशत अंक दे ही देगा। जबकि फर्स्ट डिवीजन के लिए आपको 60 प्रतिशत अंक चाहिए।

प्रश्न को समझने की गलती किस प्रकार की जाती है, इस बारे में मैं एक अन्य उदाहरण देना चाहूँगा। ***एक प्रश्न है -'स्वामी विवेकानन्द को सहज ही भारतीय राष्ट्रीयता का जनक कहा जा सकता है। स्पष्ट कीजिए ?'***

किसी पुस्तक/पत्रिका ने इस प्रश्न का जो उत्तर प्रस्तुत किया था, वह इस प्रकार था -

'स्वामी रामकृष्ण परमहंस के शिष्य स्वामी विवेकानन्द ने सन् 1888 में सारे भारत का भ्रमण करके धर्म के द्वारा भारत और भारतीयों में नई स्फूर्ति फूँकने का प्रयास किया। सन् 1893 में शिकागो धर्म संसद में भाग लेकर उन्होंने हिन्दुत्व का सही अर्थ बताते हुए स्पष्ट किया कि वेदान्त विश्व का सबसे महान एवं सार्वभौमिक धर्म है। बाहरी विश्व को हिन्दुत्व की व्याख्या करते हुए स्वामी विवेकानन्द ने पूर्व और पश्चिम, तात्त्विक तथा भौतिक, आध्यात्मिक तथा पादार्थिक के बीच सुखद सन्तुलन स्थापित किया। उनके द्वारा दिया गया आध्यात्मिक आशा का सन्देश आगे चलकर भारतीय राष्ट्रीयता का मजबूत सम्बल बना। इस आधार पर स्वामीजी को भारतीय राष्ट्रीयता का जनक कहा जा सकता है।'

यदि आप गम्भीरता से देखें, तब पाएँगे कि इस प्रश्न को समझने की गम्भीर कोशिश ही नहीं की गई है और विवेकानन्द को केन्द्र में रखकर कुछ बातें लिख दी गई हैं। वस्तुतः इस प्रश्न का केन्द्रीय तत्त्व यह है कि किस प्रकार 19वीं शताब्दी के अन्त में विवेकानन्द के विचारों ने भारतीय जन-मानस में अपनी संस्कृति के प्रति गौरव की भावना पैदा की। किस प्रकार उनके विचारों

ने पूरे देश को संगठित किया। किस प्रकार उनके व्याख्यानों ने विश्व के सामने भारत का सिर ऊँचा किया और किस प्रकार उन्होंने भारतीय धर्म एवं चिन्तन को जीवन की यथार्थ स्थितियों से जोड़ा। इससे राष्ट्र की गरीबी एवं अशिक्षा जैसी मूल समस्याओं की ओर राष्ट्रीय नेताओं का ध्यान गया। इन सबके कारण देश में राष्ट्रीयता की प्रबल लहर पैदा हुई।

क्या आपको लगता है कि जो उत्तर आपने पढ़ा है, उसमें ये बातें शामिल हैं ? ऐसा नहीं है कि मेरे द्वारा बताए गए बिन्दुओं से कोई बहुत अलग उत्तर बनेगा, लेकिन इतना निश्चित है कि उत्तर की संरचना (बुनावट) बिलकुल अलग हो जाएगी। प्रश्न में स्पष्ट रूप से विवेकानन्द के उन कार्यों एवं चिन्तन की जानकारी माँगी गई है, जिनसे देश में राष्ट्रीयता की भावना पैदा हुई। जो कार्य राजनीतिक स्तर पर लोकमान्य तिलक कर रहे थे, वही कार्य चिंतन के स्तर पर विवेकानन्द कर रहे थे। इस तथ्य को समझकर ही इस प्रश्न का सही उत्तर दिया जा सकता है।

कुछ प्रादर्श उत्तर

अब मैं आपके सामने कुछ उत्तरों के नमूने प्रस्तुत कर रहा हूँ। साथ ही यह बताने का प्रयास भी करूँगा कि प्रश्नों की शब्दावलियों को किस प्रकार समझा जाना चाहिए।

प्रश्न :- 'गरीबी के कौन-से प्रमुख कारण हैं ? इसके उन्मूलन के लिए आपके क्या सुझाव हैं ?'

इस प्रश्न में गरीबी के कारण नहीं पूछे गए हैं, बल्कि उसके प्रमुख कारण पूछे गए हैं। सामान्यत: यह देखा गया है कि विद्यार्थी सभी कारणों को गिनाना शुरू कर देते हैं। उसमें भी गड़बड़ी यह कर देते हैं कि उनके इन कारणों का क्रम महत्त्व के अनुसार नहीं होता। याद रखिए कि जब भी आप इस तरह के कारण, लाभ या हानि आदि गिनाएँ, तब उनका क्रम महत्त्व के अनुसार होना चाहिए। अर्थात्, ***जो सबसे महत्त्वपूर्ण कारण हो, उसे पहले और जो सबसे कम महत्त्वपूर्ण कारण हो, उसे बिलकुल अन्त में लिखें।*** यह ठीक उसी तरह है, जैसे हम मकान, कपड़ा और रोटी न बोलकर हमेशा रोटी, कपड़ा और

मकान बोलते हैं। सबसे पहले 'रोटी' इसलिए है, क्योंकि यह सबसे प्राथमिक वस्तु है। फिर कपड़ा चाहिए और अन्त में चाहिए-मकान।

प्रश्न :- 'विकास की प्रक्रिया में महिलाओं की भूमिका की विवेचना कीजिए ?'

सामान्यत: ऐसे प्रश्नों के उत्तर में परीक्षार्थी महिलाओं की स्थिति की चर्चा करने लगते हैं। यहाँ ***'भूमिका की विवेचना'*** का मतलब यह है कि हमारे देश का जो आर्थिक, सामाजिक, राजनीतिक और सांस्कृतिक विकास हो रहा है, उसमें महिलाओं का क्या योगदान है। चूँकि 'विवेचना' करने के लिए कहा गया है, इसलिए उपयुक्त होगा कि योगदान की चर्चा समीक्षात्मक ढंग से की जाए। अर्थात् उन तथ्यों की ओर भी संकेत किए जाएँ, जिससे समाज में कुछ समस्याएँ पैदा हो रही हैं।

प्रश्न :- 'स्वतंत्रता के बाद कृषि क्षेत्र में क्या प्रगति हुई है ? ब्योरा दें ?'

जब भी 'ब्योरा दें' शब्द आए, तब उसका अर्थ 'वर्णन करें' से लगाया जाना चाहिए। ऐसे प्रश्नों में आपको केवल जानकारी भर देनी होती है। यदि आप इस प्रश्न को हल कर रहे हों, तब आपको चाहिए कि आप कृषि के क्षेत्र में किए गए भूमि सुधार, सिंचाई की सुविधा, उन्नत बीज, रासायनिक खाद, कीटनाशक दवाइयों तथा जिनेटिक इंजीनियरिंग आदि की जानकारी दें। यह जानकारी परिचयात्मक रूप में होनी चाहिए, न कि समीक्षात्मक रूप में।

☑ सामान्यत: प्रत्येक प्रश्न-पत्र में कुछ-न-कुछ टिप्पणियाँ लिखने को कहा जाता है। 'टिप्पणी' अत्यंत व्यापक शब्द है। किसी विषय पर आप किस तरह की टिप्पणी लिखेंगे, यह इस बात पर निर्भर करता है कि उसके लिए शब्द-सीमा कितनी है। यदि शब्द अधिक हैं, तब आप उस विषय के बारे में सामान्य जानकारियाँ भी दे सकते हैं, लेकिन यदि शब्द कम हैं, तब आपकी कोशिश होनी चाहिए कि उस विषय के बारे में केवल ठोस एवं नई से नई जानकारी ही दें। टिप्पणी लिखने का स्वरूप इस तरह का होना चाहिए कि उसमें उस विषय से सम्बन्धित अधिक-से-अधिक महत्त्वपूर्ण बातें शामिल हो जाएँ। यह भी एक तरह का परिचयात्मक लेखन ही होता है, आलोचनात्मक नहीं। टिप्पणी के अन्तर्गत आपसे उम्मीद की जाती है कि आप उस विषय के बारे में जानकारी को इस रूप में प्रस्तुत करेंगे कि एक

सामान्य पाठक भी उस विषय को समझ सके।

ठीक इसी तरह कभी-कभी 'तथ्यात्मक टिप्पणी' लिखने के लिए कहा जाता है। 'तथ्यात्मक टिप्पणी' का अर्थ यह है कि आपको भावुकता और लफ़्फ़ाजी से बचना है। उस विषय के बारे में केवल तथ्यपरक जानकारी देनी है।

☑ जब 'योगदान' के बारे में पूछा जाता है, तब उसका अर्थ इस बात से लिया जाना चाहिए कि उस क्षेत्र में उसकी क्या भूमिका रही है। यानी कि उसकी क्या देन रही है। यह एक सकारात्मक शब्द है। ऐसे उत्तरों में उन तथ्यों को विशेष महत्त्व दिया जाना चाहिए, जो ऐतिहासिक अथवा स्थायी महत्त्व के हों, जिनका भविष्य पर व्यापक एवं गहरा प्रभाव पड़ा हो।

☑ विद्यार्थी 'कार्य', 'कर्तव्य' एवं 'अधिकार' शब्दों के अन्तर को स्पष्ट रूप से नहीं समझ पाते। वे या तो तीनों को पर्यायवाची समझ लेते हैं, या एक-दूसरे को मिलाकर गड्डमड्ड कर देते हैं। याद रखिए कि 'कार्य' वे होते हैं, जो नियम के तहत किए जाने चाहिए। जैसे कि 'राष्ट्रपति के क्या कार्य हैं।' इसका उल्लेख संविधान में स्पष्ट रूप से किया गया है कि वह प्रधानमंत्री एवं कुछ अन्य महत्त्वपूर्ण पदाधिकारियों की नियुक्ति करेगा, संसद का अधिवेशन बुलाएगा, आदि-आदि।

☑ जबकि 'कर्तव्य' एक पवित्र शब्द है। इसमें दायित्व की भी भावना होती है। 'कर्तव्य' के अन्तर्गत वे तथ्य भी आते हैं, जिनकी किसी से अपेक्षा की जाती है। हालाँकि यह भी उसके कार्य का ही अंग होता है, लेकिन उसका यह कार्य अत्यन्त सकारात्मक होता है। जैसे कि राष्ट्रपति का यह कर्तव्य है कि वह यह देखे कि राज्य का शासन संविधान के अनुसार चल रहा हो। उसका कर्तव्य है कि वह संविधान की रक्षा करे, आदि-आदि।

'अधिकार' का सम्बन्ध वैधानिकता से है। इसका सम्बन्ध उन तथ्यों से है, जो कार्य एवं कर्तव्यों को पूरा करने के लिए आवश्यक होते हैं। जैसे कि राज्य में राष्ट्रपति शासन लागू करना राष्ट्रपति का 'कार्य' नहीं, बल्कि 'अधिकार' है। सामान्य स्थिति में राष्ट्रपति संसद के बहुमत दल के नेता को सरकार बनाने के लिए आमंत्रित करता है, लेकिन यदि स्थिति स्पष्ट न हो,

तब वह अपने अधिकार का उपयोग करते हुए किसी ऐसे व्यक्ति को सरकार बनाने के लिए आमंत्रित कर सकता है, जिसे वह इसके लिए सबसे अधिक उपयुक्त समझता हो।

इसे आप इस तरह भी समझ सकते हैं कि हमारे संविधान में नागरिकों के कुछ कर्तव्य दिए गए हैं, तो कुछ अधिकार भी दिए गए हैं। 'कार्य', 'कर्तव्य' एवं 'अधिकार'; इन तीनों के अन्तर को अच्छी तरह समझकर ही प्रश्नों के उत्तर लिखने चाहिए।

☑ 'मूल्यांकन कीजिए' के अन्तर्गत दी गई स्थिति की समीक्षात्मक विवेचना प्रस्तुत करनी होती है। इसमें उसके अच्छे और बुरे दोनों ही स्थितियों, उसके कारण और उसके प्रभाव को लिखना होता है। इसके अन्तर्गत एक प्रकार से विषय का 'आपरेशन' करना होता है। आवश्यक नहीं कि मूल्यांकन का निष्कर्ष सकारात्मक ही हो। तथ्यों की चीर-फाड़ से जो भी निष्कर्ष निकले, उसे ज्यों-का-त्यों रख देना चाहिए। जैसे कि 'शाहजहाँ के शासनकाल का मूल्यांकन कीजिए।' इसमें आवश्यक नहीं कि आप यही सिद्ध करें कि उसका काल स्वर्णकाल था। यदि आपको लगता है कि वह स्वर्णकाल नहीं था, तब आप वैसा भी कर सकते हैं, लेकिन ज़रूरी है कि आप अपनी बात को समीक्षात्मक रूप में लिखें। अपने निष्कर्ष को तथ्यों से पुष्ट करें।

☑ परीक्षार्थी 'विशेषता' का अर्थ गुणों (अच्छे पक्षों) से लगा लेते हैं, क्योंकि हिन्दी में 'विशेषता' शब्द का प्रयोग अंग्रेजी के 'करेक्टर' के स्थान पर किया जाने लगा है। 'विशेषता' का अर्थ उसके गुण एवं अवगुण, दोनों से लगाया जाना चाहिए, न कि केवल गुणों से। यदि यह पूछा जाता है कि 'चन्द्रगुप्त विक्रमादित्य के शासनकाल की विशेषताएँ बताएँ', तब इसके अन्तर्गत आपको उसके अच्छे और बुरे दोनों ही पक्षों को रखना होगा। इसे आप 'सम्पूर्ण स्वरूप' भी कह सकते हैं। किसी व्यक्ति की विशेषता बताते समय आप यह भी बताएँ कि वह काना है और शराब पीता है। अर्थात जो जैसा है, उसे उसी रूप में प्रस्तुत करना उसकी विशेषता बताना है। जहाँ केवल गुणों अथवा अवगुणों की आवश्यकता होगी, वहाँ स्पष्ट रूप से पूछा

जाएगा कि उसके गुण अथवा दोषों का उल्लेख कीजिए।

मैंने यहाँ प्रश्नों को पूछे जाने के अधिक-से-अधिक तरीकों को समेटने की कोशिश की है। कुल मिलाकर इन्हीं शब्दों का प्रयोग करते हुए प्रश्न पूछे जाते हैं, लेकिन यहाँ मैं इस बात की ओर आपको विशेष रूप से सतर्क करना चाहूँगा कि यदि हिन्दी के किसी शब्द को लेकर आपके मन में कोई भ्रम हो, तब आप उसका अंग्रेज़ी का शब्द अवश्य देख लें, यदि वह उपलब्ध हो तो। वैसे आजकल अधिकांश प्रश्न-पत्र अंग्रेज़ी और हिन्दी दोनों में होने लगे हैं। अधिकांश प्रश्न-पत्र मूल रूप में अंग्रेज़ी में बनाए जाते हैं और हिन्दी में उनका अनुवाद किया जाता है। यह एक दुर्भाग्यजनक स्थिति है कि हिन्दी का अनुवाद बहुत अच्छा नहीं होता। अंग्रेज़ी के शब्दों के वजन पर हिन्दी के सही शब्द नहीं रखे जाते। यहाँ तक कि कुछ शब्दों के अर्थों में तो भेद तक देखा गया है। अतः ***आप हिन्दी के प्रश्न पढ़ने के साथ-साथ अंग्रेज़ी के भी प्रश्न पढ़ें।*** इससे आपको प्रश्न को समझने में मदद मिलेगी।

उत्तर कैसे लिखें

किसी भी विषय को जानना अलग बात है और उसका सही एवं सटीक उत्तर दे पाना अलग बात है। यदि जानकारी बहुत अच्छी है, किन्तु उत्तर सटीक नहीं है, तब अच्छे अंक पाना सम्भव नहीं होगा। अतः आवश्यक है कि आप जानें कि अच्छा उत्तर कैसे लिखा जाता है।

अच्छा उत्तर लिखने की पहली शर्त यही है कि आप सबसे पहले प्रश्न को अच्छी तरह समझें। यदि आप प्रश्न को समझने की गलती करेंगे, तब स्वाभाविक रूप से आप कभी भी अच्छा एवं सटीक उत्तर नहीं लिख सकेंगे, लेकिन यदि एक बार प्रश्न आपकी समझ में आ गया, तो आपका उत्तर उसी केन्द्र के आसपास तैयार होने लगेगा। आप अनावश्यक भटकाव से बच जाएँगे। इससे आपका उत्तर अच्छा बनता चला जाएगा।

'अच्छा उत्तर' लिखने के लिए आपको निम्न बातें ध्यान में रखनी चाहिए –

1. आपका उत्तर मुख्य विषय के आसपास ही बुना जाए। उसमें विषय का भटकाव नहीं होना चाहिए।

2. उत्तर लिखने से पहले आपको यह जानने की कोशिश करनी चाहिए कि वस्तुतः प्रश्न में पूछा क्या गया है? उस प्रश्न का सार क्या है? प्रश्न पढ़ने के बाद आपको कुछ देर के लिए रुकना चाहिए। उसकी मूल बातों को समझने की कोशिश करनी चाहिए। समझने के बाद उत्तर के लिए कुछ निश्चित बिन्दु तैयार करने चाहिए और बाद में उन्हीं बिन्दुओं को दी गई शब्द सीमा के अन्तर्गत व्याख्यायित करना चाहिए। जिस दिन आप में पूछे गए प्रश्न के आधार पर बिन्दु तैयार करने की शक्ति आ जाएगी, उसी दिन आप अच्छे-से-अच्छा उत्तर लिखने के योग्य हो जाएँगे।

उदाहरण के लिए मान लीजिए कि आपसे 'चोल युग में उद्योग एवं व्यापार की स्थिति का वर्णन' करने के लिए कहा गया है। आपको चाहिए कि आप सबसे पहले इस प्रश्न को हल करने के लिए कुछ बिन्दु तैयार कर लें। ये बिन्दु हो सकते हैं -

- धातु उद्योग का विस्तार,
- आभूषणों का निर्माण,
- हथियार उद्योग,
- सूती एवं रेशमी वस्त्र उद्योग,
- जहाजों एवं नौकाओं का निर्माण,
- मिट्टी के बर्तन बनाने का उद्योग,
- समुद्री जल से नमक बनाने का उद्योग,
- नारियल की रस्सी, चटाई एवं अन्य सामग्री का निर्माण, तथा
- गन्ने से शक्कर बनाने का उद्योग।

अब आप इन बिन्दुओं को एक-दूसरे से जोड़ते चले जाएँ और बीच-बीच में तथ्य प्रस्तुत करते जाएँ। 'तथ्य प्रस्तुत करते जाएँ' कहने का अर्थ यह है कि यह बताएँ कि यह उद्योग क्यों विकसित हुआ तथा उनके प्रमुख केन्द्र कहाँ थे। आप देखेंगे कि इस प्रकार बिन्दु बना लेने के बाद विषय से भटकने की आशंका नहीं के बराबर रह जाती है।

3. इस बात को गाँठ बाँध लें कि परीक्षक तथ्यों को महत्त्व देता है, भावों को नहीं। अधिकांश विद्यार्थियों की बहुत बड़ी कमजोरी होती है कि वे अपनी कॉपी में अनर्गल प्रलाप बहुत अधिक करते हैं। अनर्गल प्रलाप का एक उदाहरण आप इस उत्तर में देख सकते हैं?

प्रश्न – स्वतंत्रता आन्दोलन में महात्मा गांधी की देन पर टिप्पणी लिखिए। (50 शब्दों में)

उत्तर – 'महात्मा गांधी हमारे देश के महान नेता थे। उन्होंने सत्य और अहिंसा का सहारा लेकर अंग्रेजों को देश से बाहर भगाया। देश के बड़े-से-बड़े नेता से लेकर आम आदमी तक गांधी जी के पीछे चले पड़े थे। उनकी एक हुँकार से अंग्रेजी उपनिवेशवादी सत्ता थर्रा उठती थी।'

उत्तर लिखने की यह शैली अनर्गल प्रलाप की शैली है। हालाँकि उत्तर लिखने वाला विद्यार्थी स्वतंत्रता आन्दोलन में गांधी जी की भूमिका से परिचित है, लेकिन यहाँ वह यह नहीं समझ पा रहा है कि उसे लिखना क्या है। वह भूमिका बाँधने के चक्कर में पड़ता है और तुरन्त ही भावना की चपेट में आकर एक प्रकार से गांधी जी का प्रशस्ति गायन करने लगता है। इतने में ही पचास शब्द पूरे हो जाते हैं। आप स्वयं सोचकर देखिए कि क्या इस उत्तर में कोई तथ्य है? यदि नहीं, तो फिर आप अच्छे अंक की उम्मीद कैसे कर सकते हैं?

सही उत्तर : स्वतंत्रता आन्दोलन में प्रवेश करते ही गांधी जी ने असहयोग एवं सविनय अवज्ञा आन्दोलन की शुरुआत करके भारतीय स्वतंत्रता आन्दोलन को एक नया अहिंसक रूप दिया। उन्होंने राष्ट्रीय आन्दोलन को जन-जन का आन्दोलन बनाया। बुनियादी शिक्षा, ग्राम्य विकास, स्वास्थ्य, सफाई तथा ग्राम उद्योग के माध्यम से उन्होंने आन्दोलन को रचनात्मक आधार प्रदान किया। अस्पृश्यता निवारण, नशाबन्दी, सेवा तथा धर्म के तत्त्वों को शामिल करें। उन्होंने इसे नैतिक स्वरूप प्रदान किया।

इस उत्तर में आप देखेंगे कि गांधी जी के योगदान को तथ्यों के माध्यम से स्पष्ट किया गया है। आप स्वयं इन दोनों उत्तरों को पढ़कर अपना मूल्यांकन कर सकते हैं।

इसे आप एक अन्य उदाहरण से भी समझें।

प्रश्न – स्वदेशी आन्दोलन पर टिप्पणी लिखिए ? (50 शब्दों में)।

उत्तर – 'लॉर्डकर्जन द्वारा किये गये बंगाल-विभाजन की तीव्र प्रतिक्रिया हुई। बंगाल के नेताओं ने अनुभव किया कि शांतिपूर्ण प्रदर्शन और प्रस्ताव पारित करने मात्र से काम नहीं चलेगा। उन्होंने स्वदेशी और बायकाट को अधिक उपयुक्त समझा। विशाल सभाओं में जनता ने स्वदेशी वस्तुओं के प्रयोग की शपथ ली। विदेशी वस्त्रों, सिगरेट, दवाइयों का बहिष्कार किया गया। स्वदेशी आन्दोलन के लिए धन एकत्रित किया गया। अनेक कपड़ा मील, साबुन, माचिस आदि के कार्य आरम्भ किए गए। राष्ट्रीय बैंक व बीमा कम्पनियाँ स्थापित की गईं। इस स्वदेशी आन्दोलन ने राष्ट्रीयता की भावना को उग्रतर बनाया।'

आप पाएँगे कि इस उत्तर में स्वदेशी आन्दोलन से जुड़े महत्त्वपूर्ण तथ्य हैं ही नहीं। इसमें यह नहीं बताया गया कि इस आन्दोलन की आवश्यकता क्यों पड़ी ? इसके क्या उद्देश्य थे ? इस उद्देश्य में कहाँ तक सफलता मिली ? इसके स्थान पर केवल यह बताकर छुट्टी पा ली गई है कि स्वदेशी आन्दोलन के लिए क्या-क्या किया गया।

ऐसे उत्तर बहुत हल्के उत्तर माने जाते हैं। इनमें ज्ञान, समीक्षा एवं चिन्तन की चमक दिखाई नहीं देती।

सही उत्तर – 'भारतीयों में राष्ट्रीय गौरव की भावना उत्पन्न करने तथा देश की आर्थिक स्थिति को सुदृढ़ करने के लिए स्वदेशी आन्दोलन की शुरुआत की गई थी। इसका अर्थ ही था – 'स्व का देश' अर्थात् अपना देश। विदेशी वस्तुओं का बहिष्कार करना और स्वदेशी उद्योगों की स्थापना करना इसके केन्द्र में थे। ब्रिटिश कपड़ों के बहिष्कार से ब्रिटेन को राजस्व की हानि हुई। बहिष्कार, धरने एवं विदेशी वस्तुओं को जलाने सम्बन्धी राष्ट्रव्यापी आन्दोलनों ने पूरे देश को संगठित किया। राष्ट्रीय उद्योगों को प्रोत्साहन मिला। भारतीयों में आत्मगौरव का भाव जागृत हुआ। इससे भारतीय राष्ट्रीय आन्दोलनों को एक नई गति एवं व्यापक जन-आधार मिला।'

आप खुद देखें कि किस प्रकार दूसरे उत्तर की संरचना तथ्यपरक

और समीक्षात्मक है।

अतः आप अपने उत्तर में हमेशा तथ्यों को महत्त्व दें, भावों को नहीं।

4. प्रश्न को पढ़ने के बाद आपको उस प्रश्न के कुछ भाग बना लेने चाहिए। अधिकांश प्रश्नों के कुछ-न-कुछ खण्ड होते ही हैं। अंकों का विभाजन भी इन खण्डों के आधार पर ही होता है। जिस प्रश्न के जितने अधिक खण्ड होंगे, उसमें उतने अधिक अंक मिलने की सम्भावना रहती है।

प्रश्नों के खण्ड बनाए जाने के बाद उन खण्डों के बिन्दु बनाएँ। फिर उन पर लिखें। जैसे एक प्रश्न है- भारत में परमाणु शक्ति के विकास के कार्यक्रमों के बारे में उसके उद्देश्य, संगठन एवं उपलब्धियाँ दर्शाते हुए टिप्पणी लिखिए।

इस प्रश्न के स्पष्ट रूप से तीन भाग बन जाते हैं। पहला भाग परमाणु शक्ति के विकास कार्यक्रमों के उद्देश्य का है। दूसरा भाग उसके संगठन का है और तीसरा भाग उसकी उपलब्धियों का है। मान लीजिए कि यह प्रश्न तीस अंकों का है। तब आप कह सकते हैं कि इसके प्रत्येक खण्ड के दस-दस अंक होंगे। अतः आपको इसके प्रत्येक खण्ड को समान महत्त्व देना चाहिए।

5. कुछ प्रश्नों के उत्तर एक या दो पंक्तियों में देने को कहा जाता है। हालाँकि यह लगता तो सरल है, किन्तु तकनीकी दृष्टि से है बहुत कठिन। कठिन इसलिए है, क्योंकि यदि इस बात का सही निर्धारण नहीं किया गया कि क्या लिखना है और क्या नहीं, तब आपका उत्तर प्रभावशाली नहीं बनेगा।

मान लीजिए आपसे 'अहमदिया आन्दोलन' तथा 'हरीपुरा अधिवेशन' के बारे में 20-20 शब्दों में लिखने को कहा जाता है। आपके पास इन दोनों के बारे में काफी जानकारियाँ हैं। यहाँ तक कि आप 5-5 पृष्ठ लिख सकते हैं, लेकिन यहाँ संकट इस बात को लेकर है कि आपको अपना उत्तर केवल 20-20 शब्दों में देना है। तब आप क्या करेंगे? ऐसे उत्तरों को लिखते समय आपको ध्यान में रखना चाहिए कि-

- ➢ उस विषय की परिचयात्मक जानकारी दें, आलोचनात्मक नहीं।

- उसकी सबसे महत्त्वपूर्ण जानकारियाँ दें, तथा
- यदि उसका सम्बन्ध किसी नवीनतम् घटना से है, तो उसे भी शामिल कर लें।

(क) अहमदिया आन्दोलन – इस्लाम की कुरीतियों को दूर करने के लिए मिर्जा गुलाम अहमद ने अहमदिया आन्दोलन प्रारम्भ किया था। स्वतंत्रता आन्दोलन में इस शुद्धि आन्दोलन को काफी ख्याति मिली।

(ख) हरीपुरा – यहाँ सन् 1939 में भारतीय राष्ट्रीय कांग्रेस का अधिवेशन हुआ था। इसमें सुभाषचन्द्र बोस अध्यक्ष निर्वाचित हुए थे, किन्तु गांधी जी के विरोध के कारण उन्होंने त्याग-पत्र दे दिया था।

6. अपना उत्तर लिखते समय शब्दों की सीमा का पूरी तरह पालन करें। शब्दों की सीमा में 10 प्रतिशत की कमी या अधिक होना तो चलेगा, लेकिन इससे अधिक अन्तर नहीं होना चाहिए। 100 शब्दों का उत्तर 90 से लेकर 110 शब्दों के बीच दिया जा सकता है, लेकिन उसकी सीमा 75 से 125 के बीच में नहीं होनी चाहिए। इसलिए आवश्यक है कि आप अपना उत्तर लिखने से पहले यह सुनिश्चित कर लें कि आप क्या लिखने जा रहे हैं। चूँकि परीक्षा में इतना अधिक समय नहीं होता कि आप बहुत अधिक सोच सकें, इसलिए बेहतर होता है कि परीक्षा से पहले ही इस तरह के अभ्यास करते रहें। ऐसा करने से आपकी इस तरह की क्षमता विकसित हो जाएगी।

7. परीक्षार्थियों के मन में यह भी जानने की उत्सुकता रहती है कि उन्हें एक प्रश्न का उत्तर कितने पृष्ठों में लिखना चाहिए। इसके लिए दो बातें हैं। पहला तो यह कि जिनमें शब्दों की सीमा दी गई होती है, उनमें इस तरह की कोई समस्या ही नहीं उठती। दूसरे यह कि जिनमें शब्दों की सीमा नहीं दी गई होती है, उनमें पृष्ठों का निर्धारण अंकों के अनुपात में किया जाना चाहिए।

सामान्यतया यह देखा गया है कि सौ अंकों के प्रश्न-पत्र में एक प्रश्न 20 अंकों का होता है। इसके लिए चार-पाँच पृष्ठों का उत्तर पर्याप्त होगा। यदि कोई प्रश्न 10 अंकों का है, तो उसके लिए दो-तीन पृष्ठ लिखे जाने चाहिए, बशर्ते कि लिखी गई सामग्री ठोस और तथ्यपरक हो। उसमें लफ्फाजी

न हो। उत्तर 'टू द प्वाइंट' लिखा गया हो। यदि आप भावनाओं के आवेश में बहकर अपना उत्तर लिखते चले जाएँगे, तो पृष्ठों की संख्या कितनी भी हो सकती है।

कुछ विद्यार्थी पृष्ठों की संख्या को बहुत अधिक महत्त्व देते हैं। उनकी धारणा है कि जितने अधिक पृष्ठ रंगे जाएँगे, उतने अधिक नम्बर मिलेंगे। ऐसा सोचना गलत है। सवाल पृष्ठों का नहीं होता, बल्कि लिखी गई सामग्री का होता है। यदि लिखी गई सामग्री ठोस और तथ्यपूर्ण है, तब बीस अंकों के लिए न्यूनतम् चार और अधिकतम छह पृष्ठ पर्याप्त कहे जा सकते हैं।

कुछ अन्य निर्देश

मेरा विश्वास है कि परीक्षा की तैयारी और उसके लेखन के बारे में अब तक जो भी बताया गया है, उससे आपको निश्चित रूप से कुछ-न-कुछ लाभ तो हुआ ही होगा। समाज- विज्ञान के क्षेत्र में किसी भी निश्चित सूत्र का दावा तो नहीं किया जा सकता, फिर भी पिछले अनुभवों, वर्तमान की आवश्यकताओं तथा भविष्य की सम्भावनाओं के आधार पर कुछ ऐसे निष्कर्ष अवश्य निकाले जा सकते हैं, जिनसे हम अपनी क्षमताओं का अधिकतम उपयोग करके उससे लाभान्वित हो सकें। मैं अपने सुझावों को इसी तरह का मानता हूँ।

परीक्षा से संबंधित कुछ अन्य ऐसे छोटे-छोटे, किन्तु महत्त्वपूर्ण बिन्दु हैं, जो इससे पहले नहीं बताए जा सके हैं। हालाँकि हैं तो ये छोटे-छोटे ही बिन्दु, किन्तु इनका महत्त्व किसी भी मायने में छोटा नहीं है। जिस प्रकार क्रिकेट के मैच में एक-एक रन से शतकों का योग बनता है, ठीक इसी प्रकार परीक्षाओं में भी; विशेषकर प्रतियोगी परीक्षाओं में छोटी-छोटी सावधानियों से ही एक अच्छी सफलता मिलती है।

यहाँ ऐसी ही कुछ सावधानियों की चर्चा की जा रही है, जिन्हें परीक्षा भवन में उपयोग में लाकर आप अपने प्राप्तांकों का योग बढ़ा सकते हैं।

1. जीवन में सफलता का सबसे बड़ा और प्रमुख आधार होता

है- ***आत्मविश्वास।*** जैसे ही आपको प्रश्न-पत्र मिलता है, वैसे ही या तो आप अतिउत्साही हो उठते हैं, या फिर हताश। ये दोनों ही स्थितियाँ परीक्षार्थी के लिए आदर्श स्थिति नहीं हैं। अतिउत्साह जहाँ आपको तथ्यों से भटका देगा, वहीं हताशा तथ्यों को भुलवा देगी।

इसलिए सबसे महत्त्वपूर्ण चीज है - आत्मविश्वास। प्रश्न-पत्र चाहे कठिन हो या अत्यन्त सरल, या फिर मध्यम श्रेणी का, आपके लिए जरूरी है कि आप अपने आत्मविश्वास को तनिक भी विचलित न होने दें। यदि प्रश्न-पत्र अच्छा है, तब तो कोई संकट ही नहीं है, लेकिन यदि प्रश्न-पत्र आपकी दृष्टि से कठिन आ गया है, तब भी आप यह मानकर चलिए कि इसी में से आप जितना भी बेहतर कर सकते हैं, उतना बेहतर करना है। महत्त्व केवल इसी बात का है कि आप कितने अंक प्राप्त करते हैं। कैसे प्राप्त करते हैं, क्यों प्राप्त नहीं कर पाते, इससे किसी को कोई लेना-देना नहीं होता। जिस प्रकार बहुत कम रन पर आउट हो जाने वाला खिलाड़ी उतने रनों की भरपाई क्षेत्र रक्षण के दौरान (फिल्डिंग के दौरान) विरोधी टीम के रनों को बनने से रोककर कर लेता है, ठीक वही सुविधा यहाँ आपके पास भी होती है। यदि एक पेपर खराब भी हो जाता है, तो अन्य पेपर तो आपके सामने हैं। आप उनसे भरपाई कर सकते हैं।

फिर सवाल केवल आपके ही प्रश्न-पत्र के बिगड़ने का नहीं है, बल्कि अन्य लोगों के भी प्रश्न-पत्र बिगड़ने का है। जरूरी नहीं कि यदि एक दिवसीय क्रिकेट में आपकी टीम 100 रन पर आउट हो गई है, तब आपका हारना निश्चित है। इतने रनों पर आउट होने के कई कारणों में से सबसे महत्त्वपूर्ण कारण होता है-पिच का बल्लेबाजों के अनुकूल न होना। यदि यह पिच आपके अनुकूल नहीं थी, तो फिर भला दूसरी टीम के अनुकूल कैसे हो सकती है। स्पष्ट है कि यदि आप 100 रनों पर आउट होने के बाद आत्मविश्वास खोये बिना ही खेलते हैं, तो कोई आश्चर्य नहीं कि दूसरी टीम को 99 रन बनाने तक आउट कर दें। इस प्रकार जीत अन्ततः आपकी ही होगी। क्रिकेट का इतिहास इस बात का गवाह है कि किस प्रकार यदि एक टीम कम रन बना पाती है, तो दूसरी टीम भी कम रन बनाकर आउट हो

जाती है। यदि पहली टीम अधिक रन बना लेती है, तो दूसरी टीम भी अधिक रन बनाती है।

कहने का अर्थ यह है कि यदि प्रश्न-पत्र सरल है, तो वह केवल आपके लिए ही सरल नहीं है, बल्कि सबके लिए सरल है और यदि वह कठिन है, तो वह केवल आपके लिए ही कठिन नहीं है (बशर्ते कि आपने ठीक-ठाक तैयारी की हो), वह सबके लिए कठिन है। इसलिए ***लाख विपरीत परिस्थितियों के बावजूद आत्मविश्वास को तनिक भी डगमगाने न दें।***

2. सफलता का दूसरा महत्त्वपूर्ण तथ्य है-विचारों का सन्तुलन। प्रश्न-पत्र में जब भी आपसे आपके अपने विचार पूछे जाते हैं, तब आप हमेशा इस बात का ध्यान रखें कि आपके विचारों में एक सन्तुलन हो। आप न तो बहुत पक्ष में हों और न ही बहुत विपक्ष में। आप चाहे कहीं भी हों, ज़रूरी है कि पूरे संतुलन एवं तार्किकता के साथ हों।

लेकिन याद रखिए कि विचारों के इस संतुलन का सीधा और बहुत घनिष्ठ सम्बन्ध आत्मविश्वास से होता है। अतिउत्साह और निरुत्साह; दोनों ही विचारों के सन्तुलन को बड़ी तेजी से प्रभावित करते हैं।

3. परीक्षा हाल में प्रवेश करने से पूर्व आप एक प्रकार से अपने मस्तिष्क का स्विच ऑफ कर दें। यानी कि आप परीक्षा में पूछे जाने वाले प्रश्नों और उसके परिणामों की सम्भावनाओं को लेकर अनावश्यक रूप से आशंकित न हों। जो घटना घटी ही नहीं है, उसके घट जाने की आशंका के बारे में सोच-सोचकर अपनी ऊर्जा का अपव्यय करना मनुष्य की स्वाभाविक आदत बन गई है। इससे हमारी मानसिक शक्ति का अनावश्यक अपव्यय होता है। आप बिलकुल न सोचें कि -

- आपको क्या याद नहीं है,
- आपको क्या बहुत अच्छी तरह याद है,
- किस तरह के प्रश्न पूछे जाएँगे, तथा
- यदि पेपर खराब हुआ तो क्या होगा, आदि-आदि।

आप केवल यह मानकर चलें कि प्रश्न-पत्र जैसा भी आएगा, आप

उसे अपनी अधिकतम क्षमता के साथ पूरी तन्मयता से हल करेंगे।

4. जैसे ही आपको प्रश्न-पत्र मिलता है, उसे पूरे मनोयोग के साथ पढ़ें। अक्सर यह देखा गया है कि प्रश्न-पत्र मिलते ही परीक्षार्थी एक बार उसे जल्दी-जल्दी पढ़कर अपनी तसल्ली कर लेना चाहता है कि प्रश्न-पत्र कैसा आया है। इससे न केवल आपके कुछ बहुमूल्य मिनट (समय) ही नष्ट होते हैं, बल्कि इस जल्दबाजी का आपके मनोविज्ञान पर तीव्र सम्वेगी (फास्ट इमोशनल) प्रभाव भी पड़ता है, जो उपयुक्त नहीं है।

आप प्रश्न-पत्र को इस तरह से पढ़िए कि आप उसे एक बार ही पढ़ेंगे। प्रश्न-पत्र पढ़ने के बाद आप पेंसिल से हल्के चिह्न लगाकर इस बात को निश्चित कर लें कि किस प्रश्न को पहले हल करने जा रहे हैं, किसे उसके बाद और किसे सबसे अन्त में। इससे-

- आपके समय की बचत होगी,
- आपके मस्तिष्क में प्रश्न-पत्र की पूरी रूपरेखा स्पष्ट हो जाएगी,
- आपके लिखने की योजना निर्धारित हो जाएगी,
- आपको यह अनुमान लग जाएगा कि किस प्रश्न के लिए कितना समय देना है, तथा
- आपका मानसिक एवं भावात्मक सन्तुलन बना रहेगा।

5. प्रश्न-पत्र को पढ़ने के बाद आप इस बात का एक अनुमान अवश्य लगा लें कि आपको किस प्रश्न को कितना समय देना है। अनेक विद्यार्थियों ने अपने अनुभव के आधार पर बताया है कि ऐसा न करने के कारण या तो उन्होंने बाद के प्रश्न को समय की कमी की वजह से हड़बड़ी में बहुत हल्के-फुल्के ढंग से हल किया या फिर कुछ प्रश्न छोड़ ही दिए। ध्यान रखें कि यदि आप किसी प्रश्न को छोड़ने की कीमत पर किसी प्रश्न को बहुत अच्छा बनाते हैं, तब आपको कुल मिलाकर लाभ नहीं होगा। प्रश्न को पूरी तरह छोड़ने से बेहतर है कि आप उसे हल करें ही, भले ही उसके लिए अन्य कुछ प्रश्नों के समय में कटौती क्यों न करनी पड़े। प्रश्नों के लिए समय का निर्धारण करते समय आप निम्न तथ्यों को ध्यान में रख सकते हैं -

- आपके पास इस बात का अनुभव होना ही चाहिए कि 50 शब्दों, 250

शब्दों तथा 750 शब्दों का एक उत्तर लिखने में आपको कितना समय लगता है। आपको घर पर अभ्यास करके यह सुनिश्चित कर लेना चाहिए कि कितने शब्दों का उत्तर आप कितने मिनट में लिख सकते हैं।

- इसी प्रकार आप यह भी सुनिश्चित कर लें कि 5-6 पृष्ठों का उत्तर लिखने में आपको कितना समय लगता है।
- आप अपने समय का निर्धारण प्रश्न की संख्या और प्राप्त समय के बीच आनुपातिक रूप से न करें। आनुपातिक रूप से कहने का अर्थ है कि मान लीजिए कि आपके पास कुल 180 मिनट यानी तीन घण्टे का समय है और आपको पाँच प्रश्न हल करने हैं। यहाँ 'आनुपातिक' का अर्थ यह हुआ कि आप एक प्रश्न को 36 मिनट देंगे, लेकिन आपको ऐसा नहीं करना चाहिए। बल्कि चाहिए यह कि आप आरम्भ के दो प्रश्नों को लगभग 40-40 मिनट का समय दें। ऐसा भी कर सकते हैं कि एक प्रश्न को 42 से 45 मिनट का तथा दूसरे प्रश्न को 40 मिनट का समय दें। इस प्रकार आरम्भ के दो प्रश्नों में आपके लगभग 10 मिनट अधिक लग जाएँगे। शेष चार प्रश्नों में आप इन 10 मिनटों की कटौती कर दें।

यहाँ इस बात का भी ध्यान रखें कि हो सकता है कि इन पाँच प्रश्नों में (जो व्यावहारिक स्तर पर लगभग होता ही है) एक प्रश्न ऐसा हो, जो आपको बहुत कठिन लग रहा हो। हो सकता है कि एक प्रश्न ऐसा भी हो, जिसे आप जानते तो हैं, लेकिन पूरी तरह से नहीं। ऐसी स्थिति में स्वाभाविक है कि आपके लिए इन प्रश्नों को हल करने हेतु अपेक्षाकृत कम समय की आवश्यकता होगी। ऐसी स्थिति में आपको इनके बचे हुए समय का उपयोग अपने अच्छे प्रश्नों को हल करने में कर लेना चाहिए। यानी कि जिन प्रश्नों के लिए आप अधिक समय चाहते हैं, उसे वहाँ लगाएँ। इससे निश्चित रूप से नम्बर बढ़ जाएँगे।

- यदि आप प्रश्न-पत्र को पाँच मिनट पहले हल कर लें, तो वह अधिक

उपयुक्त होता है। इन पाँच मिनटों का उपयोग आप यह देखने के लिए करें कि कहीं कोई प्रश्न छूट तो नहीं गया है। कहीं किसी प्रश्न की संख्या गलत तो नहीं लिख गई है। यदि सम्भव हो तो जल्दी-जल्दी कुछ प्रश्नों को दोहरा भी लें।

यदि आप एक बार प्रश्न और उसके समय की योजना बना लेते हैं, तब आप पाएँगे कि आपके मस्तिष्क पर से अनावश्यक दबाव हट गया है। आपके सामने स्थिति बिलकुल स्पष्ट हो गई है। आप बिलकुल भी हड़बड़ी में नहीं हैं। इस प्रकार आप सन्तुलन एवं पूरे आत्मविश्वास के साथ अपना प्रश्न-पत्र हल कर रहे हैं।

यह वस्तुतः व्यक्तित्व की एक अद्‌भुत विशेषता होती है, जो आपको अपने अन्दर विकसित करनी ही चाहिए। इसे इसलिए भी विकसित करना चाहिए, क्योंकि व्यक्तित्व परीक्षण (साक्षात्कार) में इसी का परीक्षण होता है। अतः आपको सलाह दी जाती है कि आप प्रादर्श प्रश्न-पत्रों को हल कर-करके इसका अभ्यास करें ही।

6. आप किन प्रश्नों को पहले हल करें और किन प्रश्नों को बाद में, इसका भी अपना महत्त्व है। यह भी एक प्रकार से क्रिकेट खेलने की योजना जैसा ही है कि आप किस बल्लेबाज को किस नम्बर पर बैटिंग के लिए भेजेंगे या कि किस बॉलर को कब भेजेंगे। जिस प्रकार अच्छे खिलाड़ियों वाली क्रिकेट टीम बिना अच्छी योजना के पराजित हो जाती है, ठीक उसी प्रकार एक अच्छी तैयारी वाले विद्यार्थी को बिना सही योजना के पराजय का मुँह देखना पड़ सकता है। इसलिए किस प्रश्न को कहाँ रखें, यहाँ इसकी जानकारी दी जा रही है –

- ➢ जिसे आप सबसे अच्छी तरह हल कर सकते हैं, उसे सबसे पहले हल करें। ऐसा लगभग प्रत्येक विद्यार्थी करता ही है और आप भी ऐसा करते रहे होंगे।
- ➢ इसके बाद आप क्रमशः दूसरे और तीसरे नम्बर पर भी उन्हीं प्रश्नों को रखें, जिनके उत्तर आप अच्छी तरह दे सकते हैं।

➤ अब सवाल आता है – चौथे और पाँचवें प्रश्न का। अक्सर परीक्षार्थी अपने सबसे खराब उत्तर सबसे अन्त में रखते हैं। मेरा अनुभव है कि यदि हम सबसे खराब उत्तर को चौथे स्थान पर और उससे बेहतर उत्तर को पाँचवें स्थान पर रखें, तब हमारे अंकों में लगभग 2–3 प्रतिशत का अन्तर आ जाता है।

वस्तुतः कॉपी जाँचने के दौरान होता यह है कि परीक्षक यह मानकर चलता है कि आपने अपने उत्तरों का निर्धारण उसकी श्रेष्ठता के क्रम में किया होगा। यानी कि यदि उसने आपको पहले उत्तर में (जो कि 20 अंकों का है) 13 अंक दे दिए, तो वह यह मानकर चलता है कि इसके बाद के उत्तरों में आपको 13 से कम ही अंक देने हैं, क्योंकि 13 अंकों वाला उत्तर आपका सर्वश्रेष्ठ उत्तर था। फिर वह आपको दूसरे उत्तर में या तो 13 अंक देगा या फिर उससे एक–दो अंक कम। किन्तु दुर्भाग्यवश आपको 14 नहीं देगा। इसलिए कहा जाता है कि ***' फर्स्ट इम्प्रेशन इज लास्ट इम्प्रेशन',*** अर्थात् पहले प्रश्न का उत्तर देखकर परीक्षक के दिमाग में आपका जो प्रभाव पड़ा है और उसके आधार पर उसने आपका जो स्तर निर्धारित कर लिया है, वह कमोवेश अन्त तक कायम रहता है।

अब मान लीजिए कि वह तीसरे उत्तर में आपको ग्यारह अंक दे रहा है। जब वह चौथे प्रश्न पर पहुँचता है, तब वह आपको दस अंक देता है। परीक्षक के दिमाग में यह तथ्य है कि अभी एक प्रश्न और जाँचना है। जब वह आपके पाँचवें उत्तर पर पहुँचता है, तब पाता है कि यह उत्तर तो आपने इसके पहले वाले उत्तर से अच्छा किया है। चूँकि इससे पहले वाले प्रश्न में वह आपको दस अंक दे चुका है और इस पाँचवें उत्तर को आपके चौथे उत्तर से बेहतर मान रहा है, इसलिए स्वाभाविक है कि वह आपको इस पाँचवें उत्तर में दस अंक से कुछ–न–कुछ अधिक ही देगा। यदि परीक्षक बहुत कंजूस भी हुआ, तो दस अंकों से कम तो नहीं ही देगा। इस प्रकार आप अपने अंकों की घटती हुई दर को रोक सकेंगे।

लेकिन यहाँ आपको एक यह हिदायत दी जा रही है कि ऐसा तभी करें, जब चौथे और पाँचवें प्रश्न के उत्तर के स्तर में बहुत ज्यादा अन्तर न हो।

यदि आपका चौथा प्रश्न इतने घटिया स्तर का है कि उसमें 20 में से 7 अंक ही (पासिंग मार्क्स) मिलने की सम्भावना है, तब आप यह जोखिम न उठाएँ, क्योंकि यदि आपने ऐसा किया, तो वह आपके प्रश्नों का निर्धारण इस सात अंक के आधार पर ही करेगा। इस प्रकार आपका पाँचवाँ प्रश्न अनावश्यक रूप से चौथे प्रश्न के घटियापन का शिकार हो जाएगा, जबकि उसका निर्धारण तीसरे प्रश्न के प्राप्तांक 11 अंकों के आधार पर होना चाहिए था।

7. आपका प्रयास यह होना चाहिए कि आप उन प्रश्नों को पहले हल करें, जिनके कई खण्ड बनते हैं। जैसा कि आपको पहले बताया जा चुका है, कुछ प्रश्न ऐसे होते हैं, जिन्हें कई भागों में विभाजित किया जा सकता है। जिस प्रश्न के जितने अधिक खण्ड होंगे, उसमें उतने अधिक अंक मिलने की सम्भावना होती है। उदाहरण के लिए मान लीजिए कि बीस अंकों का एक प्रश्न है, जिसके तीन भाग बन रहे हैं। स्पष्ट है कि एक भाग सात अंकों का हुआ। यदि यही प्रश्न एक ही भाग का होता, तो मान लीजिए कि आपको बीस अंकों में से अधिकतम चौदह अंक मिलते। अब तीन भागों में विभाजित होने पर यदि आपको सात अंकों में से पाँच अंक प्राप्त होते हैं (जो बहुत कठिन नहीं है), तो आपके अंकों का योग 5×3=15 (14 अंकों के अधिकतम् प्राप्तांकों के अनुसार) हो जाएगा। इस प्रकार एक अंक का फायदा हो जाएगा।

कई भाग वाले प्रश्न को हल करने का लाभ यह भी होता है कि आप उत्तर के भटकाव से बच जाते हैं। ऐसे उत्तरों में अपनी बात 'टू द प्वाइंट' कहने की सम्भावना अधिक रहती है। इसका परीक्षक पर अच्छा प्रभाव पड़ता है।

8. टिप्पणी वाले प्रश्नों को अक्सर बनाने की कोशिश करनी चाहिए, बशर्ते कि आपकी तैयारी हो। इसमें अच्छे अंक प्राप्त होते हैं।

9. यदि वस्तुनिष्ठ किस्म के प्रश्न हों, तो उन्हें सबसे पहले हल करना चाहिए। यहाँ 'वस्तुनिष्ठ' कहने का सम्बन्ध उन प्रश्नों से है, जिनके उत्तर एक-दो पंक्तियों में पूछे जाते हैं, या 50-100 शब्दों में। चूँकि इनके उत्तर बहुत ठोस होते हैं और उन पर परीक्षक के अपने दृष्टिकोण और चिंतन का विशेष प्रभाव नहीं पड़ता, इसलिए इनमें काफी अच्छे अंक मिलते हैं। इससे

विद्यार्थी के आरम्भिक स्तर का निर्धारण ऊँचा हो जाता है।

10. यदि कोई प्रश्न ऐसा है, जो कठिन लग रहा है और जिसे लिखने के लिए आपको सोचना पड़ रहा है, तो उसे बाद में हल करें, ताकि आप उसे बचे हुए समय के अनुसार हल कर सकें। इसे पहले हल करने के प्रयास में परेशान न हों अन्यथा उसका दुष्परिणाम आपके अन्य प्रश्नों पर भी पड़ेगा।

11. इस बात की अनदेखी नहीं करनी चाहिए कि ***परीक्षक के सामने आपके व्यक्तित्व का प्रतिनिधित्व आपकी परीक्षा की कॉपी करती है।*** आमतौर पर यह पाया गया है कि विद्यार्थी अपनी परीक्षा की कॉपी के प्रति लापरवाही बरतते हैं। कॉपी मुड़ी-तुड़ी होती है, गन्दी होती है, स्याही फैली रहती है, उल्टे-सीधे अक्षर होते हैं, आदि-आदि। इन सबका परीक्षक पर विपरीत प्रभाव पड़ता है। एक साफ-सुथरी और व्यवस्थित वस्तु गन्दगीप्रिय अव्यवस्थित व्यक्ति को भी अच्छी लगती है। अतः आपको चाहिए कि -

- आपकी कॉपी अधिक-से-अधिक साफ-सुथरी हो।
- अक्षर अच्छे हों, यानी कि सुलेख अच्छा हो। अक्षर ऐसे हों कि परीक्षक को पढ़ने में आसानी हो। परीक्षक आपके अच्छे से अच्छे उत्तर को तभी ध्यान से पढ़ता है, जब उसे पढ़ने में अधिक परेशानी नहीं होती। यदि आपका सुलेख (हैंडराइटिंग) खराब होगा, तो परीक्षक उसे पढ़ने से बचना चाहेगा। इसलिए यदि आपकी हैंडराइटिंग अच्छी न हो, तो उसका अभ्यास करके उसे पठनीय तो बना ही लें। यह पठनीय हैंडराइटिंग तेज गति से लिखने के दौरान की होनी चाहिए, न कि आराम से लिखने के दौरान की।
- कॉपी की बाईं ओर पर्याप्त हाशिया छोड़ें।
- यदि लाइन वाली कॉपी है, तो आप या तो लाइन के ऊपर लिखें, या लाइन के नीचे। ऐसा न करें कि कहीं तो लाइन के ऊपर लिख रहे हैं, कहीं लाइन के नीचे और कहीं लाइनों के बीच में। आपकी जो भी आदत हो, उसका एक जैसा उपयोग करें। इससे कॉपी देखने में अच्छी लगेगी।
- प्रयास करें कि एक प्रश्न-पत्र के दौरान तब तक कलम न बदलें,

जब तक कि पहले वाली कलम खराब न हो गई हो। इससे कॉपी में एकरूपता बनी रहती है, जो देखने में अच्छी लगती है। कॉपी में ऐसा कुछ भी न लिखें, या न करें, जो आपके व्यक्तित्व के उथलेपन एवं अव्यवस्था को व्यक्त करता हो। कॉपी का स्वरूप गम्भीर, व्यवस्थित एवं सुन्दर होना चाहिए।

- लिखते समय पैराग्राफ बदलने पर ध्यान दें। जैसे ही एक तथ्य पूरा होता है, वैसे ही पैराग्राफ बदल दें। इस बात की बिलकुल चिन्ता न करें कि कोई पैराग्राफ कितनी पंक्तियों का होना चाहिए। पैराग्राफ का सम्बन्ध पंक्तियों से नहीं, विचारों से होता है। जैसे ही एक भाव या एक विचार पूरा हो जाता है, वैसे ही आपका पैराग्राफ पूरा हो जाता है। नये पैराग्राफ की शुरुआत पंक्ति के लगभग मध्य से करें।
- उत्तर लिखते समय जो भी पंक्ति या शब्द आपको महत्त्वपूर्ण लगता है, जिसके प्रति आप परीक्षक का ध्यान आकर्षित करना चाहते हैं, उसे रेखांकित (अण्डरलाइन) कर दें।
- यदि कोई उत्तर ऐसा है, जिसे आप व्याख्या के रूप में लिख सकते हैं और बिन्दु (प्वाइंट) के रूप में भी, तब बिन्दु के रूप में लिखने को प्राथमिकता दें। इससे आप अपना उत्तर व्यवस्थित रूप से प्रस्तुत कर सकेंगे। परीक्षक भी आपका मूल्यांकन सही रूप से कर सकेगा।
- अनावश्यक रूप से पृष्ठ न भरें। इस भ्रम में न रहें कि पृष्ठों की गिनती के अनुपात में अंक प्राप्त होते हैं। किसी प्रश्न का संपूर्ण उत्तर देने के लिए पृष्ठों की संख्या का मापदण्ड नहीं अपनाना चाहिए।

मेरा विश्वास है कि इन उपायों को व्यवहार में लाकर आप अपनी सफलता की मंजिल के काफी करीब पहुँच सकते हैं; यहाँ तक कि उससे आगे भी निकल सकते हैं।

करें खुद का मूल्यांकन

परीक्षा के दौरान हम एक अलग तरह की मानसिकता से गुजरते रहते हैं। यह समय हमें बहुत कठिन और

विकराल लगता है। लगता है कि किसी भी तरह इससे जल्दी से जल्दी मुक्ति मिल जाए। मुक्ति तो मिलेगी ही। इसमें कोई दो मत नहीं हैं, लेकिन सबसे महत्वपूर्ण बात यह है कि आपको यह मुक्ति सफलता के साथ मिलती है या अर्द्ध- सफलता के साथ या असफलता के साथ। तो आइए, यहाँ हम कुछ वे बातें जानें, जो हमारी इस अर्द्ध-सफलता या असफलता को आने वाले वर्षों में एक बेहतर सफलता में बदल सके।

हमको जो कुछ भी लिखना था, हमने अपनी कापी में लिख दिया है। अब यह परीक्षक की इच्छा के ऊपर है कि वह हमें क्या समझकर कितने नंबर देता है। इस बारे में हम ज्यादा कुछ नहीं कर सकते। जो कुछ करना है, परीक्षक को करना है।

लेकिन क्या सचमुच केवल यही है कि जो कुछ करना है, वह केवल परीक्षक को करना है? अभी तक तो शायद आप ऐसा ही समझते आए होंगे, लेकिन अब ऐसा न समझें। मुझे अपने विद्यार्थी जीवन से ही यह बात बहुत तकलीफ देती थी कि परीक्षा को हम 'स्व-इच्छा' क्यों नहीं बना सकते। इस तकलीफ से मुक्ति पाने के लिए मैंने एक तरीका निकाला था और आप विश्वास कीजिए कि मेरा वह तरीका मेरे लिए बहुत फायदेमंद रहा। मैंने जब यह तरीका कुछ दूसरे विद्यार्थियों को बताया, तो उन्हें भी यह बहुत लाभदायक लगा। अब मैं यह तरीका यहाँ आपको बताने जा रहा हूँ।

अभी तक हमेशा हमारा मूल्यांकन दूसरों के द्वारा किया जाता रहा है। हम क्या हैं, कैसे हैं और क्यों हैं, इसके बारे में हमें अन्य लोग बताते रहते हैं, लेकिन क्या आपने कभी यह सोचा है कि आखिर हम भी तो स्वयं का मूल्यांकन करके, सही-गलत कुछ भी ऐसा निष्कर्ष निकालें कि हम क्या हैं, कैसे हैं और क्यों हैं। हो सकता है कि हमारा यह मूल्यांकन पूरी तरह सही न हो, क्योंकि इस मूल्यांकन में हम खुद शामिल रहते हैं और अपने प्रति तटस्थ तथा निर्मम होना बड़ा कठिन होता है, लेकिन मैं इस बात को बहुत महत्व देता हूँ कि चाहे वह सही हो या गलत, हमें स्वयं का मूल्यांकन स्वयं भी करना चाहिए। वैसे भी हमारे ग्रंथों में जो नित्य-कर्म बताए गए हैं कि वे हमें प्रतिदिन क्या-क्या करना चाहिए, उनमें एक महत्त्वपूर्ण काम बताया गया है- ***स्वाध्याय***

करना, अर्थात् स्वयं का अध्ययन करना। यह स्वयं का अध्ययन करना ही स्वयं का मूल्यांकन करना है।

सामान्यतया आप परीक्षा देते हैं और उस दी गई परीक्षा को हमेशा-हमेशा के लिए भूल जाते हैं। केवल एक ही बात याद रहती है कि आप किस डिवीजन से पास हुए थे। बस इतना ही। मुझे अभी तक ऐसा कोई विद्यार्थी नहीं मिला, जो अपनी दी गई परीक्षा के बारे में विस्तार से पूरा लेखा-जोखा रखे, ताकि वह लेखा-जोखा उसके आने वाले वर्ष में 'लाइट हाउस' का काम कर सके। हम परीक्षा देते हैं, उसे भूल जाते हैं और आगे की तैयारी में लग जाते हैं। जैसी हमारी तैयारी होती है, उसी के अनुकूल हमें परिणाम मिलते हैं, लेकिन हम इसके साथ एक बहुत बड़ी भूल यह कर रहे होते हैं कि अपने पिछले अनुभवों से लाभ उठाने से स्वयं को वंचित कर देते हैं। याद रखिए कि ***आपका अपना अनुभव आपके जीवन की सबसे कीमती और महत्त्वपूर्ण पोथी होती है।*** यह एक ऐसी किताब होती है, जिसे आपने लिखा है और इसीलिए यह किताब आपके लिए एक अमूल्य निधि की तरह है। जीवन में वे ही लोग निरंतर सफलता की ऊँचाइयों पर चढ़ते चले गए हैं, जो अपने हर अनुभव से कुछ न कुछ सीखते हैं और अपनी हर असफलता को अपने भविष्य की सफलता का आधार बनाते हैं, तो भला हमें इसी सिद्धांत को अपनी परीक्षा पर लागू क्यों नहीं करना चाहिए। करना ही चाहिए।

आपके पेपर्स कितने भी अच्छे क्यों न बने हों, आपको कितने भी अधिक अंक क्यों न मिल हों, लेकिन आप यह मानकर चलिए कि उसमें और अधिक अंक लाने की संभावना शेष थी। जब कोई फल यह सोच लेता है कि वह पक गया है, तभी से सड़ना शुरू हो जाता है। जब तक वह कच्चा रहता है, तब तक बढ़ता रहता है। ***जो स्वयं को कच्चा मानकर चलते हैं, वे ही मानदंड स्थापित करते हैं*** और इस मानदंड को तभी स्थापित किया जा सकता है, जब हम अपने अनुभवों का एक ऐसा लेखा-जोखा तैयार करें, अपने स्वयं का ऐसा मूल्यांकन करें, जो हमें भविष्य में राह दिखा सके।

तो आइए, मैं कुछ उन बिंदुओं की ओर आपको लिए चलता हूँ, जिनके आधार पर आप अपनी परीक्षा के दौरान के अनुभवों को लिख सकते

हैं। जरूरी नहीं है कि इन अनुभवों को आप परीक्षा के दौरान ही लिखें। हाँ, यह जरूर है कि परीक्षा के समाप्त होते ही इसे तुरंत लिख लें, ताकि स्मृति पर धूल न जमने पाए।

आप परीक्षा संबंधी अपने अनुभवों को निम्न साँचे में ढाल सकते हैं- इसके अंतर्गत आपको परीक्षा शुरू होने के 15 दिन पहले से लेकर परीक्षा समाप्ति तक की अपनी मानसिकता के बारे में लिखना चाहिए। आप यह लिखिए कि परीक्षा शुरू होने से पहले आपकी मानसिकता क्या थी। क्या आपको परीक्षा से डर लग रहा था? क्या आपमें आत्मविश्वास था? क्या आप एकदम सामान्य थे, आदि-आदि।

इसके बाद आप हर प्रश्न-पत्र के आधार पर अपने मनोविज्ञान को लिखें। उदाहरण के लिए जब इतिहास का पेपर देना था, तब आप कैसा महसूस कर रहे थे। आपको लगता था कि पेपर कैसा भी आए, आप कर लेंगे। आपको लगता था कि कहीं ऐसा न हो कि पेपर कठिन आ जाए। कुल मिलाकर यह कि आप प्रत्येक प्रश्न-पत्र के बारे में क्या सोचा करते थे।

यह तो हुआ प्रश्न-पत्र से जुड़े मूल्यांकन का एक भाग। इसी के दूसरे भाग के अंतर्गत आपको यह भी लिखना चाहिए कि पेपर देने के बाद आपको कैसा लगा। आप जिन बातों को लेकर भयभीत थे, क्या वे सच निकलीं। क्या वैसे ही निकलीं जैसे आप सोच रहे थे और यदि वैसा ही नहीं हुआ, तो क्यों नहीं हुआ? इन सब बातों के बारे में आप पेपरवाइज लिखें। इसके अतिरिक्त भी यदि आप अपनी मन:स्थिति से जुड़ी हुई कोई अन्य बात लिखना चाहते हैं, तो लिख सकते हैं।

तैयारी का स्तर

परीक्षा के बाद आप अपने एक-एक पेपर की तैयारी के स्तर के बारे में लिखें। उदाहरण के लिए आप लिखें कि इतिहास के पूरे पाठ्यक्रम में से आपने कितने प्रतिशत की तैयारी अच्छी तरह से की थी। कितने प्रतिशत की तैयारी सामान्य स्तर की थी? और कितने प्रतिशत को आपने बिलकुल छोड़ दिया था। आप यह भी लिख सकते

हैं कि आपने अपने इस पेपर की तैयारी किन-किन किताबों से की थी? कितने के नोट्स बनाए थे? कितनों को समझा था? कितनों को रटा था? और यदि कुछ को छोड़ दिया था, तो क्यों छोड़ा था? यहाँ आपको यह भी लिखना चाहिए कि कुछ पाठ्यक्रम को छोड़ देने के कारण आपको कितना नुकसान उठाना पड़ा। यदि नुकसान नहीं उठाना पड़ा, तब तो कोई बात ही नहीं है।

पेपर कैसे बने

यह आपके मूल्यांकन का सबसे महत्त्वपूर्ण भाग है। इसे भी आपको प्रत्येक पेपर के अनुसार लिखना चाहिए। यहाँ तक कि प्रत्येक प्रश्न के अनुसार लिखना चाहिए। साथ ही पूरे प्रश्न-पत्र का मूल्यांकन करना चाहिए।

पहले तो आप यही लिखें कि यह पूरा पेपर कैसा बना? क्या आपकी उम्मीद के अनुकूल ही प्रश्न-पत्र आया और आप उसे हल कर पाए। यदि ऐसा नहीं हुआ, तो क्यों नहीं हुआ?

इसके अंतर्गत आपको यह भी लिखना चाहिए कि यदि आपने क्या किया होता, तो यह प्रश्न-पत्र और भी अच्छा बना होता। इस वाक्य को लिखने के बाद उसे रेखांकित अवश्य कर दें, क्योंकि आपका यह निष्कर्ष आपके भविष्य को सँवारने के लिए बहुत महत्त्वपूर्ण होगा।

आप प्रत्येक प्रश्न-पत्र के प्रत्येक उस प्रश्न का मूल्यांकन करें, जिसे आपने हल किया है। आप अपने मूल्यांकन में लिखें कि आपका उत्तर कितने प्रतिशत बिल्कुल सही था और कितने प्रतिशत गलत हो गया। क्या उत्तर पर आपकी पूरी पकड़ थी? और यदि नहीं थी, तो क्यों नहीं थी।

आप यह भी लिखें कि जल्दबाजी में या समय की कमी के कारण या भूल जाने के कारण कौन-सी वे महत्त्वपूर्ण बातें लिखने से रह गईं, जो आपके उत्तर को और भी अच्छा बना सकती थीं। यह भी लिखें कि और कौन-सी तैयारी करके आप अपने इस प्रश्न का और अच्छा जवाब दे सकते थे।

प्रत्येक प्रश्न का इस प्रकार अच्छी तरह मूल्यांकन करने के बाद आप अपने उस प्रश्न को अपनी तरफ से अंक भी दे दें कि आपको इसमें कितने नंबर मिलने चाहिए। जब आपकी अंकसूची आए, तब आप उसे मिलाइए

और देखिए कि आपके द्वारा दिए गए और परीक्षक के द्वारा दिए गए नंबरों में कितना अंतर है और सोचिए कि यदि अंतर है, तो वह क्यों है।

सीख और संकल्प

इस प्रकार अपने पूरे प्रश्न-पत्र का विस्तार से मूल्यांकन करने के बाद आप उन बिंदुओं को सिलसिलेवार लिखिए, जिन्हें आपको भविष्य में सुधारना है। ये बिंदु आपके सीख और संकल्प के लिए होंगे। ये सीख और संकल्प कुछ इस तरह से हो सकते हैं -

- अब मैं वर्ष भर लगातार पढ़ाई करूँगा।
- कुछ प्रश्नों का पहले से लिखकर अभ्यास करूँगा।
- अपने लिखने की गति बढ़ाऊँगा।
- प्रश्न-पत्र को हल करने से पहले उसे अच्छी तरह पढ़ूँगा।
- प्रश्न-पत्र पाते ही निराश और बेचैन नहीं होऊँगा।
- पाठ्यक्रम को अधूरा नहीं छोड़ूँगा, आदि-आदि कुछ भी।

विश्वास कीजिए कि यदि आपने यह सब कुछ लिखकर रख लिया और आने वाले वर्षों में यदि आप बीच-बीच में इसे उलटते-पलटते रहे, तो निश्चित जानिए कि आपका आने वाला वर्ष आपके बीते हुए वर्ष से बेहतर होगा। आपका यह स्व-मूल्यांकन आपके उस निम्नतम स्तर का निर्धारण कर देगा, जिससे आपको ऊपर ही ऊपर जाना है। आप करके देखिए। यदि आपको इसके अच्छे परिणाम मिलते हैं, तो भविष्य में भी करते रहिए, ताकि जीवन की नई ऊँचाइयों को स्पर्श कर सकें।

यहाँ मैं दुष्यन्त कुमार की एक ग़ज़ल की इन दो पंक्तियों के साथ अब इज़ाजत चाहूँगा कि -

"कौन कहता है कि आसमाँ में सुराख़ नहीं हो सकता।
एक पत्थर तो जरा तबियत से उछालो यारों।"

आपके बेहतर भविष्य की बेहतर कामनाओं के साथ बस इतना ही।

आप सबका अपना

- डॉ. विजय अग्रवाल